ruhsal zeka

DR. MUHAMMED BOZDAĞ

W0202684

ruhsal zeka

DR. MUHAMMED BOZDAĞ

Yayın Yönetmeni:
Selahattin Arslan
Editör:
İsmail Fatih Ceylan
Mizanpaj:
İsmail Ceylan
Kapak:
Muhammed Uzun
Üretim:
Ali Osman Macit
ISBN: *975-6503-13-0*
Baskı:
Nisan 2005
Baskı-Cilt:
Nesil Matbaacılık
Sanayi Cd. Bilge Sk. No: 2
34196 Yenibosna / İstanbul
Tel: (0212) 551 32 25 pbx

NESİL YAYINLARI
Sanayi Cd. Bilge Sk. No: 2 Yenibosna
34196 Bahçelievler / İstanbul
Tel: (0212) 551 32 25 pbx
Faks: (0212) 551 26 59

İnternet: www.nesilyayinlari.com
e-posta: nesil@nesilyayinlari.com

NESİL

© Fikir ve Sanat Eserleri Yasası gereğince bu eserin yayın hakkı anlaşmalı olarak Nesil Basım Yayın'a aittir. İzinsiz, kısmen ya da tamamen çoğaltılıp yayınlanamaz.

ruhsal zeka

DR. MUHAMMED BOZDAĞ

(SQ)

başarının gizemli boyutu

NESİL

Trabzon-Akçaabat'ta 1967 yılında doğdu. Kastamonu-İnebolu Lisesini birincilikle bitirdi. Şeref Öğrencilerinden olduğu ODTÜ Kamu Yönetimi Bölümü'nden 1990 yılında mezun oldu. Yüksek Lisans Tezini "TBMM'nin Verimliliği" üzerine tamamladı. Doktora tezini, "AİHM Kararları Çerçevesinde Türkiye'de Siyasi Partilerin Kapatılması" konusunda hazırladı. 12 yıl Yasama Uzmanı olarak çalıştığı TBMM'de halen yöneticilik yapıyor. Kendisi muhtelif zamanlarda ABD, Almanya, Bosna Hersek ve Hırvatistan'da çeşitli incelemelere katılmıştır.

Lise döneminde Tercüman Çocuk dergisiyle başlattığı yazarlığını, değişik dergilerde yayınlanan çalışmalarıyla sürdürdü. Bir dönem, köşe yazarlığı yaptı. "Düşünce Mühendisliği, Yüksek Yetenek, Tele-terapi, Yüksek Ahlâk, Kişisel Değişim, İstemenin Esrarı" gibi isimler verdiği radyo konuşmaları hazırladı. Bu konuşmalardan bazıları zaman zaman bazı radyolarda seri olarak yayınlanıyor.

Kurucuları arasında yer aldığı Kültürlerarası Araştırma ve Dostluk Vakfı'nın, 1999-2001 yıllarında başkanlığını yaptı.

1995-2002 yılları arasında "Hızlı ve Etkin Öğrenme," "Güzel ve Etkili İletişim" seminerleri verdi. **"Düşün ve Başar"** ve **"İstemenin Esrarı"** isimli diğer iki kitabı çok satanlar listesinde yer almaktadır.

Dr. Nilgün Hanım'la evli ve üç çocuk babası olan Bozdağ, özgün üslûbuyla yeni yazılar ve konuşmalar üretmeye devam etmektedir. Ayrıca "yetenek.com" isimli web sitesi aracılığıyla da okuyucularına ulaşmaktadır.

DR. MUHAMMED BOZDAĞ

YAYINLANMIŞ ESERLERİ

- Düşün ve Başar
- Ruhsal Zeka
- İstemenin Esrarı

Yazarla İletişim

Web : http://www.ruhsalzeka.com
E-Posta : mbozdag@yetenek.com
Mektup : Muhammed Bozdağ, PK 892 Ulus/ANKARA

İÇİNDEKİLER

ÖNSÖZ

Yıllar önce ulaştığım bilgiler sayesinde, olayların, perde ardına gizlenen ruhsal nedenler tarafından yönetildiğini fark etmiştim. Hayatın gizli boyutuyla ilgili analizlerimi, kişisel deneyimlerimle yoğurarak, bu güne kadar sürdürdüm. "Ruhsal Zekâ" bu analizlerin eseridir.

Olayların ardına gizlenen incelikleri kavradığımda, hayatımın akışının da değiştiğini; "Gizli Bir El'in", bana yol gösterdiğini gördüm. Tesadüf, şans veya kaza görüntüsündeki olayların, "Sınırsız Bir Bilinçle" planlandığını fark ettim. Meğer yaşantımız, maddesel dışımızdan değil, ruhsal içimizden yönetiliyormuş.

Çevremi gözlemlediğimde, aynı "Gizli El'in" herkesi yönlendirdiğini; bazılarını korunduğunu, bazılarını da yardımsız bıraktığını fark ettim. Bu kitapta, o "Gizli El'i" nasıl algılayabileceğinizi ve sizi desteklemesini nasıl sağlayabileceğinizi öğreneceksiniz.

Bu eserde, yaşadıklarınızın gizli nedenlerini keşfetmenizi ve geleceğinizi değiştirmenizi sağlayacak sıra dışı yöntemler bulacaksınız. Burada okuyacağınız her şeyin benzerini yaşadınız; ama, bu kitabın bir benzerini okumadınız.

Kitabın iç tasarımını gerçekleştiren İsmail Fatih Ceylan'a, kapağını tasarlayan Muhammed Uzun'a ve hiçbir desteği esirgemeyen Yayınevi müdürü Selahaddin Arslan'a teşekkür ediyorum. Kitabın maddi kimliğini kendilerine borçluyum, ayrıca kitabın son şeklini almasında, bana fikirleriyle, örnekleriyle ve eleştirileriyle yol gösteren Seyfettin Bulut'a, Mustafa Parıldı'ya, Refik Akten'e, Murat Zengin'e katkıları için teşekkür ediyorum. Eşim Dr. Nilgün hanım, çalışmanın her aşamasıyla titizlikle ilgilendi.

Kitabı okuyup anlatan, öneren ve hediye eden herkesin kitabın tüm manevi değerine ortak olmalarını diliyorum.

Ruhsal Zeka, gelişimine katkı sağlayan herkesindir. İsimlerini sayamadığım herkese teşekkür ediyor; evrene, bu yeni ve olağanüstü pencereden birlikte bakabilmeyi umuyorum.

Muhammed Bozdağ
Dikmen/ANKARA

SİSTEMLİ OKUMA

Kitabın kapsamlı şekilde hafızada kalmasını sağlayacak bir kaç basit adım önereceğim. Adımları sırayla uygulamalısınız.

1. Yüzeysel İnceleyin:

Okumadan önce, kitap hakkında zihninizde hayali bir dosya açın. Tüm ana ve alt bölümleri ve aralarındaki bağlantıları inceleyerek, bunların kitabın adıyla ilişkisini kurun; kitabın genel çerçevesini algılayın. Böylece okurken edineceğiniz her bilgi, beyin kütüphanenizde adresi belli raflara yerleşir.

2. Derin İnceleyin:

Her bölümü, alt başlıklarıyla ve başlıklar arasındaki mantıksal ilişkilerle inceleyin. Bölüm sonlarındaki özetleri ve her bölüm boyunca koyu gösterilen cümleleri okuyun. Bu yolla, her bölümün yaklaşık çerçevesini kavramış; bu adımla birlikte eserin zihinsel haritasını çizmiş olacaksınız. **Bilginin bütününü bilmeyen, parçasında boğulabilir.**

3. Sorgulayın:

İncelemeleriniz sırasında beyninizi soru yağmuruna tutmalısınız. Böylece, okuma sırasında bilinciniz cevapları yakalayacaktır. **Bilgileri siz alırsanız, öğrenirsiniz; bilgiler size verilirse ezberlersiniz.** Hayatınızda devrim yapacak bilgiler, sorularınıza cevaben sizin aldığınız bilgilerdir. Sorularınızın cevabı olmayan bilgiler kolaylıkla hatırlanamazlar.

4. Okumayı Planlayın:

Her okuma seansında, ne kadar süre ve yaklaşık kaç sayfayı, aralıksız okuyacağınızı belirleyin. Okuma süresini üçe böleceksiniz: Bir saat süreyle okuyacaksanız, ilk 5-10 dakikada, hedeflediğiniz bölüm üzerinde yukarıdaki çalışmaları yeniden yapacaksınız. Son 5-10 dakikada ise okuduğunuz bölüm üzerinde, 6. madde de belirtilen tekrarlamayı yapacaksınız.

5. Okuyun:

Okuma sırasında, sadece önemli ibarelerin altını çizin. Sayfa kenarlarına, hizasındaki paragrafla ilişkili hatırlatıcı kelimeler yazın. Başlıklara, koyu yazımlara, özetlere ve madde sıralamalarına özellikle dikkat edin. İlişkili gördüğünüz her tecrübenizi ilgili paragrafın yanına kısaca not edin.

6. Tekrarlayın-hatırlayın:

Okuduğunuz sayfaları, altını çizdiğiniz cümleleri, yazdığınız hatırlatıcı kelimeleri ve diğer notlarınızı hızla gözden geçirin. Bundan sonraki okuma seansına, bu seansta okuduklarınızı gözden geçirmeden başlamayın.

7. Yaşayın-Uygulayın:

Yaşamadığınız bilgi, size değer katmaz. Yaşantınızda canlanmayan bilginin beyninizdeki soyut formu, ancak kalbinizi kemirir. İçinizde ve dışınızda yaşattıklarınız kadar canlısınız. **Şimdi öğrendiğinizin şimdi size ait olması, onu şimdi yaşamanıza bağlıdır.** Yüksek sevgi, sevginin yüksekliğini bileni değil, yüksek sevgiyi yaşayanı yükseltir. Kitabınızın bölüm sonlarında size verdiğimiz tablolar, öğrendiklerinizi uygulamanızı kolaylaştırmayı amaçlıyorlar. Israrla uygulayın; bu kitabın bir bilim kurgu olmadığını göreceksiniz.

8. Anlatın-Öğretin:

Öğrendiklerinizi, öğreterek koruyabilirsiniz. Cömertçe öğretin; cesaretle anlatın. Aldıklarınızı verin. **Zihninizde gizledikleriniz, zihninizle birlikte söner; ama verdikleriniz sonsuza kadar kalbinize akar.** Dostlarınızın hayatını değiştirecek bir söz söylemekle hem kendinizi, hem de insanlığı değiştirirsiniz. Sizi kimse dinlemiyorsa, bildiğinizi kendinize anlatın. Hayalleriniz boşa gitmiyor: Ruhunuzu dinleyen meleklerin dostluğu, bilgilerinizi korumayı başarmanıza yetecektir.

GİRİŞ

Başarının sırrı nedir? Eğer yüksek zihinsel zekâ(IQ) ise, neden pek çok zeki insan başarısız olabiliyor? Çok çalışmaksa, neden bazılarının tuttukları altın toprağa dönüşüyor?

Elbette zihinsel zeka ve çok çalışmak, başarının vazgeçilmez faktörleri arasındadır. Ancak, **ruhsal zekâlarını kötü kullananlar, her defasında, çektiklerinin koptuğunu, ürettiklerinin çürüdüğünü, yaptıklarının yıkıldığını göreceklerdir.**

Başaranlar, neyi nasıl yaptıklarını bize anlatabilirler. Dediklerini aynen yapmak, çoğu zaman bizi aynı başarıya götürmez; çünkü onların bize anlatamadıkları bir sırları vardır. İşte bu kitap o gizli sırrın kapısını aralıyor.

Karşılaştırma: SQ, EQ ve IQ

İnsana sunulan en kapsayıcı zeka, ruhsal zekadır(SQ); sonra duygusal zeka(EQ) ve ardından zihinsel zeka(IQ) gelir.

Üç temel zeka alanını, aralarındaki ilişki ekseninde görebilmeliyiz. Aşağıdaki karşılaştırmalar, bu üç zekayı birbirinden yeterince net ayırabilmemizi sağlayacaktır:

IQ ve EQ, sıra dışı olayları, "tesadüf, şans, kaza" kavramlarıyla açıklar; kendiliğinden oluşan düzensizlikler zanneder. Ruhsal zeka, bu tür olayları, Sınırsız Bilinçle planlanan, en dikkat edilmesi gereken ilahi kararlar arasında görür.

IQ ve EQ'ya göre, yaratıkların duygusal tutumları doğaldır; "içgüdü" denilen, genetik, hormonsal veya açıklanamaz sevk edişlere dayanır. Ruhsal zeka bunların, binlerce ruhsal ilham kanallarından olduğunu bilir; insanları, evreni sürükleyen ilham kanallarını duyabilmenin yollarına yönlendirir.

Zorluklarla yüzleştiğinizde, IQ bileğinizin ve makinenizin gücüne; EQ bunların yanı sıra, duygusal cesaretinizin ve güveninizin gücüne; SQ ise, tüm bunlarla birlikte, evreni sürekli sürükleyen Sınırsız Kudrete dayanacaktır.

Bir sorundan kurtuluş yolu aradığınızda, IQ yalnızca nesnel aklınızı çalıştırır; EQ duyguları da analize dahil eder; SQ ise Yaratıcı Kudretin gerekçesini de dikkate almanızı sağlar. IQ imkansızlıkta takılır; SQ imkansızlıkla ilgilenmez.

Mutluluk aradığınızda, IQ şimdiki nesnelerden alacağınız cisimsel zevke odaklanır; EQ coşkuyu duygusal anlam ve derinlikte arar; SQ ise, mutluluğu, evren ötesi zamanla ve meleklerle yoğurarak anlamlandırır. Mutluluk ölçekleri arasında uçurumlar oluşur.

IQ size "Ben ne istiyorum?" şeklinde soracak; EQ, "Biz ne istiyoruz?" diyecek; SQ ise bunların yanında, Evrenin Yaratıcısını ve ruhsal evreni dikkate alacaktır.

IQ'ya göre mutluluk, zenginliktir, şöhrettir; müzik, eğlence... gibi "şimdiki anı dolduran" cisimsel zevklerdir. EQ'ya göre, duygusal anlamlardır; olayların zaman dışına taşan hissi boyutlarıdır. SQ'ya göre ise mutluluk, ister acılarda, isterse zevklerde, "coşturucu aydınlığa sürekli yol alıştır." Ruhsal zekası güçlü ruh, zenginlikte ne kadar sevinçli ise, fakirlikte de o kadar mutludur. Ona göre, yaşamak, dünya cennetinde koşmaktır; ölmek ahiret cennetine uçmaktır.

IQ ve EQ, bilincinize sonlu bir hedef koyar; hedefe vardığınızda yarış biter. SQ ise hedefe sonsuzluğu koyar. Varmayı değil, ilerlemeyi önemser. SQ'nun hedeflediği başarı, tüm yolculuğun her noktasının tam arkasındadır. Yolculuğun neresinden öteki tarafa geçerseniz geçin fark etmez. İster liseyi bitiremeden, isterse de cumhurbaşkanı olduktan sonra...

Kıyamet kopuyor olsa, IQ sizi tepkisiz bırakır; EQ korkutur; SQ elinizdeki fidanı diktirmek için son saniyelerinizi yarıştırır.

Başarırsanız, IQ'ya göre "Ben yaptım!" dersiniz; EQ'ya göre "Dostlarımızla yaptık!" diyeceksiniz. SQ ise size, "Sınırsız Sahibimiz bizimle aynı şeyi istedi ve istediğimizi yarattı" dedirtecektir.

Bir şeyi sevmek istediğinizde, IQ, "Ben nasıl sevmek isterim?" dedirtecektir. EQ, "İnsanlar nasıl sevmemi isterler?" şeklinde soracak; SQ ise, "Hangi sevgi evrenselliğe uygundur?" şeklinde sorduracaktır.

IQ'ya göre, gelecekte olacakları yalnızca tahmin edebilirsiniz; EQ'ya göre sezinlersiniz; SQ'ya göre güçlü sezinler veya görürsünüz. IQ'ya göre yalnızca doğa yasalarına bağlısınız; SQ ise yerçekimine meydan okumanın kapısını açar.

IQ'nun evreni, pozitif bilim tarafından çizilmiştir: Galaksiler, atom ve fiziksel enerji dışında bir varlığı tanımaz. Cin, melek, ruh, ahiret, ölümden sonra diriliş, evreni yaratan evren dışı bir kudret yoktur. İnanmaz, hissetmez, gördüğünü, tuttuğunu bilir. Velilerin mekanlarını aşışını, bedenlerin ateşlere dayanışını, telepatiyi, psikokineziyi... doğaüstü her şeyi reddeder; inkar eder. Açıklayamadıklarını ya görmezden gelir; ya da gözüne sokulursa saldırganlaşır; sanrı, yanılgı, hayal, uydurma, tesadüf, içgüdü, metafizik gibi kavramların ardına sığınır.

Ölümlüsünüz ve ötesi yoktur. Dolaysıyla hayat sadece yaşadığınız anlarıyla anlamlıdır; sonrası yoktur. Emeğiniz ve sanatınız taktir edilmiyorsa, övülmüyorsa ve çalışmalarınız zenginlik ve refah üretmiyorsa anlamsızdır, değersizdir. Eğlenebildiğiniz kadar mutlusunuz. Hastalık, fakirlik, zorluk her zaman kötüdür.

Ruhsal zekanın gözü ise evren ötesine açıktır ve çok geniş bir ufku kapsayabilir. İnsan potansiyelini sınırsızlığa açar: Sonsuzluk yolcusu her zerre, çabasının karşılığını görecektir. Coşturucu taktir, bencil insanların değil, evrene hükmeden cömert Yaratıcının taktiridir. Son soluğa kadar sonsuzluk için eser üretmek gerekir. Sorunlar ve zorluklar ruhu eğitmek ve öz kimliği yüceltmek için yaşanmaktadır.

Duygular, olaylardan değil, olaylara yüklediğiniz anlamlardan doğarlar. Olaylara, dayandığınız zekanın sağladığı bakış açısına göre anlam verirsiniz. Dünyanın en mutsuz insanı, her şeyi IQ ekseninde gören, en mutlu insanı da her şeye SQ ekseninde bakandır.

Üç temel zeka alanı arasındaki ayrımı görüyorsunuz. Her üç zekaya da ihtiyacımız var. Hayat bu üçü arasındaki ilişkiler yumağıyla şekillenir.

Genellikle zihinsel zeka üzerinde odaklanıyoruz. Sanatsal beceriler, evrenin fiziksel simetrisini kavrama çabalarımız, zihinsel zekamızı örgülemeye yarıyor. Tutum alışkanlıklarımız ve kazandığımız kişilik terbiyesi de duygusal zekamızın gelişimine katkı sağlıyor.

Oysa ruhsal zeka, tüm bunların arasına serpiştirilmiş; yalnızca nedensiz içtenlikler, teslim ve tevekküller, sevgiler, dostluklar ve niyetler tarafından beslenir.

Akıl, doğanın maddesel yüzeyinde çalışır. Mantık, bilmediğinizi gösteremez. Sınırsızlık, sınırlı kavramlarla açıklanamaz. **Ruhsal zekâ, sizin sınırlı gücünüze değil, sizinle olan Sınırsız Güce dayanmanızın yoludur.**

Musa Peygamber (as) ile Hz. Hızır (as), yolculuk yaparken uğradıkları bir şehrin halkından yiyecek istediler. Halk onları misafir etmek istemedi. Oradan ayrılırken, Hz. Hızır (as) yıkılmaya yüz tutmuş bir duvarı onarıverdi. Musa Peygamber(as) buna şaşırmış; kendilerini misafir etmeyenlere yaptığı bu karşılıksız yardımı yadırgamıştı. Hz. Hızır(as) sonunda sırrı açıkladı: Duvar o şehirdeki iki yetim çocuğa aitti ve altında çocuklara ait bir hazine vardı. O çocuklar büyüdüklerinde duvarın altındaki hazinelerini çıkaracaklar; o zamana kadar hazine duvarın altında korunacaktı.*

Hayata genellikle Musa Peygamberin(as) gözüyle bakıyoruz. Elbette aramızdaki düzen için buna mahkûmuz. Dahası, Kaderin sayısız sırrını çözemeyeceğimiz için, dış görünüşü esas almak zorunludur. Ama eğer, başarı yolculuğunda şimşek gibi ilerlemek istiyorsak, hayatımızı Hz. Hızır'ın(as) gözüyle de sorgulayabilmeliyiz.

Bu kitapta size böylesi bir gözlük sunulacak. Bu gözlükle baktığı-

* Kur'an: 18; 77-82

nızda, bazen kaybetmekle aslında kazandığınızı; bazen de kazanmakla aslında kaybettiğinizi anlayacaksınız.

Ruhsal Zeka Tarihçesi:

İlk baskısı 1999 yılında yayınlanan **Düşün ve Başar** isimli kitabımızın sonunda, yakında okuyucularımızın huzuruna, "başarıda ruhsallığın etkisi" üzerine bir kitapla çıkacağımızı bildirmiştik. Elinizdeki kitabın yazımı, o vaadin sonucu olarak 2000 yılı Nisan ayında tamamlanmıştır.

Ruhsal Zeka kavramlaştırmasını, ilk defa geliştirdiğimizi sanıyorduk. Gazeteci bayan Anne Line Ussing sayesinde 2000 yılında yayınlanan "SQ: Connecting With Our Spiritual Intelligence" isimli kitapla tanıştığımızda, bizimle eşzamanlı bir çalışmanın yapılmış olduğunu gördük.

Oxford Üniversitesinden eğitimci Danah Zohar ile psikiyatrist Ian Marshall'ın bu çalışmasını incelediğimizde, bizim teorik ve düşünsel yaklaşımımızla kendi yaklaşımları arasında büyük uçurumlar olduğunu gördük. Kitaplarında yazarlar, "ben" kavramı ekseninde yeni bir kişilik modeli tanımlamayı ve ruhsal zekanın kullanımı ve geliştirilmesine ilişkin yöntemler sunmayı tercih ettiler.

Kitabımızın yayınından sonra gördük ki, "ruhsal zeka" kavramı, Hıristiyanlıkla, Hinduizmle, diğer inanç sistemleriyle veya modern bilimle ilişkilendirilerek farklı farklı yapılandırmalara tabi tutulmakta ve bu alanda birbirini takip eden kitaplar ortaya çıkmaktadır. 2001 yılından beri, Khalil Khavari, Father Paul Edwards, Richard N. Wolman, Marsha Sinetar, Henry Wild, Frank J. MacHovec gibi yazarlarca hazırlanan ilgi çekici ruhsal zeka kavramlaştırmalarıyla karşılaşıyoruz.

Biz kendi düşüncemizi oluşturduk. Diğerleriyle aramızda karşılaştırılamayacak ölçekte farklılıklar var. Türkiye'deki ilk ve tek Ruhsal Zeka, elinizdeki kitaptır. Bu kitap, sanırız, -ve şu ana kadar yapabildiğimiz karşılaştırmalara göre- içerik çerçevesi ve temel teorisiyle de dünyadaki tek örnektir.

Bu kitapta teorilerle zaman kaybettirmeden, doğrudan inanç sistemine ve uygulanabilir yöntemlere girilmiştir. Ruhsal ötesinden yönetilen evreni, sonsuzluk yolcusu varlıklardan ibaret görüyoruz. Bu kitapta algılayacağınız "yaratıcı-yaratılan ilişkisini" ve "kader-yaratılış" anlayışını ruhsal zekayla ilişkili diğer eserlerde göremeyeceksiniz. Diğer yaklaşımlar, evrenin fizik ötesine, ruhsal haritasına ve sonsuz geleceğe elinizdeki kitap kadar kapsayıcı bir mantıkla bakmıyorlar.

Elinizdeki Ruhsal Zeka, dünya hayatının perde ardını aydınlatacaktır. Ardından, ötekilerin çoğunlukla göz ardı ettikleri dünya sonrasını ışıklandıran yaklaşımlar, aynı teze eklemlendirilecektir. Kader anlayışını, evrenin ruhsal haritasını ve insanın sonsuzluk yolculuğunu, bu kitapta sunulan ruhsal zeka penceresinden baktığınızda anlamlı bulacaksınız.

Bu kitaptaki pek çok detay, taşıdığımız tarihsel inanç ve düşünceler açısından eskidir, köklüdür. Okuyacaklarınızı böylesi bir sistem içerisinde görmediniz; ama büyük bir kısmını dağınık parçalar halinde bildiğinizi ve hatta yaşadığınızı göreceksiniz. Vurgulamalıyız ki, burada bizim için bilinir olan pek çok yaklaşım, dışımızdaki dünya ve özellikle Batı düşüncesi için hayli yeni ve farklı bir değer taşımaktadır.

Ruhsal Zeka'nın(SQ) Bölümleri

Ruhsal Zekânın temel çıkış noktaları, bu kitabın ayrı bölümlerini oluşturmuştur. Size yedi temel ruhsal zekâ geliştirme alanı sunuyoruz. Işık yedi ana renkten oluşsa da, bunların yoğrulmalarından oluşan yüzlerce farklı renkler ve tonlar vardır. Bunun gibi, Ruhsal Zekânın bu kitapta yer almayan, detayda çok farklı yansımaları olduğunu da bilmemiz gerekiyor.

1. İnanma Gücü: "Başaracağınıza inanmak" ruhsal zekanın en önemli güç alanlarındandır. Başarıya inanırsanız, Yaratıcının 'Emin' sıfatına sığınırsınız. Ruhsal evren inandığınız ölçüde emrinize gönderilecek; engelleriniz ve zorluklarınız, endişelendiğiniz ölçüde şiddetlenecektir. İnançla çalışan bir kişinin gücü, endişeyle çalışan 100 kişinin gücüne meydan okuyabilir. Bir kere karar verdiniz mi; mantığınızın geleceğinizle savaşmasına engel olmalısınız. Kendi gücüne dayanan endişelenir; Yaratıcının Kudretine dayanan Yaratıcıya güvenir.

2. Gerekçe Gücü: Gayretlerinin karşılığını göremeyenler, evreni adaletsiz sanarak hayal kırıklığına uğruyorlar. Canınızı dişinize takarak çalışsanız da, son tahlilde, gayretlerinizin değil, niyetlerinizin karşılığını göreceksiniz. Niçin yapıyorsunuz; hangi gerekçe ile istiyorsunuz? Gerekçeler, iyilikleri kötülüğe; kötülükleri iyiliğe dönüştürebilirler. Dev gibi bir başarı, küçük gerekçeyle küçülür ve küçük bir eylem ardındaki içtenlikle yücelir.

3. Duygu Gücü: Duygular kişisel dünyanızın genişliğini ve gücünüzü belirler: Düşünce dünyası dar, duygu dünyası geniştir. Duygu, eğer akılla işbirliğine girerse, bir kişinin hayatına bin kişilik hayat sığabilir. Duygu, ruhun elidir ve ruh, maddeyi şah damarından çekip sürükler.

4. Israr Gücü: Başarının sırrı, çaresizlik sınırının ötesine geçebilecek kadar ısrar edebilmekte gizlidir. Israr, son nefese kadar dayanmaktır. Yenilen, ısrar edemeyendir; çünkü mücadele devam edebildiği sürece yenilgi yoktur. Başarı, az da olsa devamlı yapılan işte gizlidir. Israr edeceğiz ve hayatımızın son anına kadar, kader sayfalarında bizim için yazılanlara ulaşmanın mücadelesini vereceğiz.

5. Kanaat Gücü: Hırs insanı kapasitesini birden aşmaya zorlar ve aniden yükselme çabaları, tökezleyerek düşmeyle son bulur. Dünya, hırs gösterenlerin sırtında, kanaat gösterenlerin ayaklarının altındadır. Evren bencilliğin düşmanıdır; her şeyi dağıtmak isteyene her şey sunulur. Ancak kanaat sayesinde memnun olursunuz: Memnun olmadığınız işi, gittikçe daha kötü yaparsınız; ya atılırsınız, ya da terk edersiniz.

6. Ruhsal Etkileşim Gücü: Evren etkileşimli yaratılmıştır. Sadece verenler alır, sevenler sevilir; paylaşanlarla paylaşılır. İnsan bedeni, fiziksel çevresinden nasıl etkileniyorsa; ruhu, ruhsal çevreden öyle etkilenir. Çevresini kaplayan ruhsal enerji, insanı ya çökertir, ya da yüceltir. Ruhlarıyla dayanışmış on kişi, birbirlerinden tüm yönleriyle kopuk yaşayan bir milyon kişiden daha güçlüdür. Ruhsal dayanışmayı kullanıyor musunuz?

7. İlahi İrade Gücü: Evren, rasgele hareket eden bağımsız zerrelerden değil, Hakim bir Sultanın kanun ve iradesine göre çalışan yaratıklardan oluşur. Şans, kaza gibi olaylar; içgüdü, sezgi gibi mesajlar yaratıcımızdan gelen uyarılardır. İlahi mesajları çözümleyerek evrenin Yaratıcısının hikmetlerini algılayabilen bir bilinç, kanatlarını evreni yönlendiren rüzgarları izleyerek çırpmayı başaracaktır. İnsan, evreni kuşatan "İlahi İradeyi" tanır da, hareketlerini onunla uyumlu yönlendirirse, evren emrine girecektir.

İNANMA GÜCÜ

**Başaranlar, önce inandılar,
sonra yaptılar;
başaramayanlar ise,
önce yapıp sonra inanmayı
deniyorlar.**

I- NEDEN İNANMA GÜCÜ?

İman gücünden neden yararlanacağız?

GİRİŞ

İman yapma, şüphe yıkma gücüdür. İnanmadığınızı gerçekleştirmeye hazır değilsiniz. Tüm kimliğiniz inanmadığınıza karşı, yıkılamaz bir direnç gösterir. Ruhsal zekânın en önemli aracı imandır.

Başarma ihtimaliniz başarabileceğinize inandığınız kadardır. İnancınız ne kadar güçlüyse, a)ruhunuza o kadar güç verilecek; b)o kadar az emekle aynı işi yapabileceksiniz; c) çevresel faktörler o kadar yardımınıza koşacaktır.

1. İNANÇ VE DERİNLEŞME

Konumuzu kavramak için önce inanç olgusunu, inancın derinleşme sürecini irdeliyelim. Sınırsızlığın sırrını ve inancın önceliğini açalım.

a) Eminlik Nedir?

Evrende yansıyan her sıfat, Evrenin Sahibi'nin bir ismine dayanır. Güzellik, estetik, merhamet, kudret ve her şey... İnsanın emin olması, kendini Yaratıcının "eminlik" vasfına açmasıdır. İnanç, insanı ruhsal enerjiyle buluşturan tek alandır. **Şüphe, ruhsal enerjinin fizik evrene akıştığı kapıyı kapatır.**

İmanı anlamak için, imanla inanç arasındaki farkı kavramalıyız: İnanıyoruz ki "Ateş yakar." Ama, bir çocuğun ateşin yakıcılığı hakkındaki inancı, ateşte yanan kadar güçlü olamaz. Evrensel kurallar, evrensel inançlardır. Tüm evrenin, Yaratıcımızdan kaynaklanan bir inanç bütünlüğü olduğunu söyleyebiliriz.

"Ben ölmeye karar verdim ve şimdi zihinsel bir emirle öleceğim" diyerek ölemezsiniz. Ama, kesin inanmış Afrikalı bir büyücü, buna inanır; oturduğu yerde gerçekten de ölür. Bu, onun inancının, vücudunu yöneten yasalardan güçlü hale geldiğini gösterir. **Evrenin Sahibi, insanın inandığını yaşamasına izin vermiştir.**

Mutluluğun bir büyüklüğü olduğu gibi, inanmanın da bir büyüklüğü vardır.

Başaracaklarına inananların başarmalarının nedeni, sadece, inançlarının onlara verdiği enerjiyle çok çalışmaları değildir. İnançlarının tüm evreni, onlara destek olacak şekilde harekete geçirmesidir. Mutluluğun bir büyüklüğü olduğu gibi, inanmanın da bir büyüklüğü vardır.

"İnanırsanız başarırsınız!" sözündeki inancı, sönük ve sıradan inançla karıştırmayın. Birisi dal budak salmış bir ağaç, diğeri sadece bir çekirdektir. Evrenin bir yaratıcısı olduğuna inanıyor musunuz? Emin misiniz? Gerçekten emin misiniz?

Eğer içimizdeki çekirdek inanç, "gerçek" inanca dönüşebilseydi, Yaratıcımızı hatırlamanın kalbimize yaşatacağı duygu patlaması, göğüs kafesimizi çatlatırdı. İslâm peygamberinin (asm) sahabelerinin (ra), namazda Kur'an ayetleri okunurken, dayanamayarak, bayılıp döküldüklerini hatırlayın. İman şiddetinin potansiyel sonuçlarını şu cümlede görebilirsiniz: **"Eğer Allah'ı hakkıyla tanısaydınız, duanızla dağlar yerinden oynardı.[1]"**

İnanç üç farklı düzeyde olabilir: Bilgi düzeyi, şahit olma düzeyi, içselleştirme düzeyi.[2] Ateşin yakıcılığını başkasından öğ-

[1] Hz. Muhammed (asm), Cami'us-Sağir 5:319, Hadis No:7448

[2] Bu yaklaşım, Sözler'in "ilmel yakin, aynel yakin ve hakkal yakin" kavramlaşmasına dayanmıştır.

renmek bilgi düzeyi; ateşin yanında, yananların dehşetini hissetmek şahit olma düzeyi; yanıp tutuşmak da içselleştirme düzeyidir. İman, inancın en şiddetli düzeyidir.

Biz, "ateşin yakacağı" inancını doğuştan ruhsal bir kalıp olarak getirdik. Eğer "ateş beni yakmaz" inancını iman şiddetine çıkarabilseydik, ateş bizi yakmazdı. İmanın, insan üzerindeki etkisi bu kadar büyüktür. Hedeflerimize ilişkin inançlarımızı şiddetlendirsek, neler olabileceğini tahmin edebiliyor musunuz?

b) Bilgiden Eminliğe

İnsan ruhu, evren inancının bir parçasıdır. Ruh, yüzeyden derine doğru güçlenen inanç kalıplarından yaratılmıştır. Bu kalıpların temeli doğuştan, gelişme biçimleri sonradandır. **İnancınızı şiddetlendirerek ruhunuzun derin noktalarına ilerlersiniz.**

İman her an meyve veren bir ağaç, düşünce ise kök salmaya çalışan bir çekirdektir.

İman düşünceden yola çıkarak derinleşir. **İman her an meyve veren bir ağaç, düşünce ise kök salmaya çalışan bir çekirdektir.** Yenilginin veya zaferin tohumunu bir tek düşünceyle üretebilirsiniz. İşte yolculuk:

a) Bilgiyi gözlemlersiniz, öğrenirsiniz, kullanırsınız, tekrarlarsınız. Bir süre sonra bu bilgi **b)** kapsayıcı **düşünceyi üretir.** Düşünceyi tekrarlayarak beslemeye devam edersiniz; düşünce **c) çeşitli kanaatler (zayıf inançlar) üretir.** Böylece kendi doğrularınızı üretmeye başlarsınız.[3] Kanaati beslersiniz, kendinize ait bir **d) inanca dönüşür.** Ona saldıracak çok güçlü bir karşı inanç, onu yok edebilir. İnancı da koruyarak beslediğinizde **e) imanınız** hâlini alır; bunu **f) yüksek eminlik** düzeyleri takip eder.

[3] "Doğru-yanlış ayrımı" özde sonradan öğrenilmiş değildir. Her insan böyle bir ayrımı doğuştan ruhunda hazır bulur. Sonradan öğrenilen, bu ayrıma, olayların, nesnelerin yerleştirilme biçimidir. Herkesin doğrusu ve yanlışı farklıdır; ama, herkesin doğrusu ve yanlışı "vardır".

Bilgi ve düşünce, imanın ilimle bilinme düzeyini; kanaat ve inanç, şahit olma düzeyini; iman ve yüksek eminlik, içselleştirme düzeyini ifade eder.

Bir iman durumu, doğrudan saldırılarla yok edilemez. O akıl, düşünce, mantık kabul etmez. O candır; o özdür. O her yerde, o şah damarınızda, o genetiğinizde... **Her hücrenizi mekan tutmuş bir olguya saldıramazsınız.**

Öylesine derine girer ki onun farkına varmazsınız. Sınırları kendi sınırlarınızı öylesine kuşatır ki, onu tanımlayamazsınız. Otomatikleşmiştir, görünüşe göre kendiliğindendir. Sorgulanması gülünçtür. Size fark ettirmeden, ne yapılacaksa yapar.

İnsan alan, Yaratıcı verendir. İnsan sınırlı ama Yaratıcı sınırsızdır.

c) Sınırsızlık Aynası

İman, Evrenin Sahibi'nin sınırsızlığına ayna olmak için başvurabileceğimiz tek kaynaktır. İnsan alan, Yaratıcı verendir. İnsan sınırlı; ama Yaratıcısı, sınırsızdır.

Bedeninizde ve ruhunuzda yansıyan, hayat, güzellik, zekâ, zenginlik gibi tüm değerlerin kaynağı, evrenin Yaratıcıdır. Bu değerleri ne kadar gelişmiş düzeyde elde etmişseniz, Yaratıcıdan o kadar almışsınız demektir. Diğer deyişle, Sınırsız Kudret'in sıfatları üzerinizde ne kadar parlamışsa, size o kadar destek sunulmuştur.

Yaratıcımız mutlak bir eminlik düzeyindedir. Bu yüzden, "bir şeyi dilediği zaman, onun buyruğu sadece o şeye ol demektir ve hemen olur.[4]" Bize nasıl davranacağını, "Ben kulumun zannı üzereyim; zannı iyi ise iyi muamele ederim, kötü ise kötü muamele ederim[5]" sözüyle açıklamıştır. Yani, Yaratıcının zekânızı daraltacağını sanıyorsanız, zekânız daraltılıyor. **"Ben üzüntülüyüm" demekten, çoğu zaman "üzülmek istiyorum" duası çıkıyor.**

[4] Kur'an: 36;82

[5] Hz. Muhammed (asm), Cami'us-Sağir 2:312, Hadis No:1934

Yapabileceğinize inanmak, "Sınırsız Kudret'in sizin ellerinizle perdeleyerek yaratacağına" inanmaktır. Yaratıcının gücü, Ona inandığınız ölçekte desteğinizde olacaktır. Bir askerin gücünü, arkasındaki ordunun gücü belirler. Askercilik oynayan çocuk, bir orduyu esir alamaz. Dolayısıyla "yapabilirim" derken, askercilik oynamayalım. **Başarı yolculuğunda bizim gücümüze değil, bizimle olan güce dayanacağız.**

İslâm Peygamberi(asm) bizi emin olmaya davet eder: "**Allah'a, kabul edileceğine kesin şekilde inanmış olarak dua edin. Şunu da bilin ki, Allah kendisinden gâfil ve başka işlerle meşgul bir kalbin duasını kabul etmez[6].**" İstemekle, kabul edileceğine inanmak arasındaki ilişkiyi vurgulayan bu söz, başarının heyecan verici bir boyutunu asırlar önce dile getirmiştir.

Bir askerin gücünü, arkasındaki ordunun gücü belirler.

d) Önce Emin Ol

İstanbul'da açılan bir sınava başvuran yüzlerce kişiden dördüyle, başvuru kuyruğunda yapılan röportajı TGRT televizyonunda izledim. Söylediklerine bakın: "Şansım milyonda bir de olsa denemek istedim. Kazacağımı hiç sanmıyorum. Türkiye'de dayın yoksa kazanamazsın. Ne yapıp edip torpillileri kazandıracaklardır. Şans işte, bakarsın kazanırım."

İnanmadığınızı başarabileceğinizi ümit ederseniz, emeğinizi boşa harcarsınız. **Tereddüt içinde büyük bir iş yapmaktansa, emin olarak küçük bir iş yapın.** Daha başarılı olacağınızı göreceksiniz.

Bazı dualar ve arzular müthiştir: "Kilo kontrol hapları yüzünden annesinin ölümünden etkilenen ve sağlıklı bir diyet sistemi geliştirmeye adanan çocuk Mark Hudges'in duası. Çocuğunun tedavisi için çok paraya muhtaç kalan mühendis Jim Dornan'ın du-

[6] Hz. Muhammed (asm), Tirmizi, Daavat: 65; Müsned, 2:77

ası. Zekasını aşağılayanları utandırmaya adanan üniversiteli Einstein'in duası. Birincisi dev bir şirketin, diğeri Dünyayı saran bir pazarlama örgütünün, üçüncüsü de kuantum fiziğinin temelini atmıştır.

Hayatımızda büyük izler bırakan, büyük eserler üreten herkesin böylesine keskin ve duygulu duaları vardır. İnandılar ve Kaderin Sahibi inandıklarını yaşamalarına izin verdi. **Eğer bir gün unutulmaz bir eser üretirseniz, bunu içten bir inançla yaptığınız duanıza borçlu olacaksınız.**

Bir itiraz duyuyorum: "iyi de, ben başarabileceğime inanıyorum; ama yine de olmuyor, inanmama rağmen başaramıyorum."

Bir gün unutulmaz bir eser üretirseniz, bunu içten bir inançla yaptığınız duanıza borçlu olacaksınız.

Bir tuzaktır bu söz. Gerçekten başaracağınıza inansaydınız, bu sözü söyleyemezdiniz. İnanmak kelimesini GÜNEŞ kadar büyütün. Sözünü ettiğiniz inanç, bizim anlatmaya çalıştığımız iman mı?

Akıllı olduğuna inanan bir deli, "ben deliyim, akıllı olamıyorum" diyebilir mi? Sağlıklı insan, "ben hastayım" diyebilir; ama, sağlıklı olduğuna inanan hasta, "ben hastayım" diyemez. Mantık size şöyle der: "Eğer hastaysanız, sağlıklı olduğunuza inanamazsınız. Eğer başarısızsanız, başarılı olduğunuza inanamazsınız." Neden öne sağlığı veya başarıyı alıyorsunuz? Öne inancı almanızı öneriyorum. İddia şudur: **"Sağlıklıyım" inancının nedeni sağlıklı olmak değil, sağlıklı olduğuna daha önce inanmış olmaktır.**

Cemil Tokpınar'dan dinlemiştim: Hoca vaazında, "Bismillah"[7] diyerek yürürseniz, suyun üzerinden batmadan geçebilirsiniz" der. Bu söze inanan bir köylü, artık köprü yerine nehirden geçmektedir. Bir gün Hocayı evine davet eder. Kabul eden hocayla birlikte giderken, karşılarına nehir çıkar ve adam nehrin üzerinden yürüyerek karşıya geçer. Ama Hoca suya girmeye cesaret

[7] "Allah'ın adıyla başlarım" anlamına gelmektedir.

edemez. Şaşkın köylü, "Hocam böyle dememiş miydiniz, gelsenize!" diye seslenir.

Hoca şöyle cevap verir:

"Onu söyleyen dil bende; ama ona inanan kalp sende."

Akıl ve mantık süzgeci, bazen inancınızla savaşacak ve yukarıdaki örnekte görüldüğü gibi, sorgulamadan inanmak, başarmanın en büyük nedeni olacaktır. Köylü, su üzerinden yürüyerek geçebileceğine, geçmeden önce inanmıştır. **İnancın güç alanına daha fazla girmek istiyorsanız, başaracağınıza, başarmadan önce inanmalısınız.**

İnanç sağ beyin tarafından, mantık sol beyin tarafından yönetilir. İnanç ruhsal evrenin, mantık maddesel evrenin sınırları içerisindedir. İnancınızı mantıkla sorgularsanız, birbirleriyle savaşacaklardır.[8] **Mantık size engellerinizi, inançsa desteklerinizi gösterir.**

İnanç sağ beyin tarafından, mantık sol beyin tarafından yönetilir.

Aslında mantık, ruhsal evreni kuşatabilecek kadar gelişebilir; ama, biz doğa kanunlarıyla sınırlanan mantıklar geliştiriyoruz. Bizim mantıklarımız, bilinenlerle ilgilidir. Bilinmeyeni, basit mantıklar her zaman reddetmiştir.

Bir zamanlar, Ay'a çıkma düşüncesi ne kadar mantıksız gelmişse, bilmediğimiz zekâyı geliştirebileceğimizi sanmak da o kadar mantıksızdır. Dolayısıyla düşünürken, imanı da, mantığı da kullanalım: Eyleme geçtiğimizde ise, "Başaramayacaksın!" diyen mantığı susturalım, "Başaracaksın!" diyen inancın sesini haykırışa dönüştürelim.

Sözler'de şöyle denir: "**Hakiki imanı elde eden adam kâinata meydan okuyabilir.**" Sizinle, yaratılmışlar dünyasına meydan

[8] Doğru ile yanlış arasındaki ayrımı keşfetmek için akla ve mantığa elbette ihtiyacımız var. Emile Rotelband'ın gösterilerinde olduğu gibi camların üzerine atlamanın doğru mu, yanlış mı olduğu ayrı meseledir. Ama ille de atlayacaksanız ve kesilmek istemiyorsanız, "iman gücüne" dayanmanız gerektiğini anlatıyorum.

okumanın formülünü paylaşıyorum: Hiçbir şey yokken iman vardı, yani ruh vardı. Kadın bedeni yokken kadın ruhu, erkek bedeni yokken erkek ruhu vardı. Hastalık gelişmeden önce, hastalık inancı gelişti.

Başarısızlık yokken başarısızlık inancı üretildi. **Hiçbir komutan, yenileceği endişesine kapılmadan önce yenilmemiştir.** Daha da kötüsü, Yıldırım Bayezit'in dediği gibi, "yenileceğinden korkan daima yenilir."

Her başarının öncesinde, başarma inancı gelişmiş; başarı, bu inancın eseri olmuştur. Kolomb Amerika'ya varmadan önce, Dünyanın öteki tarafından Hindistan'a geçen bir yol olduğuna inanmıştı. Edison ampulü bulmadan önce onun varlığını biliyordu. **Başaranlar, önce inandılar, sonra yaptılar; başaramayanlar ise, önce yapıp sonra inanmayı deniyorlar.**

İnancını kullanan, evrenin Yaratıcısının ışığına sığınır.

2. İMAN KOLAYLAŞTIRIR

Geliştirdiğiniz eminlik düzeyi, hayatınıza müthiş kolaylıklar kazandırır. Başaracağınıza ne kadar derin inanırsanız, o kadar çok destek size yardımcı olacak ve o kadar kolay başaracaksınız. Öyle ki, aç kalmayacağından emin; ama, mutfağında bir lokma ekmek saklayamayan serçe gibi, yola çıktığınızda, yiyeceğinizi gözlerinizin önünde, hedefinizi ayaklarınızın altında görebileceksiniz. Bakalım neler olacak:

a) Bilinç Desteği

Bir işi yapmak için uyanık bilincinize ne kadar ihtiyacınız olursa, o kadar zorlanırsınız. Gizli bir bilinç size ne kadar destek verirse, kendi bilinciniz o kadar azalır ve işleriniz o oranda kolaylaşır.

Örneğin daktilo yazarken, hangi tuşa dokunmanız gerektiğinin ne kadar az bilincine varıyorsanız, o kadar hızlı ve düzgün yazarsınız. Bir eylemi tekrarlayarak onu otomatikleştirirsiniz. Otomatikleştikçe ona inancınız artar. Siz inandıkça, sizi yormadan gerçekleştirilir.

Henüz yürüme inancını tam geliştirmemiş bebek, tüm bilinciyle yürümeye çalışırken, yetişkin insan adımlarına dikkat etmek zorunda değildir. **Bir yetenekteki eminlik düzeyi ne kadar güçlenmişse, onun gerektirdiği uyanık bilinç o kadar azalacaktır.** Başarabileceğinize ne kadar az inanıyorsanız, o kadar çok çalışmak zorundasınız. Kaybetmekten korkmayan öğrenci, günde 30 dakika çalışarak yüksek notlar alırken; kaybetme korkusuyla çalışan öğrenci, aynı başarı için günde 5 saat çalışmak zorunda kalır.

Ne kadar eminseniz, sezgileriniz, tahminleriniz o kadar isabetli olacaktır.

İnancını kullanan, Evrenin Sahibi'nin ışığına sığınır; mantığını kullanan, kendi ışığıyla yetinir. Kişisel ışık, zifiri karanlığa tutulan el fenerinden daha zayıftır; karanlık çevredeki gölgelerin sizi parçalamaya hazırlanan ejderhalar olduğunu sanırsınız. Bildiğiniz yol, sadece görebildiğiniz yoldur. Oysa evrenin Sahibinin ışığıyla ilerlediğinizde, evren haritasının avucunuzun içine sığabildiğini göreceksiniz. O'nun ışığıyla ilerlemenin yolu, sizi doğru yolda ilerleteceğine inanmanızdır.

b) Yönlendirme Desteği

Ne kadar eminseniz, sezgileriniz, tahminleriniz veya rasgele tercihleriniz o kadar isabetli olacaktır. Bir anlamda, kendinizi derin bilincin yönetimine terk ediyorsunuz ve o, sizi ihtiyacınız olan yere yönlendiriyor.

Şu örneğe bakın: Sarımsak yağının faydalarıyla ilgili bir yazı okudum. Nereden satın alabileceğimi tahmin etmişsem oraya gidip sordum; aradan geçen üç ay boyunca bulamadım. Bir gün sarımsak yağını ararken yoruldum. Bir gün bulacağımın bilinciyle ve dinlenmek amacıyla bir dostumun bürosuna girdim.

Sohbet ederken oradaki misafir öğretmenin konuşması ilgimi çekti. İngiltere'den sarımsak yağı ithal ediyormuş. Görüyorsunuz; öğretmeni o büroya gönderen kudret, beni de oraya sevk etmişti.

c) Bilgilendirme Desteği

Başaracağınıza emin olabilirseniz, Kaderin Sahibinden bilgilerinizi arttıran gizli destekler alırsınız. Görünüşe göre işi yapan sadece sizsiniz; ama, öyle şeyler yapılır ki, **tesadüfen yaptığınızı sandığınız şeyler, Kaderin Sahibi tarafından ya size ilham edilmiş; ya da melekleri aracılığıyla bildirilmiş olur.**

Tesadüfen yaptığınızı sandığınız şeyler, genellikle size ilham edilen şeylerdir.

Şu hikâyeye bakın: Doktora sınavına giriyorum. Ankara'daki tek sınav ve kazanmak zorundayım. Bana düşen, bütün gücümle çalışmak, yakıcı arzuyla başarıyı dilemek, sonuç hakkında Yaratıcımın hükmüne razı olmaktır. "Düşün ve Başar" kitabındaki stratejilere uygun olarak üzerime düşeni yaptım.

Gerçekler şöyle söylüyordu: Ben siyaset bilimi alanında çok yetersiz durumdayım. Böyle bir sınavda başarılı olabilmem için bir ay içinde en az yüz kitap okumak zorundayım.

Yoğun çalışmalarımın son gününde aldığım desteğe dikkatinizi çekeceğim: Yunan site devletlerindeki demokrasi uygulamasını bilmiyordum. Bu konu garip bir sezgiyle zihnime takıldı. Ankara Üniversitesinde master yapan Fahri Bakırcı'dan, bir saat boyunca sorular sorarak o konuyu öğrendim. Aynı gün akşam, üniversitede okuduğumuz iki kitaptan birer bölümü iki saat içerisinde inceledim. İçimden akıp geçen sezgilere, uyarılara teslim olmuştum.

Ertesi gün sınavda dört soru soruldu. Hangi soruların sorulacağını kesinlikle bilemezdim. Bir sorunun cevabını arkadaşımla soru-cevap yoluyla öğrenmiştim. Diğer iki soru ise akşam çalıştığım o iki konuydu. Son soru literatürdeki genel kavramlardı.

Çok ciddi bir sınavı kazanmayı hak etmiştim. Elbette her zaman bu kadar basit değil. Ama, üzerime düşeni bütün içtenliğimle yaptım. Özel arabamda, kırmızı ışıkta bile ders çalışacak kadar sınavı kazanmayı istiyordum.

d) Çevresel Destek

Kaderin Sahibi, inancımıza paralel olarak, çevremizdeki varlıkları desteğimize yönlendirir. İnsanlar bize inandıkları ölçüde destek verirler. **İnsanların bize ne kadar inanacaklarını belirleyen, kendimize ne kadar inandığımızdır.**

İnsanlar bize inandıkları ölçüde destek verirler.

Ayağınız kayar, elinizdeki ekmek düşer ve onu çöpe atarsınız. Saatlerdir ilerideki köşede aç bekleyen küçük kediyi doyuracak bir ekmeğin sizi ve onu izleyen Sınırsız Şefkat tarafından elinizden alındığını bilmezsiniz. Uzaklaşırsınız ve yavrularını emzirebilmek için kendini beslemek zorunda olan kedi oraya yaklaşır. Böyle manzaraları çok gördüm.

Ankara-Samsun yolunda Siteler'e doğru eşimle birlikte yol alıyorduk. Bu beton yığınları içerisinde yüzlerce güvercinin nasıl beslendiğini siz de merak eder misiniz? Önümüze bir kamyon geçti, buğday veya arpa taşıyordu.

Güvercinler kamyonun sırtına doluştular. Onları izleyebilmek için bir süre kamyonun ardından ayrılmadık. Kilometrelerce uzaklardaki güvercinlerin bize doğru uçtuklarını gördüm. Geldiler, kamyonun sırtına bindiler, doyanlar birer birer ayrıldı.

İnanıp direnirseniz, ıssız çölün sessiz kuyusuna da düşseniz, ilahi yardım size gönderilecektir. Küçük bir çocukken, kıskanç kardeşleri tarafından çölde bir kuyuya atılan Yusuf Peygamberin (as) kurtarılışını hatırlayın.

İnsanlar, çoğu zaman bize niçin destek verdiklerini de bilmezler; Kaderin Sahibi onları sevk eder. Bazen yardımlarını bize yönlendirdiklerinin farkında bile olmazlar. Yaratıcımız bizim inancımızı bilir ve insanları inandırmamıza gerek kalmaksızın, onları desteğimize koşturur.

Hipnoz uygulamalarında seminerde kullanabileceğim güçlü bir animasyon programı arıyordum. Bunu bazı arkadaşlara yaptırma çabalarım boş çıktı. Nasıl yapabileceğimi düşünürken, bir gün dostum Tevfik Bilgin, "böyle şeylere ilgi duyuyorsun" diyerek, aradığım animasyonu internet aracılığıyla gönderdi.

En büyük etkileme inandırmaktır. İnandırmanın en büyük adımı inanmaktır.

Bir gün bayan Tülay Ersoy, ihracat ithalat konularıyla ilgilendiğini, bu konuda iyi bir rehber bulamadığını söylüyordu. Kendisine "eğer çok istiyorsan ve bulacağına inanıyorsan, bulacağından emin ol; bunun için kütüphanelere veya en iyisi İhracatı Geliştirme ve Etüt Merkezine gitmelisin. İnancını ve ısrarını çok güçlendirirsen, ayağına bile gönderilebilir" dedim. Aradan bir ay geçmişti. Büromuza bir kitap geldi, kapağında "İhracat Mevzuatı 2000" yazıyordu. Kitap kişiye gönderilmemişti; ama, Kaderin Sahibinin o kitabı Tülay Ersoy için gönderttiğinden eminim.

Bir şirket kurdunuz ve ortak arıyorsunuz. Kazanacağınızdan eminseniz, ortaklığa davet ettiğiniz insanlar daha cesur şekilde sizinle aynı riske atılırlar.

Ben kapınızı çalsam, yapacağınız yatırımın bir yıl içinde on kat değer kazanacağına sizi kesin olarak inandırsam, tüm sermayenizle bana ortak olmak istemez misiniz? En büyük etkileme inandırmaktır; inandırmanın en büyük adımı inanmaktır.

3. İMAN DEĞİŞTİRİR

İnançlarınız, hayatınızı gizlice ve adım adım değiştirir. En köklü saplantılar bile, değiştirdiğiniz inancın törpüleyici yok edişine dayanamaz. **Şimdi değiştirdiğiniz bir inanç, sonsuza dek geleceğinizi değiştirmek üzere ruhunuzla birleşmiştir.**

a) Savunma Sistemleri

Hastalıkların yayılmasının asıl nedeni, vücudun savunma sisteminin zayıf kalmasıdır. Vücudunuz bakterilerin, virüslerin sürekli saldırısı altındadır. Savunma sistemimiz çöktüğünde, bu saldırılar mağlup edilemez ve küçük bir mikrop, bulduğu boşluğu kullanarak ilerler. Amansız AIDS virüsünün tek düşmanı savunma sistemidir.

Zayıflatıcı inançlar, hayatın her saniyesini işkenceye dönüştüren zararlı duygular üretirler.

Ruhsallığımızın da bir savunma sistemi vardır. Ruhsal olarak ayakta ve diri olmak istiyorsak, ruhsal saldırıları mağlup edecek bir güce sahip olmalıyız. Saldırılar, hakkımızdaki nefretler, nazar veya büyü gibi enerjiler; karamsarlığımız, öfkemiz, kıskançlığımız, bedduamızdır. Bunun karşısında desteklerimiz de vardır: Bize yönelen sevgiler, dualar, dostluklar; ümitlerimiz, yardımlarımız, ruhsal savunma sistemimizi güçlendirecektir.

Ruhsal saldırılar karşısında azalan ruhsal enerjiniz, belli bir eşiğin altında kontrolünüzü kaybetmenize sebep olur: Küçük bir sinek vızıltısı, basit bir gerginlik, fırtına koparmanıza neden olur. Musluktan sızan bir damla suyu, başınıza damlayan koca bir tokmak gibi algılarsınız.

Ruhsal savunma sisteminiz çöktüğünde, fiziksel savunma sisteminiz de çöker. Ruhsal hastalıklar, beraberinde fiziksel hastalıkları da taşır. **Gerçek güçsüzlük ruhsaldır ve güçsüz insan başarılı olamaz.**

b) Duygular

Kendimizi ve çevremizi inançlarımıza göre algılıyoruz: "Başarılıyım veya başarısızım. Hafızam iyi veya kötü. Beni seviyorlar veya sevmiyorlar..."

Zayıflatıcı inançlar, hayatın her saniyesini işkenceye dönüştüren zararlı duygular üretirler. Güçlendirici inançlarsa, olumlu duygular üretirler ve olumlu duyguların hâkimiyeti altındaki hayatın her saniyesi mutlu geçer.

Bir insanın gerçek yüzü, dalgın zamandaki yüzüdür.

Mutluluk, insanın neler elde ettiğiyle ilgili değildir; insanın neler hissettiğiyle ilgilidir. Bosna'yı ziyaretimizde, biz Sırp kurşunlarından kaçışırken, savaş çocukları olup bitenlerden habersiz oynuyorlardı. Anne babaları, yıkılan binalarının yanında, geleceklerini yeniden nasıl inşa edeceklerinin acısıyla gözyaşı dökerken, masum deprem çocukları, çadırların etrafındaki çamurlarda eski oyunlarını sürdürüyorlardı. **Bir çocuk çamurların arasında mutluyken, bir kral tahtında mutsuz olabilir.**

c) Davranışlar

Eleştirildiğinizde öfkelenmeniz; akşam salonunuza girer girmez televizyonunuzu açmanız; araba kullanabilmeniz, yazabilmeniz... Herkes hayatını, farklı alışkanlıkların yönetimine terk etmiştir.

Seminerlerimizde, vücut dili üzerinde çalışırken, arkadaşlara, "sürekli tebessüm edin" deriz. Sözleşiriz ve çalışma başlar. Bir dakika sonra bazıları tebessümü bırakmış, somurtkanlıklarına geri dönmüş olurlar.

Günlük yaşantınızın çoğunda inanç kalıplarınızın belirlediği derin bilincinizin yönetimine terk edileceksiniz. **Dalgın aralık-**

larda yaptığınız, derin bilincinizin size asıl yaptırdığıdır. Davranışlarınızın çoğunun otomatik olduğunu görüyorsunuz.

Bir insanın gerçek yüzü, dalgın zamanındaki yüzüdür. Yüzü taş gibiyken, sizi görünce birden tebessüm eder; siz ayrıldığınızda eski haline döner. **Gerçek mutlu yüz, asıl dalgın zamanında tebessüm edebilen yüzdür.** Bilinçli zamanlarda, acıya ağlamakta, sevince gülmekte serbestsiniz; bilinçsiz zamanlarda inançlarınız size neler yaptırıyor?

d) Fizik Vücut

İnsan fiziği kişiliğinin ip uçlarını taşır. Günümüzde, vücut özelliklerinden kişiliği tanımlama öğretisi bilimsel olarak da ilgi görüyor. Kişiliğimiz inançlarımızın eseridir. Kişiliğimiz değişebiliyorsa, kişiliğimizi yansıtan fiziğimiz de değişebilir.

Endişe ve şüphe, başarılarımızla savaşır; bizi düşünmekten, girişimden, eylemden alıkoyar.

Kambur bir kral kamburluğundan çok eseflenmiş, bu sorununu yok etmeyi hayal etmiştir. Kambur olmayan bir heykelini yaptırıp sarayının kapısına diktirmiştir. Her sabah erkenden o heykelin karşısına geçip, kendisini dimdik hayal etmiş, yıllar sonra kamburluğu yok olmuştur.

Uyumlu bir evlilik sürdüren eşlerin aralarında tam bir davranış ve düşünme uyumu varsa, yıllar sonra birbirlerine benzeyeceklerdir. Yalnızca duygusal olarak değil, fiziksel olarak da. Başbakan Bülent Ecevit'le eşi Rahşan Ecevit'i, Cumhurbaşkanı Ahmet Necdet Sezer'le bayan Semra Sezer'i karşılaştırın.

Bir insan, ruhunda olup bitenleri değiştirdi mi, fiziğinde olup bitenler de değişmek zorunda kalacaktır. Güçlü inançları olan insanların yüzlerinde, saygı ve sevgi şimşekleri çaktıran bir şeyler vardır. İçlerindeki ruh, vücutlarının en küçük hareketini çarpıcı şekilde yapılandırmıştır. **Birisinin yüzüne baktığınızda, cesedinden çok ruhunu görürsünüz.**

4. ŞÜPHE YIKICIDIR

İnanç üretmenin, şüphe tahribatın çekirdeğidir. Başaramayacağınıza inandığınız hedefi başaramazsınız. İnsanlar, inançlarının üzerinden basarak inanmadıklarını başaramazlar.

Endişe ve şüphe, başarılarımızla savaşır; bizi düşünmekten, girişimden, eylemden alı koyar. Kolayca gerçekleşebilecek pek çok başarının tek yok edicisi, beyinleri örümcek ağı gibi tutuklayan endişe olmuştur.

"Beni terk ederse, fakirlikten kurtulamazsam, hastalık ömür boyu sürerse..." der misiniz? **Hayallerinize saldıranlar, aslında kaderinizle savaşıyorlar.** Türkiye'nin bir numaralı güldürü ustası Kemal Sunal, uçakla ilişkilendirdiği ölüm korkusunu yıllarca canlı tutmuş; bu yüzden, uçağa bindiği gün, öldüğü gün olmuştur.

İnsan, "acaba başarabilir miyim?" diye şüpheleniyor; sonra da kalbini "ya başaramazsam" korkusu sarıyor. Şüphelerimizin nedenlerini irdeleyelim:

Sınırsız Kudretin yapabilme gücünden şüphelenen, kendine inanamaz.

a) Yaratıcıyı Küçümseme

"Acaba yapabilir miyim?" demek, "Acaba Yaratıcım yapmamı sağlayabilir mi?" demektir. Kudretini bilinçsizce sorguladığımız Sınırsız Kudret'in, neler yapabildiğini ilân eden Güneşin altında yürüyoruz. Bize düşen yapmaya kalkışmak ve Ezelî Hakim'in hizmetimize sunduğu imkânları amacımıza yönlendirmektir. **Sınırsız Kudretin yapabilme gücünden şüphelenen, kendine inanamaz.**

Bazen Yaratıcımızın kudretini biliyoruz da, sabırsızlanarak, dileklerimizi dikkate almayacağı zannına kapılıyoruz. Bu, Sonsuz Rahmetle dalga geçmektir; O'nu hiç tanımamaktır. O, kışın karların kapladığı küçük dalların altında sığınaklar bırakır. Çalıların dallarından uzattığı ince meyvelerle, kıştan kaçamayan küçük serçeleri sıcak tutup doyurur. Şu anda gözlerinizde ve kalbinizde olanları yaratan da O'dur. Kalbimizdeki göz yaşlarını dikkate almayacağını, önemsemeyeceğini sanmak ne büyük gaflet olurdu.

b) Yaratıcılığı Üstlenme

Güneşle ilişkisi kopan Ay karanlık; Yaratıcıyla bağı kopan insan yokluktur. Nemrut kadar güçlü bir kralı demir kapının anahtar deliğinden odasına girip, burnundan beynine tırmanan bir böcek öldürdü. Kendimizi gücün yaratıcısı gibi gördüğümüzde, zaman zaman yaşayacağımız çaresizlikler, inancımızı sarsacaktır.

Ekini biz ekeceğiz, mahsulü de biz toplayacağız; ama mahsülü yaratmaya gücümüz asla yetmeyecektir.

Her şey yolunda giderken, insan müthiş bir coşkuya girer; "evet yapıyorum!" diye haykırır. Sonra da şiddetli yorgunluğun veya ihanetlerin altında kalır; "yanılmışım, yapamıyorum!" der.

Eylemlerimizi yaratan biz miyiz? Lokmayı bile biz çiğnemiyoruz. Bu kadar basit işi bile kendi kudretiyle yaratmayan, elbette hiçbir şeyin yaratıcısı değildir.[9] Evrenin Hakimi'nin gücüne dayanacağız; zira kendi özümüze ait hiçbir gücümüz yok. Evrene sınırsız işler yaptıran kudretin dileklerimizin sonuçlarını bize de yaptırabileceğini bileceğiz.

Korktuğunuz nedir: Buğday ekememek mi; Yoksa buğdayın başak vermesini sağlayamamak mı? **Ekini biz ekeceğiz, mahsulü de biz toplayacağız; ama mahsulü yaratmaya gücümüz asla yetmeyecektir.** Yeryüzüyle tanışalı asırlar geçti ve insan bir tek buğday tanesi yaratamadı.

[9] "Yaratma" olgusu hakkında "İlahi İrade Gücü" bölümünde detaylı tartışmalar bulacaksınız.

Yani ders çalışamamaktan mı, yoksa sınavı kazanamamaktan mı korkuyoruz? Bizim görevimiz sınavı kazanmak değil, sınavı kazanmayı hak edecek bir bilgi ve tecrübe birikimi üretmek ve sınava girmektir. Başardığımızda, sonucu yaratan zaten biz olmayacağız. "Ben yaptım" diyenler kasıtlarında dikkatli olsunlar. Sorumlusu olmadıkları sonuçları üstlenirlerse, inançlarını sarsarlar.

c) Olumsuz Genelleme

Endişe, bir şeyi şimdi yapamamayı, hiçbir zaman yapamamak olarak tercüme eder. Oysa şimdi yapamamak, hiç yapamamayı gerektirmez.

Her zenginin fakir olduğu, her zekinin zekasından şüphe edildiği zamanlar vardır.

Bir arkadaşım, "ben şair olamam" demişti; acaba bebekken ona sorulsaydı, "ben yürümeyi öğrenemem" diyecek miydi? **Bugün yapamamasından endişelenen, yarın yapamamasının temelini atıyor. Bugün başaramayacağına inanan, yarınki başarısıyla savaşıyor.**

İki farklı "yapamamak" vardır; birisi, şu anda yapamayacağını bilmek, diğeri hiçbir zaman yapamayacağına inanmaktır. **Hayatınız, yapamayacağınıza inandıklarınızla hapsedilecektir. Hayali sınırlarınızı aşamayacaksınız.**

Acı olan, yapamamak olgusunu genelleyerek kabul etmemiz, hiç yapamayacağımızı sanarak, tüm hayatımızı ipotek altına almamızdır.

İnsan şimdi yeterince zeki olmayabilir; ama, "ben zeki olamam" derse, zekâsının gelişimini durdurur. Bir yıl boyunca her gün kendinize zeki olduğunuzu söylerseniz, zekânızdaki gelişmelere şaşıracaksınız.

Her zenginin fakir olduğu yılları vardır. Bill Gates'in geçmişine bakın. **Her zekinin zekâsından şüphe edildiği zamanları vardır.** Einstein'ın gençliğine bakın. Eğer o zamanki durumlarını genelleselerdi, bu zamanki durumlarına geçiş yapamayacaklardı.

5. SOMUT DENEYİMLER

İman gücünün üretebileceği deneyim örneklerine bakarak konuyu zihninizde netleştirebilirsiniz:

a) Popüler Deneyimler

Türkiye'de çok kişi İsviçre'den gelen bir gurubun şovunu izledi. Uzun bir inşaat demirinin iki ucuna gırtlaklarını dayandırıyorlar ve demiri eğiyorlardı. Sonra da ateşlerin üzerinde dans ediyorlardı.

Maddeye hükmeden bir inanç düzeyi vardır ki, bilinçli tekrarlanması güçtür; ama, mümkündür.

Arkasından Hollanda'lı Emile Ratelband'ın seminerlerine katılanlar kırık cam parçaları üzerine atladılar. Ayaklarının altında ezilen camın ayaklarını kesmemesi şaşırtıcı geliyordu.

ATV ana haber bülteninde, İngiltere'den gelen Uri Geller, bir telepati gösterisi yapmıştı. Sunucu Ali Kırca, kağıdına gizlice bir şekil çizmiş, sonra da Geller'den, çizdiği şekli, telepatiyle keşfedip çizmesini istemişti. Canlı yayında Geller'in çizdiği şeklin ve boyutlarının Kırca'nınkiyle tıpa tıp aynı olduğunu gördüğünde, Kırca ikna olmanın şaşkınlığını yaşıyordu.

b) Bilimsel Deneyler

California Üniversitesinden Prof. Robert E. Ornstein'in kitabından, onun itibar ettiği deneyleri örnek göstereyim:[10] Mennin-

[10] Bu örnekler deneysel bir ortamda, tekrarlanabilen ve bilimsel aletlerle ölçülebilmiş olaylardır. California Üniversitesinde beyin üzerinde çalışan Ornstein'in Doğu ve Batı psikolojilerinin bir sentezi olan "Yeni Bir Psikoloji" isimli kitabından alınmıştır. Pozitivizmden ve ampirizmden taviz vermeyen, ama bilmediğimiz gizli güçlerin de var olduğuna ikna olan bir bakış açısının ürünü olan bu kitap, gelecek asırda ruhu keşfedeceğimizin ilk göstergelerindendir.

ger Vakfı'nın desteğiyle yapılan bir çalışmada, bir Yoga ustası aynı elinin iki farklı noktasındaki ısı farkını ruhsal gücüyle 11 dereceye kadar çıkarabilmiştir. Tibetli bazıları, vücut ısılarını buzları eritebilecek kadar yükseltebiliyorlar.

Maddeye hükmeden bir inanç düzeyi vardır ki, bilinçli tekrarlanması güçtür; ama, mümkündür. Ruhsal yeteneklerin dünya hayatında bile nasıl kontrol edilebildiğini görmek için size Marlo Morgan'ın Avustralya'nın yerli Aborijin kabilelerinden biriyle birlikte geçirdiği dört aylık yolculuğu anlattığı "Bir Çift Yürek" romanını okumanızı öneririm[11].

Evrenin her noktasında algılanan, sınırsız Yaratıcının gücüdür.

O kitapta okuyacaklarınızdan daha olağanüstü örnekleri İslâm tarihinde görebilirsiniz. **Abdülkadir Geylani(ks), sofrada kemikleri kalan tavuğa, şahitlerin huzurunda, "Allahın izniyle kalk" demiş; tavuk yeniden ete kemiğe bürünerek sofradan kalkıp yürümüştür.**[12]

Ornstein, bilimin henüz yabancı olduğu bu gerçeklerden bir senteze ulaşmaya çalışırken, şu çelişkili itirafta bulunuyor: "Son zamanlarda bazı araştırmalar, her ne kadar etkileri daha parlak olgularca sık sık engellense de, bâtıni geleneklerin, gizli çevresel güçlerin bizi etkilediği şeklindeki düşüncesini onaylamaktadır."[13]

Sıradan hayatı derinden etkileyen çevresel güçler mi var? Hayır, sadece tek kaynaktan doğan bir güç var ve bu, Kudret ışığı-

[11] Kitapta sunulan felsefeye kısmen katılmıyorum; ama, aktarılan pratiklere dikkatinizi çekiyorum: Aborjinlerin telepatiyi, şifacılığı, sezgiyi nasıl etkin kullanabildiklerine bakın.

[12] Marifet Yayınlarından çıkan, "Ladikli Ahmet Ağa" isimli kitap, ruhsal derinliğin boyutlarını sezinlemenize katkı sağlayacak önemli bir belgeseldir.

[13] Bkz. Age, s.185. Açıkçası, akıldan yola çıkarak evreni anlamaya çalışmak, kapalı gözlerle fili tanımlamaya çalışmaya benziyor: Şimdiki bilimsel bulgulara göre, evrenin %90'ı karanlık maddeden, görünmez kütleden oluşuyor. Teleskoplarımızın gördüğü uzaydaki milyarlarca galaksi, evrenin görünebilir %10'luk alanını oluşturuyor. Karanlık maddeyi kapsamıyor. Nerede kaldı ruhsal evrenleri akıl gözüyle tanımak...

na ayna olan ruhunuzdan maddesel âlemin işleyişine sürekli devşirdiğiniz güçtür. **Evrenin her noktasında algılanan Sınırsız Kudret'in gücüdür.**

c) Kimyasal İlaçlar

Amerika Birleşik Devletlerinde, Üniversite Öğrencileri üzerinde yapılan bir deneye dikkat edelim: Öğrenciler iki guruba bölünüyor. Bir guruba, uyarıcı ilaç veriliyor ve bu ilacın sakinleştirici olduğu söyleniyor. Diğer guruba ise sakinleştirici ilaç veriliyor ve uyarıcı olduğu söyleniyor. Bu ilaçları alan öğrencilerden, üzerlerindeki etkiler hakkında bir anket formunu doldurmaları isteniyor.

Ruhsal bir pratiği, "başaracağınıza inanabilmeniz" sayesinde gerçekleştirebilirsiniz.

Sonuç: Uyarıcı ilacı alanlar, onun gevşetici olduğunu sandıklarından, çoğunlukla gevşemişlerdi. Diğer gurup da inandıklarını yaşadı. Dikkat edelim; burada kullanılan ilaç bir plasebo[14] değil, gerçek bir kimyasaldır. İnanç maddeye meydan okumuştur.

d) Su Bulmak

Malatyalı asker arkadaşım Bayram Karaahmetoğlu, çalı parçasıyla yer altındaki suyun yerini bulmayı bana öğretmek istedi. Birlikte çalıştık. İnancımı Bayram gibi güçlendirmek için üç adımlı bir yol izledim:

a) Önce yaptıklarını keskin bir dikkatle gördüm, elindeki gücü hissetmek için çalıya dokundum. b) Aynı görüntüyü, sesi, dokunsal algıyı canlandırdım. c) Çalışırken aynı görüntüleri, sesi ve dokunsal algıyı tüm canlılıklarıyla ruhumun derinlerinde görmek için elimden geleni yaptım.

[14] Farmakolojide, hastayı ilaç aldığına inandırmak için üretilen uydurma ilaçlara plasebo deniyor.

Israrlı denemelerim sonucunda, aynı çalının ucu benim elimde de suyun olduğu yeri gösteriyor; suyun akış yönüne göre hareket ettiriliyordu. İlk sıralar, elimdeki güç, Bayram'ın elindeki güçten çok daha zayıftı. Ama denedikçe imanım besleniyor ve gittikçe, elimde karşı konulmaz bir güç üretiliyordu. Bazı arkadaşlar da aynı şeyi denediler; ama aynı sonuca ulaşamadılar. Çünkü ben inanmıştım.

II- NASIL İNANMA GÜCÜ?

İman gücüne nasıl dayanacağız?

1. ENGEL KALDIRMA

Yeni bir inanç geliştirmek veya eski bir inancı değiştirmek istediğinizde, sizi engelleyecek güçlü iç ve dış mesajlarla karşılaşacaksınız. Önce bu engelleri kaldırmalısınız:

a) Dış Mesajlarla

Diğer insanların olumsuz içerikli mesajları bilincinize saldıran birer telkindir. Bu telkinlerini, şarkılarıyla, yazılarıyla veya konuşmalarıyla size ulaştırırlar. Onların yaşantılarındaki olumsuzlukları da kendinize kıyaslarsınız. Örneğin, "Torpili olmadığı için kaybetti; benim torpilim yok, ben de kaybedeceğim." dersiniz. Melodilerin ardında, sanatçının "Ben bu akşam ölürüm" dediğini duyarsınız.

Dış Telkinler:

Gelişimimize yönelen en büyük saldırının kaynağı, kendilerini başarısızlığa mahkûm etmiş olan diğer insanlardır: "Yapamazsın, başarılamaz" derler. Çünkü onlar pek çok başarısızlık yaşadılar, kendi sınırlarını biliyorlar ve herkesi o sınırların içine hapsetmek istiyorlar.

İyi bir insansanız, size "kötüsünüz" denildiği için kötü olur musunuz? Katile, "kahraman" demek, onu kahraman yapar mı? Başkalarının yorumu ve telkiniyle kimliğimiz değişmediğine göre, "başaramazsın" diyenlere niçin inanacağız?

İnsanların çoğunluğunda özgüven zayıftır. Çocuklukta kendimizi anne babamızın yorumlarına göre anlamlandırarak dış referansın altında ezildik. Çocuğuna elbise alan anne, ilk aşıyı yapıyor çocuğuna; "hemen gidip babamıza gösterelim, bakalım beğenmiş mi?" Neden önce, "sen beğendin mi, bunu alalım mı" diye sormuyorlar? Liderler, iç referansları kuvvetli olanlar arasından çıkmıştır.

Kaybedenlerin kötü tecrübelerinden ders alalım; ama, onları kopyalamayalım.

Önümüze çıkan engellerin çoğu şimdi, bir kısmı da gelecekte aşılabilir. Ama biz imkânsızlıkları dinledikçe, imkânsızlık inancımız pekişir. **Sınırlayıcı telkinlerin hepsi tecrübelere; ama, başarısızların tecrübelerine dayanır.** Kaybedenlerin kötü tecrübelerinden ders alalım, ama onları kopyalamayalım.

Şimdiye kadar sınırlayıcı pek çok söz duydum: "Ne kadar çabuk unutuyorsun! Boşuna uğraşma! Hayatını boş işlerde heba ediyorsun! Herkes kendini şair sanıyor! Yazarlığı da çocuk oyuncağı yaptılar! Yaşlanmışsın, çökmüşsün!" Bu sözlerden bazıları doğru olabilir. Eğer öyleyle onlara teslim olmamalı, değiştirmeye adanmalıyız.

Dış Olaylar

Gözlemlediğiniz başarısızlık örneklerine bakarak, "filân şirketin patronu şu kadar yetenekli ve güçlü olduğu halde iflas etti; ben ondan daha güçsüz olduğuma göre, kesinlikle kaybederim" diyebilirsiniz. Seyrettiğiniz filmler, sokaklarda gözlemledikleriniz, gazete sayfalarında okuduğunuz haberler, bilincinizi yoğuran telkinlerdir.

Herkes kaybederken kaybedenler, herkesi kopyalayan insanlardır. Beyaz koyunlar ileri doğru yürütülürken, kırmızı koyun da ileri doğru yürür. Oysa çoban köpeği etrafta dolaşır. **Sıra dışı başarı, özgün olmayı, taklit etmemeyi, farklı olmayı gerektirir.** Yüzlerce sanatçı arabesk okur; ama, Orhan Gencebay gibi okuyan kimse yoktur. Tarihte bir tane Konfiçyüs yaşamıştır.

Başarı hikâyelerinden çok, başarısızlık hikâyelerine itimat ediyoruz. On kişinin "işe yarıyor" dediği yöntem hakkında birisi "işe yaramıyor" dediğinde, tüm inancımızı sarsıyoruz.

"Bir durum gerçekse, onu kabullenmemiz gerekmez mi?" diyorsunuz. Kabullenmek istediğinizin, değişebileceğini iddia ediyorum. **Gerçek olan, evrensel olandır.** Bir işi başarabilen en az bir kişi varsa, o işi başaramamak evrensel bir gerçek olamaz. Yenilgiyi kolaylaştırmak mı istiyorsunuz?

Herkes kaybederken kaybedenler sıradan insanlardır.

Belki sınırlarınızı bu dünyada tamamen aşamayacaksınız; ama böyle düşünürseniz, en azından başarı yolunuzu açık tutacaksınız. **Başarıya inanmak, tek başına başarmaya yetmeyebilir; ama, başaramayacağımıza inanmanın sonucu başarısızlıktır.** Başarabilme düşüncesinden başka hiç bir sebep insanı çalışmaya sürükleyemez.

Üniversite sınavını kaybedenlerden etkilenerek, sizin de kaybedebileceğiniz inancını geliştirmeyin. Çünkü bazıları hâlâ kazanıyor. Bütün öğrenciler ülkedeki üniversitelere sığmazsa, herkesin başarısı, sistemi yeni üniversiteler açmaya zorlar. Ülkenizdeki sistem tıkanmışsa, Dünya üniversiteleri sizi bekliyor. Bütün üniversiteler kapanmışsa, hayatınızı bir üniversiteye çevirmenize ne engel olabilir?

Değiştiremeyeceğimiz inançlar, hiç bir istisnası olmayan evrensel durumlar üzerine kurulu inançlardır: Yaşlanacağız ve öleceğiz. Cinsiyetimiz doğuştan ne ise odur. **Herkesi kapsayan sınır, onunla mücadele edilemeyecek sınırdır.** Böyle bir sınırı sorun etmek mantıksızdır.

b) İç Mesajlarla

Kendi tecrübelerinizin etkisiyle kendinizi sınırlayıcı sözler söyleyebilir ve bu sözleri, zamanla inançlarınıza katabilirsiniz. Geçmişteki olumsuzluklarınız ve sorunlarınız geleceğiniz için büyük bir çelik kafese dönüşebilir. Örneğin: "Beş defa bu sınava girdim ve kaybettim. Demek ki hiç kazanamayacağım. Ben kaybetmeye mahkûmum." Bu engelleri nasıl sileceğiz?

Zihinsel sınırları kaldırdığınızda, ilk fayda "sınırlarınızı sürekli aşmanız" olacaktır.

İç Telkinler:

"Bu kötü alışkanlıktan kurtulamam, hafıza sorunumu çözemem, onunla barışamam, hastalığımı yenemem." Bu ifadeleri gördüğünüz yerde öldürün.

Biyolojik ve zihinsel sınırlarımızın varlığı inkâr edilemez. Doğrudur, 80 yaşında bir insan 20 yaşında bir genç gibi hızlı koşamayabilir. Ama 80 yaşında bir dervişin ruhsal enerjiye dayanarak bir gece dünyanın arka tarafında dolaşması mümkündür. **Mevcut sınırlarınızı kalıcı ve asla değişemez görürseniz, onları aşmanın yolu size öğretilmeyecektir.**

Telkinlerle ürettiğiniz zihinsel sınırları kaldırdığınızda, elde edeceğiniz ilk fayda "sınırlarınızı sürekli aşmanız" olacaktır. Hedefe ulaşmanın bir yolu kapanmışsa, açılabilecek başka bir yol vardır.

Yürüyerek Dünyayı dolaşmak amacıyla yola mı çıktınız? İşin zorluğunu boş verin, karar vermişseniz, yürüyün. **Zorluğu düşünmek kapasitenizin çok küçük bir bölümünü kullanmanıza izin verecektir.**

Temel ile Cemal yüzerek Amerika'ya gitmek üzere Trabzon'dan yola çıkarlar. İstanbul, Çanakkale ve nihayet Cebelitarık boğazından geçerek okyanusa açılırlar. New York yakınlarındaki Hürriyet Anıtı göründüğü sırada, Temel, Cemal'e seslenir: "Cemal ben yoruldum, Trabzon'a geri döniyrum." Biz çoğu zaman, başarının tam kapısından geri dönen insanlarız.

Eğer zorluğu düşünecekseniz, neden böyle bir yolculuğa çıkıyorsunuz? Ya yapalım, ya da yapmayalım. Biz hem yapmaya kalkışıyoruz; hem de kendimize engel oluyoruz; bu mantıklı değil.

Kişisel Deneyimler

İnsan nasıl yaşarsa, öyle yaşamaya devam eder ve nasıl devam ederse öyle ölür.

Bugünkü olumsuz inançlarımızın temelinde geçmiş kişisel tecrübelerimiz gizleniyor. Elli defa devrilen bir güreşçi, artık hep devrileceğini sanır. **Yıllardır yaptıklarımızı benimsersek, yıllarca yapacaklarımızı belirleriz.**

Eğer geçmişin şimdiki gününüzü ve inançlarınızı belirlemesine izin veriyorsanız, bu yolla geleceğinizi de belirlemiş oluyorsunuz. Çünkü insan nasıl yaşarsa, öyle yaşamaya devam eder ve nasıl devam ederse öyle ölür. Gelecek, varlığını geçmişe dayandırır. **Kendi akışına terk edilirse, kötü geçmiş kötü gelecek; iyi geçmiş de iyi gelecek üretecektir.** Gidişat iyiyse harika; ama, değilse çizgiyi hemen şimdi kırmak zorundayız.

Geçmişimiz karanlıksa sorun değil. Şimdi hemen geçmişi kapatıp, hayata beyaz bir sayfa üzerinden yeniden doğabiliriz. Kimi insanlara gıpta ederiz: "Şanslıydılar, iyi terbiye aldılar." Biz ise, acımasız bir babanın, sorumsuz bir annenin çocuğuyduk. Biz fakirdik, biz eğitimsizdik.... Bırakalım bunları, **geçmişi silelim ve yarın sabah, temiz birer geçmiş üretmek üzere doğan bebeklerden biri de biz olalım.**

Korkuyorsunuz; çünkü önce karanlıktan, sonra gölgeden, böcekten çekindiniz; gün geldi korkunuz tüm kalbinizi kuşattı. Çin işkencesidir bu: Kurbanı sabit bir yere bağlarlar ve yüksekteki depodan, her saniye bir damla suyun başının tepesine damlamasını sağlarlar. İlk sıralar suyun damlayışı eğlencelidir. Ama yüzlerce damladan sonra işin rengi değişir; her damla su, kurbanın beynine balyoz gibi iner. Sonunda kafa kemiği çatlar.

Pek çok depresyon patlamasının altında, damla kadar küçük problemler vardır. Ama o problemlerin binlerce kez zihinlerinden geçmesine izin verirler. Damlaya damlaya okyanus olur. Altında inledikleri acının sadece kendi zihinlerinde üretildiğinin farkında değiller. Dertlerini anlattıklarında, ne kadar küçük problemlerin onları tank gibi ezdiğine şaşarsınız. Oysa gülüp geçtiğiniz o problemleri, siz de zihninizde tekrarlasaydınız, aynı patlama sizin dünyanızı da kuşatacaktı.

Pek çok depresyon patlamasının altında, damla kadar küçük problemler vardır.

Adam, istediği televizyon kanalını açmadı diye eşini öldürmüştür. Bir köylü, komşunun çocuğu horozunu kovaladı diye, çocuğu öldürmüş; çıkan kan davası üzerine iki aileden dört kişi ölmüştür. Tek dersi zayıf geldi diye küçük kız intihar etmiştir. Ev yansa, deprem olsa, dağlar patlasa, bir cana değer mi? **Sorun damlalarından, sorun okyanusları çıkarıyoruz.**

2. EYLEM GELİŞTİRME

Tekrarladığımız eylemlerin inançlarımızın gelişiminde büyük payı vardır. Defalarca yaptığımız şey, hücrelerimize işler, genetiğimizi bile değiştirir. Eylemlerimizle besleyerek geliştirdiğimiz inançlarımız gelecekteki eylemlerimizi de belirleyecektir.

Sürekli çalışmak, beynimize "ben çalışkanım" inancını yerleştirir. Israrla yardım etmek bizi, "yardımsever olduğumuza" inandırır. Verdiğimiz sözleri tutmak, "irademize hakim olduğumuz" inancını besler.

Şu hâlde, büyük inançlar geliştirmek için, işe küçük eylemleri tekrar ederek başlayacağız. Küçük eylem büyük benzerinin örneğidir ve zihinde oluşturacağı etki, büyüğünden farklı olmayacaktır.

a) Basit Eylemlerle

Küçük başarılar, büyük başarıların üreticisidir. **Denediğinizde başardığınız her şey, size yapabileceğinizi söyleyen birer telkindir.** Yaptıkça yapabildiğinizi görürsünüz.

Her şeyden çok, yaptıklarınıza inanırsınız. İp cambazı olmak için kontrollü olarak ipte yürümeniz gerekir. Çıtayı gittikçe yükseltirsiniz. Her defasında güven gelir, yapabildiğinizi görürsünüz ve bir üst düzeye geçmeye cesâret edersiniz.

Denediğinizde başardığınız her şey, size yapabileceğinizi söyleyen birer telkindir.

Yazar olmak istiyorsunuz: Bugün bir cümle yazın, yarın ve ertesi gün bir paragraf yazın. Her hafta yazdığınız miktarı arttırın. İlk başladığınız andan geliştiğiniz her düzeye kadar sürekli, ne yapabildiğinizin farkında olun. Kısa süre içerisinde "yazabileceğiniz" inancının geliştiğini göreceksiniz. Bazıları dostlarına mektup yaza yaza bir gün yazar olduklarını fark ettiler.

Geliştirmek istediğiniz inançları tespit edin. Sonra da çok küçük örnekleriyle yola çıkın. En alt düzeyi çok iyi yaptığınızı anladığınızda çıtayı yükseltin. İnancınızın arttığını göreceksiniz.

b) Israrlı Girişimlerle

Israrlı girişimleriniz, eylemlerinizi zamanla olgunlaştırır. Bir iş size zor ve sıkıcı gelebilir; üzerine gidin ve onu tekrar yapın. Gittikçe kolaylaşacaktır. Dost FM stüdyosuna ilk girdiğim gün, hata yapma korkusuyla nefesim kesiliyordu. Şimdi ağzımı açıyorum ve kelimeler dökülüyor..

İyi yapamadığınıza inandığınız bir yetenek mi var? Onu bir daha yapın. Bıkmayın ve tekrar edin. Bu tekrarlar, inancınızı inşa edecek ve endişeleriniz sizi rahat bırakacaktır. Her fırsatı değerlendirin. Her göreve gönüllü olarak koşun.

Çevrenizde çeşitli sosyal hizmetlerle, vakıf veya dernek faaliyetleriyle karşılaşacaksınız. Çoğu zaman amatör insanların desteklerine muhtaçtırlar. Hiçbir karşılık beklemeden çalışın. **Karşılıksız gayretlerden alacağınız ilk büyük karşılık, geliştireceğiniz yetenekler olacaktır.** İyice geliştiklerinde, artık sizi aranan bir insan hâline getireceklerdir.

3. HAYAL GELİŞTİRME

Hayalleriniz, gelecekte göreceklerinizin yazıp çizdiğiniz mimari planları gibidir.

Zihnimiz, hayalle gerçek arasındaki ayrımı zamanla kaybeder. Zihnimizde uzun süre tuttuğumuz hayal, derin bilincimize iner ve onu gerçek sanırız.

İnançlarımıza göre yaşadığımıza göre, inançlarımız değişince yaşantımız da değişecektir. Cesur gibi yaşamanın yolu cesarete inanmaktır; zeki gibi yaşamanın yolu da zekaya inanmaktan geçiyor. **Mutluluğuna inanmayan, mutlu yaşayamaz.** İnanmak için neler yapabiliriz?

a) Gerçek Kurgulama

Arzularınızı yaşadığınızı hayal ederseniz ne olur? Görüntüleri, sesleri, kokuyu ve tadı hayalen defalarca yaşayın.

Hayal, telkinin en kolay biçimidir. **Aslında zihninizde dolaşan her şey, kendinize yapılmasına izin verdiğiniz birer telkindir.** Sadece kelimelerle değil, görüntülerle ve duygularla da telkin yaparsınız.

Hayallerinizi seçmekte hürsünüz ve hayallerinizle geleceğinizi seçiyorsunuz. **Hayalleriniz gelecekte göreceklerinizin yazıp**

çizdiğiniz mimari planları gibidirler. Hayallerinizi bilinçli belirlemezseniz, geleceğiniz size ait olmayacaktır.

Daldan dala, kontrolsüz ve çağrışımların yönettiği hayali kast etmiyorum. Odaktan sapmadan, ne kadar süreceğini sizin belirleyeceğiniz hayalden söz ediyorum. **Kontrolsüz hayal, zihin için öldürücü bir düşmandır; düşünce ve analiz yeteneğini köreltir.** Ama hayali kontrolünüze aldığınızda, yeteneklerinizin temeli hâline geliverir. Einstein'in, "bilimden önemlidir" dediği hayal, kontrollü, kasıtlı ve bilinçli hayaldir.

Hayaliniz görüntü, ses, dokunsallık, koku ve tatlarıyla tam olmalıdır. Görüntüleri, gölgeleri, boyutları, renk dağılımlarını, başarabildiğiniz ölçüde tüm duyusal detaylarıyla canlandırabilmelisiniz.

Einstein'in, "bilimden önemlidir" dediği hayal, kontrollü ve bilinçli hayaldir.

Harika bir eviniz olsun istiyorsunuz: İki katlı, 150 metrekare zemin üzerine kurulmuş, sekiz pencereli... Bahçenizde beş tane 30 metre uzunluğunda kavak ağacı var, çimler beş santim ve yemyeşil, güller açtığında her yer kıpkırmızı oluyor. 20 metrekare bir havuz yapmışsınız, fıskiyenizden bir metre yüksekliğe fışkıran suyun sesini dinliyorken, sağ taraftan hafifçe esen rüzgârla dans eden uğultulu ağaç yapraklarını seyrediyorsunuz. Tertemiz bahar ve ot kokusu bahçenizdeki güllerin kokusuna karışıyor...

Ne kadar net canlandırabilirseniz, o kadar güçlü telkin edersiniz. **Hayatınız, en güçlü telkinlerinizin yönetimi altında geçecektir.**

Hayalinizdeki boyutlar belirsizse, ortamı siyah beyaz görüyorsanız, hayalinizin inancınız üzerindeki etkisi zayıf kalır. Bu durumda aynı hayali daha çok tekrar etmeniz gerekecektir. Etkin canlandırma yeteneğini öğrenmek için NLP'nin Duyusal Alt Biçemleri geliştirme tekniklerini uygulayabilirsiniz.[15]

[15] Bu konuda Anthony Robbins'in "Sınırsız Güç" isimli kitabında verdiği bilgiler yeterli olacaktır.

Neyi kazanmak, nereye gitmek ve nerede, kiminle olmak istiyorsunuz? Hangi duyguları, yetenekleri ve özellikleri arzuluyorsunuz? Onları iyi tanıyın; sonra zamanda yolculuk yapıp geleceğinizin vadilerinde kendinizi "sanki olmuş gibi" görün. **Hayalinizde gördüklerinizi, gözlerinizle de göreceğiniz geleceğe gidiyorsunuz.**

b) Kurgulama Oyunu

Kurgulama oyunu hayal gücünüzü geliştirecek, ruhsal enerjinizi yükseltecektir. Farklı hayat çizgilerinde ilerleyen insanların ve canlıların yerinde kendinizi hayal edin. Hayatı onların kalpleriyle hissedin. Okyanusun derinlerinde gezen Kaptan Cousteau veya Ay'da yürüyen Armstrong olabilirdiniz. Öyleyse olun.

Kurgulama oyunu, hayal gücünüzü geliştirecek, ruhsal enerjinizi yükseltecektir.

Bir kelebek gibi, çiçekten çiçeğe, arı gibi vadiden vadiye gezinin. Hayalinizde bir ağaç olun, yapraklarınız rüzgârda dans etsin, dallarınızda kuşların ötüşünü izleyin. Bir yağmur damlası olup toprağa, nehir olup denize akın. Bu hayallerin derinlerine daldığınızda, evrenin farklı açılardan ne kadar heyecan verici olduğunu göreceksiniz.

c) Tekrarlı Söyleme

Bir şeye inanmanın yollarından biri, onu defalarca söylemektir. Tekrarladığımız sözler, beynimizin her köşesine köklerini uzatırlar. Bir adam kendisine, 100 gün boyunca "ben deliyim" derse gerçekten delilik belirtileri geliştirir.

Başarısızlıklarımdan birini size söyleyeyim: İyi resim çizemem ve seminerlerde çizdiğim grafikler çocukçadır. Öğrenci arkadaşlarımı şaşırtırım; çizgilerimin dengesizliğine anlam vermekte güçlük çekerler. Neden?

İlkokul yıllarımda, başarılı resimler çizerdim. Derslerimize geçici olarak giren öğretmen, bazı arkadaşların resimlerini, onları taktir etmek için duvara asarken, resimlerimi yok saydı. Şiddetli bir üzüntüye ve küskünlüğe kapıldım. O andan itibaren resim çizmekten nefret ettim. Bu nefret öylesine gelişti ki, yıllarca resim çizmedim ve aksine bir çaba göstermediğim için şimdi bu hâldeyim.

Kendinize, hedeflediğiniz kendinizi anlatın; bunu yıllarca ve bıkmadan yapın: "Ben başarılıyım. Zekiyim, çalışmayı seviyorum, hafızam güçlü, öğrenme yeteneğim mükemmel, sağlıklı ve mutlu bir insanım. Şükürler olsun."

d) Duygusal Yoğunlaşma

Duygularınızı kullanarak hayatınızı aniden sarsabilir ve hızla değişebilirsiniz.

Sizi duygusal olarak ne etkiler? Ölüm mü? Hastalık mı? Doğum mu? **Duygularınızı kullanarak hayatınızı aniden sarsabilir ve hızla değiştirebilirsiniz.** Yusuf İslâm'ın (eski adıyla Cat Stevens) öldürücü bir deniz dalgasıyla boğuşurken yaptığı dua tüm hayatını değiştirmiştir. Güçlü duygular üretebilmemiz için bir deniz dalgasının veya depremin de bize çarpmasını beklersek, yazık olur. İşte bazı öneriler:

❑ Bir deniz gözlüğü alın; duru bir denize girin, denizin tabanını, sürüler halinde dolaşan balıkları izleyin. O anda şiddetli heyecanlar yaşayacaksınız. Şimdi geleceğinizdeki hedeflerinizi hatırlama ve dua vaktidir. İzmir Çandarlı sahilinde bu inanılmaz heyecanı yaşadığımda dalgıç olmadığıma üzülmüştüm.

❑ Sessiz ve ışıksız bir köye gidin. Ormana veya bozkıra doğru sessizce ilerleyin. Gölgeleri seyredin, doğanın sesini dinleyin. Gökyüzüne dizilen yıldızlara dakikalarca bakın. Sessizlik, ışıksızlık ve yalnızlık çok önemlidir. Orada yapayalnız kalın, bir saat boyunca ve her saniye nasıl bir hayat yaşamak istediğinizi düşünün.

❑ Lunaparka gidin ve size büyük heyecan vereceğini tahmin ettiğiniz bir oyuncağa binin. Hızla dönerken, ilerlerken veya yükselirken tüm duygularınız uyanık olacak, o an düşündüğünüz her şey, hafızanıza sökülemez şekilde çakılacaktır. O anı yaşayın ve neyin çakılmasını istiyorsanız tüm saniyeleriniz boyunca çekicinizi ona vurun.

❑ Çok hareketli olduğunu tahmin ettiğiniz bir acil servisin kapısında bekleyin. Bazıları sırtında bıçakla, bazıları kolları bacakları kesilmiş halde gelecektir. Ürkmeyin, ibret oradadır. Bizim duygusal sarsılmaya ihtiyacımız var; duygularımızı harekete geçiremiyorsak, izin verelim, ibretli olayları seyrederek açığa çıksın.

İnsanların çok azı, gaflet uykusundan, ölümden önce uyanmayı başarmıştır.

Bu tür aşırı sarsıcı olaylara tanıklık etmemizin bizi derin uykumuzdan uyandıracağını ve gerçekle yüzleştireceğini göreceksiniz. **İnsanların çok azı, gaflet uykusundan, ölümden önce uyanmayı başarmıştır.** Dünya yolculuğumuz bitmek üzere. Yarınki sabahın güneşini göremeyebiliriz. Dünya ufkuna hangi güzel resimleri çizeceksiniz; ardınızda insanlık için ne bırakacaksınız? Ebedi hayatınıza ne götürüyorsunuz?

"Ben daha çok genç..." miyim? Erken ayrılışlarına gözyaşı döktüğüm onlarca çocuk bilirim. Bunlardan beşi, benim öz kardeşimdir. **Ömrünüzü bir çırpıda yaşadığınız gibi, bir çırpıda bitireceksiniz.** Sonsuzluğun Şefkatli Sahibiyle buluşmaya hazır mısınız?

4. GÜVEN GELİŞTİRME

İman geliştirmeye çalışırken, saldıracak olan tereddütlere karşı güven üretmelisiniz. İş, yapılamayacak kadar büyük geldiğinde, aslında dikkate aldığınız kendi gücünüzdür. Kendi gücünüze güvenemediğinizde yenilgiyi kabullenirsiniz.

a) Yaratıcıya Dayanarak

Evrenin Sınırsız Yaratıcısına dayanarak taşları parçalayan bir su damlasından zavallı değiliz. Biz yaratmıyoruz. Bize düşen, girişmek; Yaratıcımıza düşen, yaratmaktır. Kıyamet kopuyor olsa, elimizdeki fidanı dikmeye çırpınmalıyız. **İnsan başarmaya çabaladığı kadar değerlidir; başardığı kadar değil.**

Başarının temel kuralı şudur: **İsteyebileceğinin en iyisini iste. Yapabildiğinin en iyisini yap. Eyleme geç ve sonuçlar için Evrenin Sahibi'ne teslim ol.**

Güveni güçlendirmenin diğer yolu, başarı hikâyelerini okumaktır.

Amerikalı Thomas J. Stanly, toplumun %1'lik kesimini oluşturan en zengin 1300 kişiyi araştırmış ve "Milyarder Kafası" isimli kitabı yazmıştır. Kitabında, zenginlerin okul başarılarının zenginlikleriyle ilgisiz olduğunu, analitik zekâlarının da çok iyi olmadığını tespit ediyor. Ama, bir hedefe kilitlenip risk üstlendiklerini ve istikrarlı yaşadıklarını ortaya koyuyor.[16] Kurnazlığa girişmiyorlar, inandıklarını ısrarla yapıyorlar.

Başarıyı şu anlatımda arayın: **"Allah size yardım ederse, sizi yenecek yoktur; eğer sizi yardımsız bırakıverirse, Ondan başka size yardım edecek kimdir?[17]"**

b) Modelleri İnceleyerek

Güveninizi güçlendirmenizin diğer yolu, başaranları gözlemlemek ve başarı hikayelerini okumaktır. Yapabildiklerini gördük-

[16] Radikal Gazetesi, 8 Şubat 2000
[17] Kur'an: 3;160

çe yapabileceğinize inanırsınız. **Başarı hikâyelerini küçümseyenler, ortalamanın üzerine çıkamazlar.**

Bir karıncanın kendisinden yirmi kat büyük ve ağır bir yaprağı ölümüne taşıyışını seyrettim. Yüzlerce kez denedi ve başardı. Hedefe ulaşmadan önce, yeterince isteyinceye kadar denemek zorunda kalacaksınız.

Kendi başarılarını anlatan insanların kitaplarını okuyabilirsiniz. Bazen gazete sayfalarında, başarılı insanların hikayeleri anlatılır. Bunları kimse yazmıyorsa, gidip gözlemleyebilirsiniz. Hatta başarılı bulduğunuz insanları ziyaret edip, başarı hikayelerini sizinle paylaşmalarını rica edebilirsiniz.

Başarı hikâyelerini küçümseyenler, ortalamanın üzerine çıkamazlar.

5. AKTİF EYLEM PLANI

Aşağıdaki tablodaki başlıkları incelerek, günlük çalışmalarınızı belirleyebilirsiniz:

İMAN GELİŞTİRME TAKTİKLERİ		
Engel Kaldırma	Dış Mesajlarla	Zayıflatıcı telkinlerden uzaklaşacağım ve olumsuz gözlemleri hayatımdan kaldıraçağım.
	İç Mesajlarla	Geçmişimle ilgili başarısızlık telkinlerini reddediyorum!
Eylem Geliştirme	Basit Eylemlerle	Bugün, başarımı destekleyecek hangi basit eylemlere odaklanabilirim?..
	Israrlı Girişimlerle	Hangi yetenek için ısrarlı girişimlerimi sürdüreceğim?
Hayal Geliştirme	Gerçek Kurgulama	Gerçek hedefimle ilgili inancımı şimdi hayalimde canlandırıyorum. "Sanki başarmışım" gibi hayal ediyorum.
	Kurgulama Oyunu	Hayali olaylarla ilgili zihinsel oyunlar oynuyorum. Doğayla özdeşleşiyorum.
	Tekrarlı Söyleme	Nasıl olduğuma inanmak istiyorsam, ısrarla öyle olduğumu söylüyorum.
	Duygusal Yoğunlaşma	Hareket enerjisi için, hangi sarsıcı olayı ne zaman yaşamayı planlıyorum?
Güven Üretme	Yaratıcıya Dayanma	Sınırlarımı, Yaratıcının sınırsızlığıyla aşıyorum. Endişeye karşı Onun gücüne dayanıyorum.
	Modelleri İnceleme	Diğerlerinin başarılarını örnek alıyorum. Onlar başarmışlarsa ben de başarabilirim.

Özetle Ne Yapmalı?

1. İnanç Engellerini Kaldırın:

Diğer insanların olumsuz sözleri ve başarısızlıkları inancınıza dışarıdan saldırırlar. Geçmişinizdeki sorunlar ve hakkınızdaki olumsuz yorumlar inancınıza içeriden saldırırlar. Bunları fark etmeniz ve sizi sürüklemeye çalıştıklarında, derhal bilincinize hakim olup onları dışlayabilmeniz gerekir.

2. Eylemlerinizi Geliştirin:

İnancınızı şiddetlendirmek için başvuracağınız basit ve küçük eylemler, büyük örneklerine ilişkin inançlarınızı geliştirecektir. Ayrıca bir yeteneğin gelişmesine yönelik her tekrar o yeteneği bir adım daha geliştirecektir.

3. Hayallerinizi Kullanın:

Hedeflediklerinizi sanki yaşıyormuşçasına hayalen canlandırın. Doğayla özdeşleşerek kurgulama oyunları oynayın. Kendinizi ısrarla olmak istediğiniz gibi tanımlayın. Duygusal yoğunlaşma çalışmaları yapın.

4. Güven Üretin:

Yukarıdaki çalışmaları zaman zaman güveninizi geliştirerek desteklemelisiniz. Bunun için Sınırsız Kudrete dayanma ve örnek insanların başarılarını inceleme yollarına başvurabilirsiniz.

Özetleyen Sözler

◆ Başarma ihtimaliniz başarabileceğinize inandığınız kadardır.

◆ Eğer bir gün siz de unutulmaz bir eser üretirseniz, bunu içten bir inançla yaptığınız duanıza borçlu olacaksınız.

◆ Mantık size engellerinizi, inançsa desteklerinizi gösterir.

◆ Başaranlar, önce inandılar, sonra yaptılar; başaramayanlar ise, önce yapıp sonra inanmayı deniyorlar.

◆ Ne kadar eminseniz, sezgileriniz, tahminleriniz veya rasgele tercihleriniz o kadar isabetli olacaktır.

◆ Bir çocuk çamurların arasında mutluyken, bir kral tahtında mutsuz olabilir.

◆ Hayallerinize saldıranlar, aslında kaderinizle savaşıyorlar.

◆ Sınırsız Kudretin yapabilme gücünden şüphelenen, kendine inanamaz.

◆ Güneşle ilişkisi kopan Ay karanlık; Yaratıcıyla bağı kopan insan yokluktur.

◆ Hayatınız, yapamayacağınıza inandıklarınızla hapsedilecektir. Hayali sınırlarınızı aşamayacaksınız.

◆ Yıllardır yaptıklarımızı benimsersek, yıllarca yapacaklarımızı belirleriz.

◆ Hayalleriniz gelecekte göreceklerinizin yazıp çizdiğiniz mimari planları gibidirler.

◆ Hayalinizde gördüklerinizi, gözlerinizle de göreceğiniz geleceğe gidiyorsunuz.

GEREKÇE GÜCÜ

Gerekçeye adanmayan her dakika, sokağa salınan gerekçeler tarafından çalınacaktır.

I- NEDEN GEREKÇE GÜCÜ?

Neden gerekçelerin gücüne dayanacaksınız?

GİRİŞ

Ruhsal zekâ, "nasıl olacağına" değil, "niçin olacağına" bakar. Geleceğimizde ne olacağıyla ilgilenir; onun nasıl olacağı ise zihinsel ve duygusal zekamızın alanına girecektir.

Sağlıklı bir vücut için spor yapıyorsak istersek yüzmeye, istersek futbola gideriz. Zihinsel zekamız, daha sağlıklı olduğu için yüzmeyi, duygusal zekamız da soysal boyutu nedeniyle futbolu tercih edebilir. Ama bunlardan önce, sporun hayatımıza girip girmeyeceği, ruhsal zekamızla ilgilidir.

"Neden isteklerim olmuyor, istemediklerime mahkûm muyum?" diye sormadan önce, "Bunu niçin istiyorum?" diye sormalıyız. Çünkü hayatımıza girecek her olay, önce yaşama gerekçelerimiz açısından ayıklanacaktır.

Niyetlerimizle uyuşmayan isteklerimiz kabul edilmeyecektir. Kastımızla çelişen çabalarımızın sonucunu göremeyeceğiz. **Başarımızı, "eylemlerimizin mükemmelliği" değil, "niyetlerimizin yüksekliği" belirleyecektir.** Niyetlerimiz, yaşama gerekçelerimizdir.

1. GEREKÇE VE ANLAM

Gerekçemiz niyetimizdir; niyetimizin ruhu içtenliğimizdir. Gerekçelerimiz "niçin?" sorusunda gizlenir ve ruhumuz gerekçelerimize adanır. Bu süreci açacağız.

a) Gerekçe Nedir?

Gerekçe, eylemlerimizin asıl nedenidir; kastımızdır, niyetimizdir. Gerekçelerimiz yaptıklarımızın anlamını belirler. Herhangi bir eylemin arkasına gizlemediğimiz gerekçenin bir değeri yoktur. Gerekçe ruhtur; ama cesedi varsa konuşur. Cesetler, eylemlerdir.

Şayet başarırlarsa, Kaderleri su için kuyu kazana su, altın için kuyu kazana altın sunacaktır.

Bir genç, gururlanmak amacıyla ilmini arttırır; diğer genç de insanlara hizmet etmek için ilim öğrenir. İki aynı öğrenme eyleminin "gerekçelerinin farklılığı," sonuçlarını farklılaştıracaktır. Birisi okuyarak Hitler olacak; diğerinin okulu onu Einstein'a dönüştürecektir.

Üç kavramı karıştırıyoruz: **Eylem, hedef, gerekçe.** Zihinsel zekamızı aşamadığımızda, hayatımız eylemlerimizle hedeflerimiz arasında dolaşarak geçer. Gerekçemizi kaybederiz. Öğrencilerin hayatlarına bakın: Eylemleri "her gün okumak", hedefleri, "mezun olup sonrasındaki aşamaya ulaşmaktır". Ama tüm bunları ölünceye kadar "niçin yaptıklarını" hiç düşünmezler. Sorsanız, size gerekçelerini değil, sadece hedeflerini anlatabilirler.

Su arayan adamla, altın arayan adam birlikte aynı kuyuyu kazmaktadır. Görünürde aynı şeyi yapıyorlar. Eylem toprağı kazımak, hedef ise kuyu açmaktır. Oysa zihinlerine girip hayallerini izlediğinizde, aralarında inanılmaz farklılıklar göreceksiniz. **Şayet başarırlarsa, Kaderleri su için kuyu kazana su, altın için kuyu kazana altın sunacaktır.**

İki kişi cadde üzerinde işyerlerinin vitrinlerini incelemektedir. Birisinin niyeti satın alacağı elbiseyi beğenmek, diğerinin niyetiyse hangi vitrinin daha etkileyici tasarlandığını keşfederek, kendi vitrinine uyarlamak. **Herkes niyetlerinin oluşturduğu dünyada yaşar ve niyetlerinin sonucunu üretir.**

İki öğrenci, başarılı olmak için aynı biçimde ve yoğunlukta yırtınırcasına çalışır. Yıllar sonraki sonuçları arasında uçurumlar görürsünüz: Birisi depresyona girer, dengesini yitirir, okulu terk eder. Diğeri büyük firmaların paylaşamadığı bir dahiye dönüşür. Aynı çalışmanın böylesine iki uzak sonuç üretmesinin altında, "gerekçeleri" arayacaksınız. **Yaptıklarımızın değil, gerekçelerimizin sonuçlarını alacağız.**

Hayatı, mutlu sonsuzluğa yükselten müsabakalı yolculuk gibi görelim.

b) Gerekçenin Ruhu

Evren iç içe geçen ruhsal daireler halinde yaratılmıştır. Can içerden gelerek, suret dışardan giderek birleşir. İçerden gelen asıl ve gerçek, dışardan giden suret ve hayaldir. Aynı kuralı gerekçelerimizde de arayacağız: Gerekçelerimizin hayatımıza etkilerini, "gerçeklik düzeyleri" belirleyecek.

Yalın eylem yuvarlanan çamurdan farksızdır. Eylemlerimizin ardındaki ilk can, gerekçelerimizdir. O çamuru niçin yoğuruyoruz? Zemini kirletmek için mi; oynamak için mi? Gerekçelerimizin ruhu, arkalarındaki içtenliğimizdir; duygusal derinliğimiz, samimiyetimiz, yani ihlasımızdır.

Niyetin ruhu şu cümlededir: "İnsanlar helâk olur; bilenler kurtulur. Bilenler de helâk olur; bildiklerini yaşayanlar kurtulur. Bildiklerini yaşayanlar da helâk olur; ihlâslı olanlar kurtulur; ihlâslı olanlar da her an onu kaybetme tehlikesi ile karşı karşıyadırlar."[18]

[18] Hz. Muhammed (asm), Keşfül Hafa 2:312

Hayatı, mutlu sonsuzluğa yükselten aşamalı bir müsabaka yolculuğu gibi görelim: Hemen yıkılan yarışmacı, cahil olandır. Üst katta bilenler başarırlar. Bilenlerin de kaybettiği daha yukarda, sadece bildiklerini uygulayanlar başarabilirler. Bir üst düzeyde, bildiklerini uygulayanların da elendiğini göreceksiniz. Bu aşamanın ötesine, ancak bilgilerini "içtenlikle, ihlasla, samimiyetle yaşayanlar" geçebilecekler. Onlar zirvededirler; ama içtenliklerini yitirme tehlikesi başlarında bekleşir.

Bu anlatımdan alacağımız başarı formülü şudur: **Bilgi, bilgiye dayalı eylem, eylemin iyi bir niyete dayanması, niyetin çok samimi olması ve bu samimiyetin dikkatle korunması.**

İhlâs, ruhtur; niyeti canlandırır. Niyet ruhtur; eylemi canlandırır. Eylem ise ruha dönüşür ve yeni hayatların varlığına aracılık yapar.

Niyetsiz eylem değersizdir, samimiyetsiz niyet ruhsuzdur.

Niyetsiz eylem değersizdir; samimiyetsiz niyet ruhsuzdur. Sonuçlarımız sahte niyetimize değil, gerçek niyetimize dayanacaktır. Gerçek niyetimizi Yaratıcımız ve biz biliriz. O başkasına söylediğimiz değildir; nefsimizden bile onu gizleyebiliriz: Onu ancak temiz vicdanımız algılayabilir. Vicdanımızı ise ahlâkımız temiz tutar. Dolayısıyla, ihlasa ancak "Yüksek Ahlâk" yoluyla yaklaşabiliriz.

İkiyüzlülüğün ne olduğunu bilirsiniz. İnsan, niyetlerini gizleyebilir ve insanları yanıltabilir; ama en kötüsü, biz kendimize de ikiyüzlü olabiliriz. Yani ihlassız niyetin gerçek niyetimiz olduğunu sanırız. Başkalarına dürüst olmak kolaydır; ama kendimize dürüst olmak çok zordur. **Niyetlerimizi kontrol edemezsek, hayatımızı kontrol edemeyiz.**

Niyetlerimizin tahmin ettiğimiz gibi olduğunu "sanırız"; oysa bazen değildir. Kaderimizin Sahibi kendimizden bile gizleyebildiğimiz gerçeği bilir. Ruhumuzun derinliklerinde dilerken, O'na ne söylediğimize değil, gizliden gizliye kendimize ne söylediğimize bakar.

c) Ne, Nasıl, Niçin?

Üç altın kelimeyle tanışalım: **"Ne, nasıl, niçin?"** Ne istiyorsunuz? Onu nasıl yapacaksınız? Onu niçin istiyorsunuz?

"Ne" kelimesi, hedefinizi sorgular: Şair olmak, sanatçı olmak birer hedeftir. "Nasıl" kelimesi, eylemlerinizi sorgular: Hedeflerinize ulaşmak için hangi stratejileri uygulayacaksınız? "Niçin" kelimesi ise, hedefin duygusal anlamını, ruhsal değerini sorgular: Kardeşinizin gözyaşlarını "niçin" siliyorsunuz?

"Niçin" sorusuna verecek cevabı olmayanlar, boşuna çalışıyorlar. Bir tohum sokağa sebepsiz savrulmaz. Bahar bahçelerinde uçuşan çiçek tozlarının sersemce savrulduklarını sananlar yanılıyorlar. Niyeti olmayanın kalbi yoktur. Kalbimiz yoksa, çabalarımızın sonuçları çöl kadar bile estetik görünmeyecektir. Kalbimiz varsa, coşkulu vadimizde her gün dört mevsim yaşanacaktır.

"Niçin" sorusuna verecek cevabı olmayanlar, boşuna çalışıyorlar.

Değerli pozitif bilimin, beyinlerimize vurduğu dehşetli darbelerden biri buradadır: Bilime göre, "Biz neyin nasıl olduğunu bilebiliriz. Gerekçesi yoktur ve biz niçin olduğunu tartışamayız." Bilim böyle der; çünkü bilim, evrenin bir kalbi olduğuna inanmaz. Bu yüzden bilimin penceresinden bakmakla yetinenler, evrenin ruhsallığıyla tanışamıyorlar.

Binlerce öğrencinin üniversite kapılarında kahrettikleri fırsatlarına acırsınız. Gerekçelerinin sınırı, eylemlerini de sınırlandırmıştır. Diplomalarını almaktan öte gerekçeleri olsaydı, dünya üniversiteleri ve büyük şirketler, daha okullarını bitirmeden onları kapma yarışına girerdi. Başvurabilecekleri dünya üniversiteleri, şirketleri ve çalışma alanları, kütüphanelerindeki kataloglarda gizlidir. Katalogların yerlerini öğrenmeyi bile düşünmezler. Boş zamanlarında büyük şirketleri araştırmayı gereksiz görürler; çünkü bunları yaptıracak gerekçeleri yoktur.

Şimdi kamu sektörü, kendisinden iş arayan yüz binlerden kurtulmaya çalışıyor. Nasıl bir işi nerede bulacağım, niçin iş bulacağım?

Gerekçelere adanmayan her dakika, sokağa salınan gerekçeler tarafından çalınacaktır: Gerekçesiz gününüzün bir kısmını dedikodulara, bir kısmını magazin sunucularına, bir kısmını da at yarışçılarına kaptıracaksınız.

d) Ruhsal Hedef

Ruhumuz, bizi hedeflerimizin "gerekçelerine" ulaştırmak için 24 saat aralıksız çalışır. **Ruhumuzun hedefi, aklımızın hedefi değil, hedefimizin gerekçeleridir.** Yaşama gerekçemiz, "bilginliğe ulaşmak" olsun. Bize göre, bilginliğin yolu üniversiteyi okumaktan geçer. Oysa ruhumuz, üniversite eğitiminin, gerekçemize götüren binlerce yoldan sadece biri olduğunu bilir. O, üniversiteye değil, bilginliğe odaklanır. **Zihinsel zekamızla üniversite okuruz; ama ruhsal zekamızla bilgin oluruz.**

Zihinsel zekamızla üniversite okuruz; ama ruhsal zekamızla bilgin oluruz.

Yaratıcı Kudret, şu veya bu sebeple, üniversite kapılarından kovulmamıza izin verebilir. Biz o kapıdan veya bulabileceğimiz bilgi kapılarından vazgeçmediğimiz sürece, ruhumuz da vazgeçmeyecektir. Hayatımız üniversiteye çevrilecek, gerekirse bizim için özel bir üniversite yaratılacak; geleceğimiz dilediğimiz "bilginliğe" mutlaka taşınacaktır.

Aklımıza güvenmekle yetinirsek yanılırız: Evrenin Sahibi kimilerini üniversitede okutmadan eğitmiştir. Kimilerini sermayesizken zenginleştirmiştir. Kimi komutanları silahsızken zafere ulaştırmıştır. Tarih bunların örnekleriyle doludur.

Donan su demiri parçalıyor. Bedeninizi bağlayan betonu parçalayacak ruh, göğüs kafesinizde gizleniyor. Çıkarın onu açığa!

Çığlığını duyun; çığlığını, şimdi sizi gözleyen Sınırsız Şefkat'e duyurun!

Bir insanın hayatında asıl devrim yapan hedef; zihinsel hedef değil, ruhsal hedeftir. Zihinsel hedef yıllar sonrasına bakar, şu anda yapılması gerekenleri ihmal etme eğilimindedir. Ruhsal hedef ise her saniyeyi doldurur. Her anın içinde ona katkı sağlayacak malzemeler arar. Ruhsal hedefi olmayanların yirmi yılda ulaşacakları sonucu, ruhsal hedefi olanlar bir kaç yılda elde edebilirler. Ruhsal hedef ise niyetlerinizdir, gerekçelerinizdir.

Ruhunuz, gerekçelerinize çözüm bulmak için kendisine ulaşan milyonlarca bilgiyi aralıksız tarar. Beş duyunuzdan gelen içerikleri, meleklerin ilhamlarını, insanların telepatik mesajlarını, beyninizdeki çağrışımları, rüyalarınızı, hayallerinizi; hatta şeytanın vesveselerini bile tarar.[19]

Ruhunuzla dinlemezseniz, ruhsal evreni kuşatan bilgiler beyninize akışmazlar.

Amerikalıların dünyayı kuşatan 'Echelon' dinleme sistemini duymuş olmalısınız. Yazılanlara göre Echelon, dünyadaki tüm telefonları dinleyebilmekte, teleks, faks ve internet iletişimlerini tarayabilmektedir. Aranan kelimeler Echelon sözlüğüne kaydedilmekte ve bilgisayarlar, bu kelimeleri milyarlarca mesaj arasından tarayarak sıralamaktadır. Bu müthiş kulak, şimdilerde 10 üs'den ve dünyanın etrafında dönen yüzlerce uydudan oluşuyormuş. İnsana korkutucu geliyor; oysa ruhumuzun yaptığı tarama, böylesi bir taramadan çok daha müthiştir, inanılmazdır.

Elias Howe'un, dikiş makinesinin ikinci iğnesini rüyasında keşfetmesinin; Einstein'in, rölativiteye hayal kurarken ulaşması-

[19] Beni yanıltmayı nasıl başardığını anlamak için analiz ederek, şeytanın vesveselerinden dersler aldım. Şeytan kadar çok konuşan, işe yaramayan bir stratejiyi hemen değiştirip sonuna kadar mücadele eden başka bir kötülük savaşçısı tanımadım. Yaratıcıya sığınmazsanız, niyetlerinizi saptırmaya çalışan şeytan, Cennetlik eylemlerinizden Cehennem çıkarabilecek kadar profesyoneldir.

nın; Arşimed'in suyun kaldırma gücünü banyo yaparken fark etmesinin nedeni budur. Bilgiler, içinizde ve dışınızda uçuşuyorlar: Onlar önünüzde uçuşan hava molekülleri gibidirler. **Ruhunuzla dinlemezseniz, ruhsal evreni kuşatan bilgiler beyninize akışmazlar.**

Ruhunuz, gerekçelerinizle ilgisiz bilgilerle meşgul olmuyor ve bu yüzden hayatınızı kuşatacak keşifleri kaybediyorsunuz. Gazetelerde ilk okul mezunu kaşiflerin haberleri dikkatinizi çekmiyor mu? Beyninizin daha iyilerini keşfedemeyeceğini sanıyorsanız, yanılıyorsunuz.

Ruhunuz edindiği tüm bilgileri gerekçelerinize çözüm bulmak için sorgular. Niyetinizi destekleyecek bilgi bulursa, dikkatinizi uyarır, onu bilincinize taşır ve tepkinizi gözler. İlgilenmezseniz, bir keşfin anahtarı olabilecek o bilgiyi çöpe atar. İlgilenirseniz ona sarılır. Çok ilgilenirseniz, ona tüm gücüyle sarılır; onu sürekli hatırlatır, sürekli kullanır ve ondan anlam versiyonları üretir.

Derinlerdeki uyanık bilince görev verirseniz, sizin için çalışacaktır.

Kanserli hastanın, kalabalığın içinde kanserden söz edene birden kulak kesilmesinin nedeni budur. Yüzlerce kitaba birden bakarken, raflardaki bir tanesine bu yüzden yönelirsiniz.

Bilgisayarımın başında yoğun çalışırken, çevredeki konuşmaları duymuyordum. Bir ara "nazar" kelimesi geçti. Derhal başımı çevirip, "Nazar mı dediniz?" diye sorduğumda, kahkahalarla güldüler. Bu kelimeyi duydum; çünkü kitabımın bir bölümü nazarla ilgiliydi ve bu konuda edinebileceğim her bilgiye ulaşmayı içtenlikle arzuluyordum.

Derinlerinizdeki uyanık bilince görev verirseniz, sizin için çalışacaktır. Emrederseniz size hizmet edecektir. **Derin bilincinizin desteğini, gerekçeli eylemleriniz sayesinde alabilirsiniz.**

Psikologların ve kişisel gelişim ustalarının anlatımından, derin bilincin hedeflerimize hizmet eden bir asker gibi çalıştığını okumuştum. Bence, biraz farklı; o sadece "gerekçelerimize" itaat eden bir askerdir. Niyetlerimizle çatışırsak bizimle savaşırlar. Niyetlerimiz açısından derin bilincimizin komutanıyız; ama gerekçelerimize sevk edildiğimiz yolda o, bizim komutanımız olur.

e) Çevresel Emir

Parapsikolojinin ilgi alanına giren telepatik ve psikokinezik iletişimlerin kaynağı gerekçelerimizdir. İnsanların ruhsal ortama yaydıkları mesajların çekirdek içeriğini, o insanların düşünceleri değil, düşüncelerini dayandırdıkları niyetleri belirler.

Sorununuza çözüm olacak insanlara veya mekanlara içten içe itilmektesiniz.

Yetim bir çocuğa yardım etmek istiyorsunuz; ama yetimi nerede bulacağınızı bilmiyorsunuz. Niyetinizi güçlendirerek ısrarınızı sürdürüyorsunuz. Birkaç gün sonra, belediye otobüsünde tanıştığınız çocuğun, aradığınız yetim olduğunu fark ediyorsunuz. **Niyetleriniz, sizi aradığınız kişinin yanına gizlice sürükleyecektir.** Oraya gittiğinizi sanıyorsunuz; oysa oraya gönderiliyorsunuz.

Karakaş Çoraplarının üreticisi Alaşehirli Ahmet Karakaş'ın hikayesini aktarayım: On milyon nüfuslu İstanbul'a gidiyor. Bir süredir, aklında eski bir akrabası var, izini kaybetmişler. Kalbinde onu bulma niyeti var; ama nereden nasıl bulabileceğini bilmiyor. Bir sokakta yürürken, köşede oturan yaşlı adama selam veriyor. Başka bir adresi soracaktır. Birazdan öğreniyor ki, yıllardır aradığı adam, ummadığı sokakta selam verdiği bu adammış.

Niyetlerimiz, ruhsallıkları yüksek insanlar ve ruhanîler tarafından algılanabilir mesajlardır. Sıradan insanlar onları bilinçli algılayamasalar da, onlardan etkilenirler. İçinizden çok canlı çıkıyorlarsa, kilometrelerce uzaklardan bile algılanabilirler. **Çok iyi iseniz, iyilerin rüyalarına girersiniz.**

Güzellik güzelliği, çirkinlik çirkinliği çeker. **Gerekçe de gerekçeyi çekmekte; gerekçelerinize paralel düşünen insanlar, ürettiğiniz manevî cazibe ile size doğru çekilmektedir.** Siz de sorununuza çözüm olacak insanlara veya mekanlara içten içe itilmektesiniz.

Eğer büyük bir insanla tanıştırılırsanız, bu tesadüf değildir; hak etmediğiniz bir hediye de değildir. Hak etmenizi sağlayacak bir şeyler yaptınız: Bir şeyleri çok içten dilediniz; İlahi Rahmet de kalbinizi kırmadı.

Eylemlerinize büyük niyetler bağladığınızda, şiddetli destekler göreceksiniz.

2. GEREKÇENİN FAYDALARI

Eylemlerinize büyük niyetler bağladığınızda, şiddetli destekler göreceksiniz. **Engellerinize gerekçeleriniz kadar meydan okuyacaksınız.** İşte gerekçenin sonuçları:

a) Değeri Yükseltir

Eylemlerimizin değeri arkalarındaki niyetler kadardır: **"Ameller niyetlere göredir. Kişi için ancak niyet ettiğinin karşılığı vardır.[20]"**

Hayatta dengesizlik boşlukları görürsünüz: Birisi ibadet eder ve boşa gider; diğeri uyur ve ibadet yazılır; adalet ararsınız. Eğer eylemlerin ardındaki niyetleri de hesaba katabilseydiniz, boşlukların çoğunun dolduğunu görecektiniz.

Her eylem bir tohumdur; onun programını suretindeki ihtişamında değil, özündeki niyetinde arayacaksınız. Görünüme

[20] Hz. Muhammed (asm), Buhari, İman:41; Müslim, İmare:155

aldanmamalısınız: Minicik incir çekirdeğinden kocaman bir ağaç çıkıyor; ama kocaman bir patatesten bir avuç ot yeşeriyor. Küçük karıncanın minicik gözyaşı, susuz kalmış vadinin semasına bulutların gönderilmesine yetebilir. Ama Firavun'un kocaman saltanatı, tahtını devirmekle görevlendirilen bebeği (as) durduramaz.

Eylemlerinizin sonuçları ne kadar olacak? Bilemem; siz bilebilirsiniz. Niyetleriniz kadar, gerekçeleriniz kadar, içtenliğiniz kadar, yapmak istediğiniz kadar, ruhunuz kadar, isteyebildiğiniz kadar. Tüm evren kadar isteyemez misiniz?

Bzim için belki de ebedi hayat yaratılmayacaktı. Aramızdan bir tek insan, nuru ilk yaratılan İnsan (asm) çıktı; sonsuzluğu istedi. Bizim adımıza, sonsuza dek yaşamayı diledi. Bu yüzden bizim için yaratılan sonsuzluğa hazırlanıyoruz. Bir dua ancak bu kadar büyük meyveye çekirdeklik yapabilirdi.

Niyetiniz sadece gücünüzle sınırlı olursa, sonucunuz da gücünüz kadar olacaktır.

Yetim çocukları korumak istediniz. Gücünüz sadece iki çocuğu korumaya yetiyor. Bu iki yetim çocuğa destek olurken, gerekçenizi iki şekilde yapılandırabilirsiniz: "Ben iki çocuğu korumayı içtenlikle istiyorum." ve "Ben tüm yetim çocukların korunmasını içtenlikle istiyorum."

Birinci gerekçenizin sonucunu alırsınız. Ama sizden başka kimse ne yaptığınızı bilmez ve sadece iki yetim çocuğa faydanız dokunur. Gerekçenizi ikinci şekilde yapılandırdığınızda, niyetiniz ruhunuzu, duygularınızı, dileklerinizi farklı yapılandıracaktır. Çevrenizdeki insanlara örnek olmaya yönlendirileceksiniz. Sizden etkilenen yüzlerce insan yetim çocuklara yardımcı olmak isteyecektir.

Niyetiniz sadece gücünüzle sınırlı olursa, sonucunuz da gücünüz kadar olacaktır. **Gücünüzü aşan niyetler geliştirirseniz, dışarıdaki güçler etki alanınıza girecektir.**

Buradaki iki boyuta dikkatinizi çekiyorum; gerekçeniz büyük olduğunda dünyadaki karşılığının da nispeten büyük olacağı kesin. En önemlisi, ebedi hayata inanıyorsanız, elde edeceğiniz sonuç çok daha büyük olacaktır.

Bir yetime yardım ederken, tüm yetimlere yardım etmeye niyet eden, tümüne yardım etmiş gibi kabul ediliyor. Şu söze yeniden bakın: "**Ameller niyetlere göredir. Kişi için ancak niyet ettiğinin karşılığı vardır.**"[21]

Bir iyilik yapmaya niyet etmişseniz tüm insanlığı hedefleyin; yaptıklarınız, elden ele, dilden dile dolaştırılacaktır.

Oynayacağımız rolün yüksekliği, adanacağımız ideallerin büyüklüğüne bağlı olacaktır.

Adam bir akşam vakti yemek yerken, Afrika'daki aç çocukların çaresizliği hayaline takılır. Artık yiyemez, hıçkırıklara boğulur. O çocukları kendi çocukları yerine koyar. İçtenliğiyle "Elimden gelseydi de o çocukları doyurabilseydim" diye inler. Eğer derhal elinden gelen bir şeyi yapmışsa, müthiş bir hazine kazanmış; defterine, kalbinden geçenleri yaptığı yazılmıştır. **Bazılarına cennet kapılarını çaresizlikleri açmıştır.**

Büyük başarılarına bakan bazı insanlar, eylem defterlerini gördüklerinde şoka girecekler: "Nerede yaptığım iyilikler!" diye feryat edecekler. Karşılığında bekledikleri menfaat iyiliklerini silmiş, gıybetleri sermayelerini eritmiş; iflas etmişler, haberleri yok.

Başkası, hatalarının pişmanlığı içerisinde iyi niyetler geliştirmiş; defalarca tuzağına düştüğü nefsinin kötülükleriyle savaşmıştır. Sonunda, içinden Cehennem fışkırmasını beklediği eylem defterinin sayfaları arasından, semaları kuşatan Cennet çıkmıştır. Az iyilik yapmıştı belki; ama büyük içtenliklerle yapmıştı. Üstelik iyilikleri sıfırlayan gıybetten kaçmayı da başarmıştı.

[21] Hz. Muhammed (asm), Buhari, İman:41; Müslim, İmare: 155

Oynayacağımız rolün yüksekliği, adanacağımız ideallerin büyüklüğüne bağlı olacaktır. Akrabalarını düşünen, akrabaları kadar; insanlığı düşünen insanlık kadar büyüktür.

b) Sonuçları Çoğaltır

Gerekçelerin çokluğu, çalışmanın sonuçlarını çoğaltır. Aynı topraktan milyonlarca farklı bitki yeşerebildiği gibi, aynı eylemden yüzlerce farklı sonuç çıkabilir.

Bir ağaç dikmenizi sağlayacak muhtemel gerekçeler: Kuşlar yuva yapsın, meyvelerinden yesinler, hayvanlar yapraklarıyla beslensin, gölgesinde serinlesinler, yapraklarının uğultusunu dinlesinler, erozyonu engellesin, kaynak sularını beslesin, iklimin değişmesine katkı sağlasın, rahatlatıcı yeşillik olsun, oksijen üretsin, beni hatırlatacak bir eser olsun, yeni ağaçlar için tohumlar yetiştirsin, diğer insanlara örnek olsun, kırsal arazi değerlensin, hoş bir meşguliyet olsun...

Başarıların durduğu yer, gerekçelerin bittiği yerdir.

Eylemlerinizin gerekçelerini büyüttüğünüzde, ruhunuz heyecanlarla sarsılır; vücudunuzu o araziye sürükler ve o ağacı diktirir.

Dişlerinizi fırçalamaktan büyük sonuçlar üretebilir misiniz? Meselâ o saniyelerinizi Peygamberi taklit ettiğinizi düşünerek ibadete çevirmeyi, ağız kokusunu gidererek eşinizle aranızdaki sevgiyi beslemesini, göreceğiniz saygıyı beslemesini ister misiniz? Sıradan bir eylem ve yüzlerce sonuç...

Bir avuç toprağın aynı maddelerini kullanarak binlerce farklı bitki yaratan Kudret, görüyorsunuz ki, yarattığı tek toprağa binlerce farklı gerekçe yüklemiştir. Biz de, onun evrende yaptığını taklit ederek, bir tek eylemin binlerce farklı sonuç üretmesini sağlayabiliriz.

c) Yükselişi Belirler

Bazıları hızla yükselirler ve sonra da hayatlarının sonuna kadar orada dururlar. Başarıların durduğu yer, gerekçelerinin bittiği yerdir. **Kimse, yaşama gerekçesinden yukarıya çıkamaz.**

Bir tezgâhtar sadece geçimini temin etmek için çalışırdı. Bu yüzden on yıldır tezgahtarlıktan yukarıya geçemedi. Ama bir arkadaşım sokaklarda pantolon satardı. Her pantolon satışında, gelecekte patronluğunu yapacağı mağazanın gerektirdiği yetenekleri biriktirdiğini düşünürdü. Aradan 15 yıl geçti ve şimdi o, büyük bir mağazanın patronluğunu yapıyor.

Sizinle dost olmak isteyen, sizde ortak bir taraf bulmuştur.

Yüz metreyi hedefleyen sporcu maraton koşamaz. Hayatımıza o kadar büyük bir gerekçe bulmalıyız ki, tüm ömrümüz ona ulaşma çabasıyla geçsin. O kadar yüksekte olmalı ki, ona ulaştığımız an, artık dünyada işimizin kalmadığı, dünyadan ayrılmaya razı olduğumuz an olsun.

Az sayıda öğrenci, üniversitede okudukları yıllar boyunca mezuniyetten sonra neyi nasıl yapacağına ilişkin planlar yapmış ve girişimlerde bulunmuştur. Sadece onların ufku yükseltilecektir. Onlar diplomalarını almadan önce, kapışılırlar.

Gerekçesi olmayanların, gerekçelerle kuşatılmış evrende yeri yoktur. Bilirsiniz, sizinle dost olmak isteyen kişi sizde mutlaka ortak bir taraf bulmuştur. Evrenin sizinle dost olmasını istiyorsanız en büyük ortak yöne sarılın, gerekçeye. Sonra ortak kalbe sarılın, sevgiye. Sonra ortak davranışa sarılın, yardımlaşmaya.

Yüksek niyetlerle yaşarsanız, terk edilir misiniz? Evet, sadece gerekçesiz insanlar tarafından. Ama onlar kalpsizdirler; kalpsizlerden kopmak sizi üzer mi?

Onlar sizinle alay ederler; Colomb'la da, Einstein'la da hatta en büyük insanla (asm) da alay etmişlerdi. Dalga geçerler, gün gelir meydan okursunuz. "Vay be, aramızda dahi varmış!" bile demezler. "Zaten basit şeyler, biz de biliyorduk" derler. **Bir yıldıza, kendisine meydan okumaya kalkan ateş böceğini önemsememesini öneririm.** Tüm geceler, yıldızlarla dost olmak isteyen aşıklarla doludur.

3. YAPILMASI GEREKENLER

Gerekçelerimiz sağlam mı, birbiriyle uyumlu mu, doğru mu, kapsamlı mı, gerektiğinde düzeltme yapabiliyor muyuz?

a) Sağlamlık

Sağlam gerekçe, "niçin" sorusuna cevap verir: Eylemden ve hedeften ayrılır: **Eylem** Hızlı Okuma Kursuna gitmektir. **Hedef** hızlı okumayı öğrenmektir. Ama **gerekçe,** "kısa zamanda daha çok bilgi" edinmektir.

Ruhunuza her gün aynı şeyi söylerseniz, size her gün aynı şeyi yaptırır.

Kimi öğrenciler ders çalışırken sadece sınavlarda başarılı olmayı düşünüyorlar: Gerekçeye değil, hedefe odaklanıyorlar. Diğer deyişle, ruhsal zekalarını ihmal edip, zihinsel zekalarıyla yetiniyorlar. Oysa **ders çalışmak hayatta başarılı olmak için temel atmaktır.**

Neden "ders çalışmayı" böylesine büyük bir gerekçeye bağlamak varken, tüm emekleri iki ay sonraki sınava bağlayacağız? İki ay sonraki sınav bu kadar zorluğa değer mi? Oysa hayatta başarınızı sağlayacağını ruhunuza söylerseniz, ruhunuz sizi bu sabaha kadar çalıştıracaktır. **Ruhunuza her gün aynı şeyi söylerseniz, size her gün aynı şeyi yaptırır.**

Matematik öğretmenimiz Cuma hocanın sözü kulaklarımda çınlıyor: "Çocuklar, yüksek not için değil, öğrenmek için çalışın." Sınav için çalışırsanız, belki geçersiniz; ama, alın teriniz başka bir işe yaramaz. Öğrenmek ve bilgilerinizi kullanabilmek için çalışırsanız, sınavı geçeceğiniz gibi, bilgiyi yüzlerce farklı alanda kullanabileceksiniz.

b) Uyum

Çatışan gerekçeler çabaları sonuçsuz bırakır: Yaratıcımız evreni farklı gerekçeler arasındaki uyumla yaratmıştır. Her şeyi kaplayan kendi gerekçesinin altında iki gerekçeyi buluşturur: Sizin gerekçeniz ve sizinle etkileşimli davranacak olanların gerekçeleri...

Diğerleriyle gerekçe uyumu/çatışması: Benim kalbim bu kitapla sevgiyi yaymak istiyor. Gerekçemi başarmışsam, nefreti yaymak isteyen, bu kitabı okuyamayacak; istese de bir şekilde okuması engellenecektir. Eğer birisi sevgiyi yaşamak istiyorsa, bunun için bir kitaba ihtiyacı olacaksa, bu veya bir başkası ona sunulacaktır.

Gözlerimiz kapalı, girdiğimiz kuyunun görmediğimiz geleceğine yürüyoruz.

Diğerleriyle gerekçe/eylem uyumu/çatışması: Delikanlı hürriyetine aşıktır(gerekçe) ve işe ihtiyacı vardır(eylem). Kendini hür hissedebileceği bir iş aramakta; memur olmaya çalışmaktadır. Tüm çabaları boşa çıkar; çünkü esareti, sınırlı yaşamayı ve idealsizliği gerektiren memurluk, yaşama gerekçesiyle çatışıyor. Kararını değiştirir; işportacılık yapar; iki yıl sonra kendi işyerini açar.

Kendisiyle gerekçe/eylem uyumu/çatışması: Genç bayan, sevdiği delikanlı ile temiz bir evlilik istiyor. Oysa delikanlının geçmişteki kusurları onu gelecek yıllarda katil yapacak. Kaderin Sahibi, yakında cezalandırılacak kocanın eşi olmayı hak etmeyen bu kadının evliliğini engelliyor.

Mânevi tehlikeler kadına gösterilir, rüyasında uyarılır. Belki de yaşlı bir dede kılığında yanından geçen Hızır(as) ona öğüt verir; anlamaz, uyarıları dinlemez.

Vicdanını kapatır, içtenliğini terk eder, öfkelenir ve gerekçesini değiştirir; "Sonucu ölüm de olsa, bu evlilik olacaktır" der. Etrafındaki koruyucu kale geri çekilir. Evlenir; iki yıl sonra bir katile kaçtığını anlar; ama, boşanmaya fırsat bulamaz.

Bizler güçsüz insanlarız. **Gözlerimiz kapalı, girdiğimiz kuyunun görmediğimiz geleceğine yürüyoruz.** Bastığımız zemin bir tuzak mı, çukur mu bilmiyoruz. Taksimize aldığımız yolcu beynimize silah dayamaya mı hazırlanıyor? Ocağımızı, can kazandırdığımız çocuğumuz mu söndürecek? Bilmiyoruz? Nasıl korunacağız?

İyi gerekçelerimizle. Yanılabiliriz; sarıldığımız ip bir yılan olabilir. Hiç önemli değil. **Niyetlerimiz tertemizse, içtenliğimize ve "Yüksek Ahlâk"ımıza sarılıyorsak, biz korunacağız.** Nasıl mı? Bazen sınavı kaybederek, bazen depresyona girerek, bazen ihanete uğrayarak, bazen coşarak ve alkışlanarak.

Asıl gülen son gülendir; asıl başarı, başarıyla biten başarıdır.

c) Doğruluk

Gerçek niyetimizi çok iyi bilmeliyiz. İsteklerimizle gerekçelerimizi karıştırmayalım.

Seminerde öğrencilere sordum: "Kim zengin olmak ister?" Kimse el kaldırmadı. Zengin olmayı nasıl istemezsiniz? Evrenin Sahibi zengindir ve insanlara vermek istiyor. Sıradan bir hayat yaşamak sizi daha mı güçlü kılıyor?

Soruyu değiştirdim: "Kim muhtaçlara, çaresizlere, kimsesizlere yardım etmek için zengin olmak ister?" Bu defa herkes el kaldırdı. Anladım ki, zenginlik, onu kötü kullanan zenginlerin yaptıklarıyla özdeşleştirilmiş. "Eğer zengin olup, cimrilik yapacaksam, malımı koruma, malımla üstünlük taslama gibi küçülten tutumlara başvuracaksam, fakir kalayım daha iyi" şeklinde düşünüyorlar. Gerekçelerinde haklılar; ama gerekçelerini yanlış yapılandırdılar. Zenginlik insanı cimriliğe mahkûm etmez. Cimrilik, insanın kişisel tercihidir. Zenginlik mutluluk da değildir. Yani araçlarla amaçları karıştırıyoruz; fakat Kaderin Sahibi karıştırmıyor.

İnsan, istediğinin derdine çare olup olmadığını bilemeyebilir; ama, istediğini yaratan Kudret, verdiklerinin ne işe yarayacağından haberdardır.

d) Kapsayıcılık

Yükseliyor veya çöküyorsanız, arkada gizlenen gerekçeyi arayın.

Gerekçelerimiz tüm geleceğimizi kapsamalıdır. Yarın için istediklerimiz, ertesi gün istemediklerimiz hâline gelebilir. İsteklerimizin ve eylemlerimizin sonucunu değerlendirirken tüm hayatı dikkate almalıyız. **Çünkü asıl gülen son gülendir; asıl başarı, başarıyla biten başarıdır.** Başarılı bir hayat intiharla bitmişse, başarısız bitmiştir.

İnsan, gerekçelerini belirlerken, yalnızca kendi durumunu ve şimdiki şartları dikkate alır. **Oysa yaşayacağı hayat, diğerlerinin hayatlarıyla birlikte yoğrulacak ve sonsuz geleceğe uzanacaktır.** Kaderin Sahibi, geçmişten geleceğe tüm bir ömrü, açıktan gizliye tüm niyetleri, bir kişiden her kişiye tüm yaratıkları dikkate alarak karar verir.

Uygun gördüğünüz yere diktiğiniz ağacın 30 yıl sonra baraj altında kalacak olan yerini değiştirme şansınız yoktur. Ağacın cinsi kadar, dikildiği yer ve zaman da çok önemlidir. Göremediğiniz, bilemediğiniz boyutlarda nasıl yönlendirileceğinizi, niyetlerinizle şekillendirirsiniz.

Şimdi istediğiniz şey, gerekçenize uygun görünebilir; ama yıllar sonra gerekçenize uygun olmadığını görebilirsiniz. Geleceğe yönelik tahminlerimizin zayıflığı ölçüsünde, gerekçelerimizin kapsamı daralacaktır. Geleceği bilen Ezelî Hakim kimi dileklerimizin karşılığını bu hikmet nedeniyle yaratmayabilir. Onu hak etmiş oluruz; şimdi lehimizedir; oysa gelecekte aleyhimize olacaktır.

Bir arkadaşım iyi bir mesleğe tutunmak istiyordu; girdiği ilk iş sınavını kaybetti ve çok üzüldü. Onun bazı okul arkadaşları o sınavı kazanmış ve işe başlamışlardı. Sınavı kaybeden arkadaşım bir yıl sonra, daha iyi imkânlar sunan bir başka mesleğin sınavına girdi ve kazandı. Bir yıl boyunca çektiği üzüntüsü dinmiş; "daha iyi bir işe girebilmemi sağladığı için iyi ki önceki sınavı kaybetmişim" demişti.

Daha ilginci şu oldu: Kaybettiği sınavı kazanan arkadaşları beş yıl sonra kurumlarından ayrılmanın yollarını aradılar; bazıları istifa etti; başarabilenler başka kurumlara geçti. Çünkü başlangıçta şartları iyi olan o kurum, zaman içinde tamamen bozulmuş, oradaki uzman kadro Bakan tarafından ideolojik nedenlerle dağıtılmıştı.

Gerekçelerimizin şimdiki sonuçları bizi aldatmasın.

Gerçekten başarıyı hak etmiş bir insanın yolunu açmak isteseydiniz, geleceğinin karanlık olduğunu bildiğiniz bir işe girmesini teşvik eder miydiniz? **İyilik yapıyorsanız, bir insana vereceğiniz imkânın ilerde nasıl kullanılacağına bakmalısınız.**

Bir yerlerde önünüze aniden bir dağ çıkarılırsa, bir uçurumun kenarına geldiğinizde önünüze müthiş bir köprü kurulursa, orada iyi düşünün. Yükseliyorsanız veya çöküyorsanız, arkada gizlenen gerekçeyi arayın. Bir sorun çıktığında hemen şöyle düşünürüm, "Nerede hata yaptım?" Sadece eylemleri değil, niyetlerimi, gerekçelerimi ve kalbimden geçenleri de sorgularım.

Gerekçelerimizin şimdiki sonuçları bizi aldatmasın. İyi sonuçlar elde etmek isterken aldığımız sonuç, şimdi kötü görünebilir. Bekleyelim, asıl sonuç yakında gelecek ve yaptığımızın ne kadar isabetli olduğu bize gösterilecektir.

e) Düzeltme

Bir sorundan kurtulmanın ilk adımı, oluş biçimine yönelik tedbirlerden önce, gerekçelerine yönelik tedbirler almaktır. Perde ardında gizlenen hangi niyetten ve gerekçeden kaynaklandığını bilmediğimiz sorun, ne yaparsak yapalım, başka yerlerden patlayacaktır.

Lise öğrencisiyken bir tükenmez kalemi çok sevmişim. Kalem kayboldu. Bir yıl boyunca üzüldüm. Bir gün şöyle düşündüm: "Yaratıcım aşırı sevdiğim kalemi elimden alarak beni cezalandırdı." O'ndan af diledim ve son defa kalemi isteyerek, artık üzülmemeye karar verdim. Ertesi gün kalemi okulda haritaların yanında buldum. Kaybolduğundan beri kullanılmamış; sanki bana iade edilmek üzere bekletilmişti.

Niyetler aniden değişirse, sonuçlar da aniden değişebilir.

Yeni otomobilimizi, ilk gün çocukça bir sevinçle alıp akşam vakti evimize yöneldim. Araba bozuldu, yolda kaldım; gece saat 01.00'e kadar uğraştım. Araba çalışıyor, yine duruyordu. "Bana bozuk bir araba sattılar!" diye satıcıları suçluyordum. Taksicilerden, benzinciden aldığım yardım işe yaramıyordu. Arabayı yolun ortasında bırakamıyordum, çocuklar hâlimi merak ediyorlar diye üzülüyordum.

Sessiz bir ara sokakta, üzüntüden ağlamaklı bir hâlde düşünmeye başladım. Bu olay neden başıma geldi? Hatırladım, dünyayı dünya adına sevmek inançlarımla çatışıyordu. Derhâl niyetimi değiştirdim, hatamdan dolayı pişmanlık duydum.

Son kez denedikten sonra, arabayı bırakıp gitmeye karar verdim. Araba çalıştı ve eve gidinceye kadar bir daha durmadı. İlk gün bana ecel terleri döktüren bu araba, yıllar boyunca bir daha böyle bir zorluk yaşatmadı. **Niyetler aniden değişirse, sonuçlar da aniden değişebilir.**

4. GEREKÇESİZLİK

Eylemlerinizin gerekçesi yoksa, bir yığın çabayı boşa harcamış olursunuz. Muhtemel sonuçlara bakalım ve gerekçesiz yaşamaya değer mi, karar verelim:

a) Faydasızlık

Fayda gerekçede gizlidir. Salonumuza koyduğumuz saksı çiçeğini yetiştirme gerekçemiz, ona baktığımızda bizi mutlu etmesiyse, ona bakarız ve bizi sevindirir. Eğer derin bilincimize böyle bir gerekçe yüklememişsek, ona bakmayız ve varlığından sevinç duymayız. Yola çıktığımızda, nereye niçin gideceğimizi bilmiyorsak, sokaklarda saatlerce rasgele dolaşırız.

Yardım istemeyene kimsenin yardım etmesine izin verilmez.

Gerekçesiz eylem köksüz ağaç gibidir; çabamıza rağmen kütük kalır. Aşkların çoğunun kısa sürede sönüp gitmelerinin nedeni, sağlam gerekçelere dayandırılmamış olmalarıdır. **Öğrenmek için okumayan, ezberleyebilir; ama öğrenemez.**

b) İsraf

1987 yılında Ankara'nın Ulus semtinde kalıyor, okul servis otobüslerine giderken İsmetpaşa Mahallesindeki bir sokaktan geçiyordum.

Orası, her sabahın akşamına kadar yüzlerce genç ve bilekleri güçlü insanlarla dolu oluyordu. Sokak eski Amerikan filmlerindeki Teksas imajını andırıyordu. Tüm sokak boyunca her taraf kahvehanelerle dolu, herkes çay içiyor, hınca hınç dolu kahvehanelerde eski Türk filmlerini izliyorlar. Yoldan geçerken, Türk filmlerindeki kadınların çığlıklarını, silâh seslerini duyuyorum. Bazıları sokakta tombala çekilişi yapıyor.

Orada Anadolu'nun genç, fakat eğitimsiz yüzünü gördüğüm her gün, o genç insanlar için üzülürdüm. Neden orada bekleştiklerini sordum: İş arıyorlarmış. Birileri gelecek, aralarından seçim yapılacak ve o günlük yevmiyesini çıkaranlar, şanslı azınlık arasına dâhil olacaklar.

Bir kamyonet yaklaştı: İri yarı bir adam, "sen, sen" diyerek işaret ettiğinde, seçilenler kamyonete biniyorlardı. Bazıları "abi ben de geleyim" diyerek kamyonetin kasasına yapışıyordu.

Yaşama gerekçelerimizi sınırlandırdığımızda, hayatımızda yapacak bir şey bulamayız.

Ayda ortalama on gün iş bulabiliyorlarmış; diğer günlerde zamanlarını orada çürütüyorlar. Kimilerinin dağlardaki evlerinde sevimli eşleri ve kendilerinden ekmek parası bekleyen çocukları var. Bir insan, kendi yeteneklerine yatırım yapamadan, bilgisini ve tecrübesini geliştirmeye adanamadan, sorunlarını aşmasını nasıl bekleyebilir?

Daha iyi ne yapacaklarını bilemedikleri için orada bekleşiyorlar. Çünkü daha iyi ne yapabileceklerini merak etmiyorlar. Bazılarına yol göstermek istediğimde beni dinlemediler bile. **Yardım istemeyene kimsenin yardım etmesine izin verilmez. Bilmek istemeyenlere Kaderlerinin Sahibi öğretmeyecektir.**

Çok yoğun olduğunu düşünen iş sahibi bir arkadaşıma, mükemmel bir gelecek yaşaması için ne yaptığını sordum. Zira çalıştığı iş yüksek bir kariyer vaat etmiyordu. Çok yoğunmuş; akşama kadar çalışıyormuş, maaşlı işinden başka bir şey yapamazmış.

Akşamları ne yaptığını sordum; televizyon izliyormuş. Geçimini sağlamak için günlerini harcadığı işi sürdürürken, gelecekte farklı alanlara sıçrayabilmesi için boş zamanlarında başka işler yapamaz mıydı?

Bilgisayarı var ve hiç kullanmıyormuş. CD'ler aracılığıyla İngilizce öğrenmesini önerdim. "Mükemmel İngilizce konuşsam bile bu yaştan sonra ne işe yarayacak?" dedi. "Hitabet sanatını öğren" dedim. "Güldürme beni, bu yaştan sonra hatip mi olacağım?" dedi.

Özel bir yeteneğiniz varsa, Kaderiniz onu değerlendirme ve hayatınızı ondan kazanma fırsatını size verecektir. İnsanın kendini geliştirmesi için boş zamanlarında yapabileceği yüzlerce iş vardır.

Hiçbir yerde kullanamasanız bile, hatip olmak, başlı başına bir onur değil midir? Ücret karşılığı mütercimlik yapmasanız bile yabancı dil bilmek insanı kendi başına değerli kılmaz mı?

Yaşama gerekçelerimizi sınırlandırdığımızda, hayatımızda yapacak bir şey bulamayız. Derin bilincimiz elimizi kolumuzu bağlar, ilgilerimizi sınırlar. Boş zamanlarımız bomboş geçer ki hayatın israfı budur.

Kötü niyet, iyilikten, kötülük; yardımdan ihanet; saygıdan, nefret üretecektir.

c) Zarar

Sahabeler, Kuzman'ın kahramanca savaşmasını taktir etmekte; oysa onun gizli niyetinden haberdar olan Peygamber(asm), "O cehennemliktir" demektedir.

İslâm Peygamberinin söylediğinden habersiz sahabeler, ağır yaralanan Kuzman'ın yanına yaklaşıp, onu yaptığının karşılığında şehitlikle müjdelemek istediler. Kuzman itiraz etti:"Ben sadece kavmimin yükselmesi için savaştım. Başka bir şey için olsaydı, buralara gelmezdim." Sonra da, acısına dayanamayarak, çantasından çıkardığı okla intihar etti.[22] Niyetleri yüzünden iyilikten kötülük çıkaran insanlardan ders almalıyız.

[22] Şaban Döğen, Altın Sayfalar, Gençlik Yayınları, s.104-105

Kötü niyet, iyilikten, kötülük; yardımdan, ihanet; saygıdan, nefret üretecektir.

5. SOMUT DENEYİMLER

Gerekçelerimin hayatımı nasıl yönlendirdiğini göstermek için size bir kaç örnek vereceğim:

a) Görev Değişimi

Çalıştığım büronun kendimi daha hür hissedeceğim, hedeflerim uğrunda çalışabileceğim bir ortama dönüşmesini arzuluyordum. Bir gün başka bir büroya tayin edildiğimi haber verdiler. Sürgüne uğradığımı, büroda sevilmediğimi düşünerek büyük bir üzüntüye kapıldım.

Hedefimiz gerçekleşmeyebilir; oysa gerekçemiz, o yolla veya bu yolla gerçekleşecektir.

Gönderildiğim yerde çalışmaya başladıktan sonra, hayatımın en büyük sıçrayışını gerçekleştirdiğimi fark ettim. Eğer bu yeni yere gelmeseydim, tüm ideallerimi kaybetmeye zorlanacaktım.

Nasıl yapacağınızı bilemeyebilirsiniz; doğru sonuçlara ulaşmak istiyorsanız, niçin istediğinize dikkat edeceksiniz. **Yıllar sonrasının yıllar öncesinden belirlendiği bir hayat yaşayacaksınız.**

b) Seminerler

Türkiye Büyük Millet Meclisinde çalışmaya başladığımda mesleğimi sorguladım. Tespitlerimi ve birikimlerimi genç dostlarımla paylaşabileceğim öğretmenlik mesleğini seçmediğime eseflendim.

Hayatımın gerekçelerini yeniden yapılandırdım. Eğer Kaderimin sahibi bana fırsat verirse öğretmenlik yapacaktım, seminerler verecektim. Bu yeni anlamı kişiliğimle bütünleştirdiğim günler boyunca ne yapabileceğimi bilmiyordum.

Merhum Mustafa Ruşen hocamdan Hızlı Okuma Eğitimi aldıktan haftalar sonra, bir sabah telefonum çaldı. Genç bir arkadaşım, Eğitimciler Birliği Vakfı'nda kendilerine Hızlı Okuma eğitimi vermemi rica ediyordu.

Şaşırdım, ben eğitimci değildim. Kurs aldınız diye hemen kurs veremezsiniz. Yine de ısrarlarını kıramayarak, Vakıfta birlikte çalışmaya başladık. Guruplar gurupları takip ediyordu; yaptığımız tamamen gönüllü bir hizmetti; ama bu hizmet atmosferinde, yeteneği çok daha ciddiye almış ve kendimi geliştirmeye adamıştım.

Nereye gideceğini bilmeyen kişinin, nereden gideceğini sorması anlamsızdır.

Birkaç ay sonra telefonum yine çaldı. Bu defa DKD kurumunda hızlı okuma semineri vermemi istiyorlardı. Profesyonel olmadığımı söylememe rağmen aşırı ısrarların altında kaldım. Mustafa Ruşen hocamın teşviklerine de dayanarak seminerlere başladık.

Zaman içerisinde ulaştığımız tespitleri ve uluslar arası literatürdeki gelişmeleri inceleyerek, öğretim sistemini yeniden yapılandırdık. Kendi organizasyonlarımızla seminerlerimizi sürdürdük. Guruplar gurupları takip ediyor; seminerlerimizden 2500 öğrenci mezun oluyor ve binlerce öğrenci de anlattıklarımızı dinlemeye geliyordu. Kaderimin beni gerekçelerime göre sevk edişini hayranlıkla gözlemliyordum.

Biz ne istediğimizi ve nasıl olacağını tam olarak bilmeyebiliriz. Ama niçin olması gerektiğini bilmemiz kolaydır. **Hedefimiz gerçekleşmeyebilir; oysa gerekçemiz, o yolla veya bu yolla gerçekleşecektir.**

Önce gerekçeyi belirlemeli, onun nasıl gerçekleşeceği konusunda kaderimizin sunacağı esnekliğe güvenmeliyiz. Gerekçemize tek bir yolla ulaşmaya adanırsak, hayatımızı sınırlandırmaya kalkışırız. **Önemli olan insanlara başarıyı anlatmaksa, bunu gerçekleştirmenin pek çok yolu olabilir.**

Nereye gideceğini bilmeyen kişinin nereden gideceğini sorması anlamsızdır. Amerika'ya hiçbir otobüs gidemeyecekse, size oraya Avrupa'dan hangi otobüsle gideceğinizi anlatamam. Eğer bana Amerika'ya nasıl gideceğini öğrenmek isteyen bir yabancı olarak gelirseniz, size oraya havadan veya karadan varabileceğiniz alternatif yollar gösterebilirim. **Bir niyeti gerçekleştirmenin kırk türlü yolu olabilir. Girdiğiniz tek yol kapalıysa, bırakın, kaderiniz sizi diğer yoldan geçirsin.**

II- NASIL GEREKÇE GÜCÜ?

Gerekçelerin gücüne nasıl dayanacaksınız?

1. GEREKÇE GELİŞTİRME

Şimdiye kadar sahip olduğunuz bilgi birikimini kullanarak geliştirmek isteyeceğiniz alanlar belirleyebilirsiniz. Ne kadar büyük yaşayacağınız, ne kadar büyük niyetlerle yaşadığınıza bağlıdır. Gerekçe geliştirmek için çeşitli yollar kullanabilirsiniz:

a) Yetenek Arayışı

Güzel bir yetenek bulursanız, onu geliştirmek için çalışmanızı gerektirecek gerekçeler de bulabilirsiniz. Sadece bildiklerinizden hareket edin; ne istiyor olabilirsiniz?

Çok yaşamak için gerekçeniz yoksa, uzun yaşamazsınız. Uğruna adandığınız idealleriniz yoksa, evren yardımınıza koşmaz. Kaderin Sahibinden ne istiyorsunuz?

Mükemmel bir hafıza: Bilgileri öğrenirken kaydedebilme. Öğrendiğiniz her gerekli bilgiyi ömrünüz boyunca hafızanızda tutabilme. Tanıştığınız insanların isimlerini kolayca öğrenme. Çevrenizde uçuşan ve ilgi duymadığınız için kaçırdığınız çok önemli bilgileri anında yakalayabilme.

Mükemmel bir mantık: Karmaşık matematik işlemleri, kalem kullanmadan yapabilme. Doğru ile yanlış arasındaki ayrımı anında yakalayabilecek keskin bir kavrayış. Gazete haberlerinin veya siyasi demeçlerin, aslında hangi amaçla uydurulduğunu fark edebilme. Kuklaları oynatan usta yalancıların, karanlıklar arkasındaki ellerini görebilme.

Bilgi birikimleri: Bilgisayarı etkin kullanabilme, bir yabancı dili çok iyi bilme, herhangi bir bilim alanında uzman olma.

Yetenek birikimleri: Araba kullanma, müzik icra edebilme, resim çizebilme, tamir yapabilme, organize edebilme.

Başarı hedefleri: Bir sınavı kazanma, bir topluluğu eğitme, müesseseler kurabilme veya yönetebilme, eser üretebilme, bir görevde bulunma, yurt dışına gitme.

Şimdi bu isteklerinizin her birini ele alın ve "Niçin?" sorusunu sorun. Belirlediğiniz istekleri elde ederseniz bunun sonucu ne olacak?

Her insanın taktir edilecek bir özellik geliştirdiğini görebilirsiniz.

b) İnsanları İnceleme

Hayal gücünüz denizi keşfedemiyorsa, denizi görmeden yüzmeyi öğrenmek istemeyeceksiniz. O zaman gözlerinizi çevrenize açın: Her insanın taktir edilecek bir özellik geliştirdiğini göreceksiniz.

Tanıştığım her insanla kendi ilgi alanları üzerinde konuşmayı severim. Farklı bir pratikle, yöntemle, felsefeyle karşılaştığımda, dinlemek için heyecanlanırım. Her insan hayatıma yeni bir anlam, farklı bir gerekçe katar. Zaten **insanlar yaptıklarını taktir edenlere anlatmaktan mutlu oluyorlar. Siz ilgiyle sordukça size ilgiyle cevap veriyorlar.**

Modern veya alternatif, tıbbın her türlüsüne ilgi duydum. Hipnozu, akupunkturu, biyo-enerjiyi, meditasyonu, bitkilerle tedaviyi, psikolojiyi, NLP'yi... Fizikçiyle fiziği, kimyacıyla kimyayı, sosyologla sosyolojiyi tartışmak istedim. Ama fizikçi değilim, sosyolog değilim. Bilimi, okulların diplomalarıyla sınırlandırmak, insana yapılan büyük bir hakarettir. Bilim herkesin malıdır, diplomalı, diplomasız herkes her konuda uzmanlaşma ve böylece evrenin sınırsız ufkunda yaşama hakkına sahiptir. Büyük ve sıra dışı başarıların çoğunun diplomalara dayanmadığını unutmamalıyız.

Böyle bir kişiliğin en önemli tehlikesi, kendini yığınlarla bilgi karmaşası altında boğma ihtimalidir. Eğer, "bir şeyden her şeyi bilmek, fakat her şeyden bir şey bilmek" gibi bir prensibiniz varsa, boğulmazsınız.

Tüm bu birikimlerinizi bir araya topladığınızda hayatı kimsenin ulaşamadığı evrensellikte kavrayabildiğinizi anlayacaksınız. Bu noktadan sonra binlerce yaşama gerekçesi bulmanıza kimse engel olamaz.

En zor şartlar altında aklımıza kime başvurmak geliyorsa, başvurulacak kişi odur.

c) İhtiyaçlara odaklanma

Güçlü ihtiyaçlarınıza ulaşmaya adanırsınız. **Kalbinize tutunan ihtiyacı önemseyin; çünkü siz gizliden gizliye onun karşılandığı günleri görmeye hazırlanıyorsunuz.**

İsteyebilmek, muhtaç hissedebilmeye bağlıdır. Bu yüzden din, "inananları Yaratıcıya muhtaç hissetmeye davet eder." İlme ihtiyacımız yoksa, onun bize verileceğine mi inanıyoruz? Burunlarını gökyüzüne kaldırıp "ben biliyorum" diyen insanlara ilim kapıları açılmıyor. İhtiyaçlar çok güçlü gerekçeler üretirler.

Savunduğumuz, "insanlara muhtaç olmak" değil, Evrenin Sahibi'ne muhtaç olduğumuzu hissetmektir. İnsanlardan ancak satın alabiliriz; oysa Şefkatli Yaratıcımız verdiklerinin karşılığında, sadece nankör olmamamızı istiyor.

Her şeyi yokluktan varlığa davet eden ihtiyaçlardır. Her ihtiyacımız ailemiz tarafından karşılanıyorsa, kişisel yetenekleri önemsemeyiz. **En zor şartlar altında aklımıza kime başvurmak**

geliyorsa, en kolay şartlar altında başvurulacak kişi odur. Yıkılmakta olan binanın içerisindeki annenin, o anda kime başvurduğuna dikkat edin. UEFA Kupası final maçında İngiltere'nin Arsenal takımıyla karşılaşan Galatasaray'ın muhteşem futbolunu sunan spiker, en son ve en zor anda, bütün millet adına "Tanrım yardım et" demişti.

İhtiyaçsız yaşadığımız geçmişimize baktığımızda, orada hiçbir derin istek görememe ihtimalimiz yüksektir. Haklarını alamayan masumları gördüğümüzde, adalet isteyeceğiz. Muhtaçlara göstereceğimiz ilginin ilk faydası kendimize olacaktır. **Acı çekmeyen veya çekenlerden haberi olmayan, acıları dindirmenin yollarını aramaz.**

Acı çekmeyen veya çekenlerden haberi olmayan, acıları dindirmenin yollarını arayamaz.

Ankara'da bir Vakıfta düzenlenen seminerde Hukuk Fakültesinde okuyan arkadaşlara, "Başarı Stratejilerini" anlatıyordum. Kimlerin son on yıldır dua ettiğini sordum. Herkes el kaldırdı. "Kimlerin çok istediğini" sordum. Yine herkes elini kaldırdı. "Kimlerin her güzel şeyi arzuladığını ve bunlar için dua ettiğini" sordum. Herkes el kaldırıyordu. Cevaplarından şüphelendim. Sorularımı somutlaştırdım:

"Kimler günde beş defa, olağanüstü bir hafızaya sahip olmayı, öğrendiği her şeyi ve tanıştığı her insanın ismini hafızasında korumayı istiyor? Kimler bilgisayarı tam bir hâkimiyetle kullanmayı, başarılı makaleler yazabilmeyi, bir yabancı dilde konuşabilmeyi diliyor? Kimler bu isteklerini günde en az beş defa hatırlıyor?" Sorularımı somutlaştırdıkça, eller birer birer azaldı. Onları izlemeye başladım, bir el kalktı ve "biz duayı bu şekilde düşünmemiştik" dedi.

Satın aldığımız altı parça halının kenarlarını diken Rizeli overlokçunun halıların sadece birer en ve boylarını cetvelle peş peşe ölçtüğünü, tüm çevre toplamını bir saniyede yapıp defterine kaydettiği gördüm.

Böylesi zihin çabukluklarına bakarken, insan beyninin aslında neler yapabileceğini hayal ettim. Çoğu profesörlerin bile sahip olmadığı bu yeteneğini, ona çok muhtaç olmasına, bu yüzden istemesine ve bu yüzden tekrar tekrar çalışmasına borçluydu.

2. OLUMSUZLARI ELEME

Kısa ve uzun vadeli eylemlerimizi analiz ederek içeriklerindeki olumsuz niyetleri tespit etmeli ve elemeliyiz:

a) Kısa Vadeli

Şu anda yaptıklarımızın arkasında nasıl bir gerekçe var. Aşağıdaki tabloda örnek iyiler ve örnek kötüler gösterilmiştir:

OLUMLU GEREKÇELER	OLUMSUZ GEREKÇELER
Yaptığım iş saygın olsun	Yaptığım işe saygı göstersinler
İyilik olsun diye yapıyorum	Bir karşılık beklediğim için yapıyorum
Görevim olduğu için yapayım	Başımdan savmak için yapayım
Kendim ve insanlık onuru için	Liderimin gözüne girmek için
Herkese faydalı olması amacıyla	Yalnızca bana faydalı olması niyetiyle
Kendimi aşmak için	Başkalarından üstün olmak için
Bunu doğru sandığım için	Başkaları doğru buldukları için

b) Uzun Vadeli

Geleceğe yönelik sonuçlar beklediğimiz çabalarımızı da aynı bakış açısıyla gözden geçirmeliyiz:

Bir bayan şöyle diyordu: "Eşimi memnun etmeye çalıştım. Bildiğim teknikleri uyguladım. Ama işe yaramadığı gibi, benden uzaklaştı. Bana böyle bir karşılık veren nankör değil midir?" Gerekçesini sordum: "Bana bağlı olmasını istedim" dedi. Oysa eşini kendine bağlamasının yolu, "kendisini bağlanılacak bir eş hâline getirme" gerekçesiyle hareket etmesiydi.

Gül, sevildiği için güzel kokmaz, güzel koktuğu için sevilir.

Gül güzel koktuğu için onu seversiniz. Yoksa gül, onu sevdiğiniz için güzel kokmaz. **Gülün sevilmeyi başarmasının yolu, sevilmeyi istemesi değil, sevgiyi hak edecek güzellikte kokmayı istemesidir.** Nasıl kokacağı, gerekçesinden sonraki sorundur.

Gül, sevilmeyi isterse "karşısındakini değiştirmeye" çalışır. Oysa "sevgiyi hak edecek güzellikte kokmayı isterse" kendini değiştirmeye ve geliştirmeye adanır. O güzel kokarsa herkes onu sever. Akıllı gül burnu çürümüş böceği de dert etmez.

İçinde "bencillik" gizleyen iyiliğin karşılığı, terk edilmektir. Herkes aynı şeyi yapıyor; ama, herkes bu nedenle farklı sonuçlar elde ediyor.

3. OLUMLULARI ÇOĞALTMA

Bir işten ne kadar çok sonuç umuyorsak, o kadar çok sonuç üreteceğiz.

İki tür eylem içerisinde bulunacağız: Birisi meyvesini uzun vadede yiyeceğimiz eylemdir: Eğitim görmek, kursa gitmek, yetenek geliştirmek gibi. Diğeri, başlayan ve kısa sürede biten eylemlerdir: Bir mektup yazar gönderirsiniz. Temizlik yaparsınız, bir kitap okursunuz.

a) Süreksiz Eylemlerde

Görme özürlü bir insanın kolundan tutup ona yol gösterdiniz. Apartmandaki bir çocuğu görünce ona selâm verdiniz veya harika göründüğünü söylediniz. Bu akşam balkonunuzda oturmayı tercih ettiniz. Şimdi tebessüm ettiniz. Neden?

Küçük ve geçici olaylara gerekçe yüklemeyi bilen, büyük olaylara büyük gerekçeler yüklemeyi bilecektir.

Küçük ve geçici ama rutin olaylar; her gün otobüse binmek, yemek, temizlik, gazete okumak, televizyon seyretmek gibi işlerdir. Bu tür işleri yaparken, sonucu dört yıl sonra beklemiyorsunuz. Elbette yıllar sonra da çeşitli sonuçlar üretecekler; ama siz onları temelde ilk sonuçları için yapıyorsunuz.

Gerekçelerimiz, inançlarımızın alt yapısını örgülerler.

Bu tür işlere kısa ve uzun vadeli, fakat olumlu gerekçeler yükleyin. Bu yeni bir yaşama biçimidir; iç dünyanızı kökten yapılandırır.

Müthiş önemi olan bilgi şudur: Her hedefe her yolla ulaşabilirsiniz. Bir insanın, "ben zekiyim" demeye devam etmesi zekasını geliştiriyorsa, "zekamı geliştirmek için hızlı yürüyeceğim" demesi neden geliştirmesin? İnsana sunulan inanılmaz bir özellik bu. **Her faaliyetimizi inanılmaz gerekçelere bağlayabiliriz ve her eylem ona bağladığımız telkinin sonucunu üretir.**

Gerekçelerimiz, inançlarımızın alt yapısını örgülerler. Genç bayan "ben bu taşa dokunursam şifa bulurum" diyor, etkisinde kaldığı telkinle kısa süre içerisinde şifaya kavuşabiliyor. Taştan şifa bulma beklentisi mantıksız olduğu halde, inanca dönüştüğünde işe yarıyorsa, tebessümden mutluluğa ulaşma umudu mantıklı ve gerçek olduğu halde, neden işe yaramasın?

Aşağıdaki gibi telkin tabloları oluşturmanızı öneriyorum:

ŞİMDİ YAPACAĞIM İŞ	
Sayı:	Gerekçeler: Niçin yapıyorum? Şimdi ve gelecekte hangi sonuçları görmeyi diliyorum?
1.	
2.	

Hedefimize ulaşırsak, Kaderin Sahibi zenginliği tüm gerekçelerimiz için kullanmamıza izin verir.

b) Sürekli Eylemlerde

Eyleminizin tam sonucunu gelecekte görebilirsiniz; örneğin bir yıl sonra doktoranız bitecek. Ama ilerlediğiniz her gün, sonuçla ilgili küçük ayrıntıların gerçekleştiğine şahit olacaksınız.

Bazı durumlarda eylemlerinizin gelecekte ummadığınız sonuçları olacaktır. Bir çocuk, ona yaptıklarınızdan çok etkilenmiş; yıllar sonra gelip size destekçi olmaya adandığını söylemiş olabilir.

Eğer zenginliği, şerefimizi korumak, insanlara yardım etmek, Evrenin Sahibi'ne dost olmak, faydalı işlerle ilgilenebilmek için zaman kazanmak, zeki ve ahlâklı çocuklar yetiştirmek için istersek ne olur? Hedefimize ulaşırsak, Kaderin Sahibi zenginliği tüm gerekçelerimiz için kullanmamıza izin verir.

"Önce zengin olayım, onu niçin istediğime, zengin olduktan sonra karar veririm" dersek, belki zenginliğe ulaşırız; ama gerekçelerimiz için geleceğin dünyasında bize yer ayrılmamış olur. Yani biz, "önce bu adamı başbakan seçelim, bizim için ne yapacağını, başbakan olduktan sonra sorarız" der miyiz? Kaderin Sahibinden beklediğimiz bu ama. "Niçin" istediğimizi belirtmeden önce isteklerimizi karşılamasını bekliyoruz.

Bir işi yapmayı kararlaştırmadan önce, onun nihaî ucuna bakalım. Hiçbir tiryaki, "ölmek için sigara içiyorum" demiyor; peki sigaranın öteki ucunda ölümden başka ne var? **İnsan en küçük kötülükle felâkete sürüklenebileceği gibi, en küçük iyilikle başarının zirvesine çıkabilir.** Bir delikanlıyı katil yapan, sigara izmaritini ormana atmasıdır. Bir kadını insanlığın zirvesine yaklaştıran, kuraktan bunalmış bir köpeğe su içirmesi olmuştur. Aşağıdaki gibi tablolar oluşturun:

YAPMAYA DEVAM ETTİĞİM İŞ	
Sayı:	Gerekçeler: Niçin yapacağım? Yakın ve uzak gelecekte hangi sonuçları görmeyi umuyorum?
1.	
2.	

İçinizde tereddütler hissediyorsanız samimiyetiniz zayıflar.

c) İçtenliği Geliştirme

İçtenlik, gerekçelerimizin canı ve ruhudur. Eğer gerekçelerimiz ruhumuzun derinlerinden çıkmıyorsa, hiçbir pratik değerleri ve anlamları yoktur.

Seyirciler futbol maçında "ölmeye, ölmeye geldik!" diye çılgınca bağırıyorlar. Ama hiç biri samimi değildir; çünkü, kendilerine "buyurun ölün o zaman" denildiğinde, uzak duracaklardır. "Senin için ölürüm" diyen, yeri geldiğinde ölüme atlayamayacaksa, içten değildir; o zaman söylemesin. **Sözlerini ciddiye almayanlar, zamanla bütün ciddiyetlerini kaybederler.**

Bu bir süreçtir: Her **içtenlikli eylem, içtenlik derinliğimizi arttırır ve her umursamazlık veya yüzeysellik, ikiyüzlülüğümüzü, kalpsizliğimizi besler.**

Politikacı, demokrasinin faziletlerini anlatırken, izleyen halk "sonuna kadar senin yanındayız" diye bağırıyor. Ama aynı politikacı, özgürlükleri savunduğu için yargılandığında, destekleyenlerin teki bile yanında olmuyor. Yaptıklarımız, Nasrettin Hoca'nın fil hikayesine benziyor; sorumluluk söz konusu olduğunda kaçıveriyoruz.

Samimiyet düzeyimiz başkalarını fazla ilgilendirmeyebilir; ama **Yaratıcımız bizi değerlendirirken dikkate aldığı tek tarafımız, kalbimizin içtenliğidir.**

Bazı durumlarda eylemlerinizin gelecekte ummadığınız sonuçları olacaktır.

Gerçek niyetinizi sadece siz bilebilirsiniz. O en içinizde, en derinlerinizde yatar. Zaman zaman arzularınızın gerçekleştiğini hayal edin. O anda, içinizden hangi sözleri duyuyorsunuz. Gerekçelerinizden, her şeyinizi kaybetme pahasına bile olsa vazgeçmeyeceğinizi hissedebiliyorsanız samimisiniz. Ama, içinizde tereddütler hissediyorsanız samimiyetiniz zayıftır.

4. AKTİF EYLEM PLANI

Yürürken, oturuken bulduğumuz zaman boşluklarını, niyetlerimizi düşünmek için kullanacağız: Yaptıklarımızı ve yapmak istediklerimizi hatırlayarak, "niçin" sorusuna cevap arayacağız:

GEREKÇE GELİŞTİRME AKTİF EYLEM PLANI		
Gerekçe Geliştirme	Yetenek Arayışı	Hangi yetenekleri hangi gerekçelerle geliştirebilirsiniz?
	İnsanları İnceleme	Kimler hangi yeteneklerini tahminen hangi gerekçelerle geliştiriyorlar?
	İhtiyaçlara Odaklanma	Hangi ihtiyaçlarınız, hangi gerekçelerle sizi kendinizi aşmaya zorlamaktadır?
Olumsuzları Eleme	Kısa Vadeli	Şu andaki eyleminizde hangi yanlış niyete dayanıyorsunuz?
	Uzun Vadeli	Geleceğe dönük işlerinizde hangi muhtemel niyet hataları yapıyorsunuz?
Olumluları Çoğaltma	Süreksiz Eylemlerde	Şimdiki işinizde hangi olumlu niyetlere dayanabilirsiniz?
	Sürekli Eylemlerde	Sürekli işlerinizde hangi olumlu niyetleri geliştirebilirsiniz?
	İçtenliği Geliştirme	Tüm bu niyetlerinizde ne kadar içten ve ihlaslısınız?

Özetle Ne Yapmalı?

1. Gerekçeleri Geliştirin:

Hayatınıza ve yaptıklarınıza daha büyük anlamlar, niyetler ve gerekçeler bulmak için kendinizi eğitin. Hangi yetenekleri geliştirmeye ihtiyacınız var, öz varlığınızın ihtiyaçları neler olabilir? Çevrenizde örnek bildiğiniz insanları inceleyin. Herkes mutlaka bir alanda iyidir. Diğerleri hangi niyetlerle yapıyorlar; siz hangi niyetlerle yapabilirsiniz?

2. Olumsuz Gerekçeleri Eleyin:

Kısa ve uzun vadeli eylemlerinizden olumsuz gerekçeleri ayıklayın. Çabanıza olumlu gerekçe yükleyemiyorsanız, hemen eylemi değiştirin.

3. Olumlu Gerekçeleri Kullanın:

Sürekli ve süreksiz eylemlerinize başarabildiğiniz kadar olumlu gerekçe yükleyin. Ne kadar büyük niyetlerle yapıyorsanız o kadar büyük sonuçlar elde edecesiniz. Ayrıca içtenliğinizi en yüksek düzeye çıkarmaya çalışacaksınız.

Özetleyen Sözler

◆ Niyetlerimizle uyuşmayan isteklerimiz kabul edilmeyecektir.

◆ Başarımızı, "eylemlerimizin mükemmelliği" değil, "niyetlerimizin yüksekliği" belirleyecektir.

◆ Şayet başarırlarsa, Kaderleri su için kuyu kazana su, altın için kuyu kazana altın sunacaktır.

◆ Yaptıklarımızın değil, gerekçelerimizin sonuçlarını alacağız.

◆ Niyetlerimizi kontrol edemezsek, hayatımızı kontrol edemeyiz.

◆ Gerekçelere adanmayan her dakika, sokağa salınan gerekçeler tarafından çalınacaktır.

◆ Ruhunuzla dinlemezseniz, ruhsal evreni kuşan bilgiler beyninize akışmazlar.

◆ Ruhunuz edindiği tüm bilgileri gerekçelerinize çözüm bulmak için sorgular.

◆ Engellerinize gerekçeleriniz kadar meydan okuyacaksınız.

◆ Her eylem bir tohumdur; onun programını suretindeki ihtişamında değil, özündeki niyetinde arayacaksınız.

◆ Gücünüzü aşan niyetler geliştirirseniz, dışarıdaki güçler etki alanınıza girecektir.

◆ Oynayacağımız rolün yüksekliği, adanacağımız ideallerin büyüklüğüne bağlı olacaktır.

◆ Kimse, yaşama gerekçesinden yukarıya çıkamaz.

◆ Gerekçesi olmayanların, gerekçelerle kuşatılmış evrende yeri yoktur.

◆ Ruhunuza her gün aynı şeyi söylerseniz, size her gün aynı şeyi yaptırır.

◆ Bir sorundan kurtulmanın ilk adımı, oluş biçimine yönelik tedbirlerden önce, gerekçelerine yönelik tedbirler almaktır.

◆ Niyetler aniden değişirse sonuçlar da aniden değişebilir.

◆ Kötü niyet, iyilikten, kötülük; yardımdan, ihanet; saygıdan, nefret üretecektir.

◆ Nereye gideceğini bilmeyen kişinin nereden gideceğini sorması anlamsızdır.

◆ Çok yaşamak için gerekçeniz yoksa, uzun yaşamazsınız.

◆ Sözlerini ciddiye almayanlar, zamanla bütün ciddiyetlerini kaybederler.

DUYGU GÜCÜ

**Sevgi ruhsal bir güçtür;
yaratıkları fiziksel
ellerinden değil,
ruhsal boyutlarından tutup
birbirlerine çeker.**

I- NEDEN DUYGU GÜCÜ?

Duygu gücüne neden dayanacaksınız?

GİRİŞ

Duygu gücümüzü tükettiğimizde, tembellik tuzağına düşeriz. **Çalışma coşkusunun yakıtı duygudur.** Duygusuz insanlar çalışamazlar; dolaysıyla da mutlu olamazlar.

Ruh, maddeye bir adım yakınlaştığında duyguya benzer. Maddeyi ruha yakınlaştırsanız duyguya dönüşecektir.

Madde özünde önce duygu, sonra ruhtur. Bu yüzden keskin duygular maddenin yapısını ve işleyişini ezip geçer.[23]

Geleceğimizi değiştirmek, biraz da maddeyi değiştirebilmektir. Madde, ardındaki ruhsal boyuta bağlıdır. Ruhsal boyuta ancak duygu aşamasından geçerek ulaşabiliriz. Duyguları güçlü olanlar, maddeyi ruhsal boyutundan etkilerler ve böylece geleceklerindeki çevrelerini değiştirirler.

[23] Her bilgiye açık olmalıyız. Bilimi dışlayan dini yorum ve dini dışlayan bilimsel felsefe, mutlak gerçeği kusursuz algılamaktan mahrumdur. Birbirleriyle çatışan binlerce felsefe arasında, boğulmadan, onları, hepsini açıklayacak bir çerçevenin içinde görmeyi başarmalıyız.

Duygu maddeyi şah damarından yakalar; çünkü duygu, maddeyi oluşturan enerji dalgasının kökeninden gelen bir esintidir. Duygusuz insan maddenin hâkimiyetinde yaşarken, duygulu insan maddeye hâkim yaşar.

1. Duygudan Maddeye

Duygu, ruh ve madde arasındaki yol, evrenin en gizemli yollarından biridir. Maddeyi daha gerçek, ruhu daha hayali sanırız; oysa gerçeğe daha yakın olan ruhtur, madde değil. Maddenin arkasındaki öze nispetle madde köpük gibidir.

Duygu, ruh ve madde arasındaki yol, evrenin en gizemli yollarından biridir.

İnsan, bedeniyle yüz kilo yükün altında inler; ama ruhuyla hareket eden bir kadının çocuğunu kurtarırken yaptığı gibi, bir otomobili kaldırıp devirebilir. **Çünkü duygu, ruhun elidir ve ruh, maddeyi şah damarından çekip sürükler.**

a) Yokluktan Varlığa

Fizik bilimi geliştikçe, felsefeler değişti: Newton'un "katı madde teorisi," atom altını keşfeden "parçacık fiziği" gelişince yıkıldı. "Elektromanyetizma teorileri" gelişince, maddenin parçacık değil, enerji dalgalarından ibaret olduğu ortaya çıktı.

"Kuantum teorileri" dalga sürekliliği tezini yıktı. Aslında madde küçük enerji paketçiklerinden yaratılmıştı. "Birleşik Alan Teorileri," maddeyi oluşturan enerji dalgalarının sürekli yokluktan varlığa aktığını gösterdi. Bize hâlâ, maddenin enerjiye, enerjinin maddeye dönüşebildiğini; ama, fiziksel varlığın yok olamayacağını öğretiyorlar.

Maddenin, evrene evren dışından düzenli olarak aktığı, sonra da köpük gibi söndüğü tespit edildi. Işığın Güneş tarafından beslenmesi gibi, madde, sınırsız bir alan tarafından sürekli besleniyordu. **Gizli kaynağından doğan evren nehri, çağlayanlar halinde ahiret okyanusuna akmaktadır.**

Otuz yaşındaysak, ruhumuz otuz yıllık olabilir; ama sinir hücrelerini istisna tutarsak, sürekli yenilenen bedenimiz en fazla bir yıllıktır. Enerji düzeyinde ise vücudumuzun şu andaki maddesinin ömrü bir saniye bile değildir.

Ezelî Hakim, evreni sayısız "yokluk-varlık" döngüsü içerisinde tazelendirir. Saniyelik, günlük, haftalık, yıllık, asırlık döngüler yaşarız. Yıllık döngüde, kışın yokluğa, baharın varlığa yolculuk yapılır. Tüm döngülerin en derininde en inanılmaz döngü yaşanır: Evreni varlıkta tutan enerji, kaynağından sürekli gelen enerjidir. En derindeki yokluktan doğuş hızını hayal bile edemezsiniz.[24]

Evren, gizli bir okyanustan nehirler gibi coşarak varlığa akıyor.

Elinizdeki kitabın ŞU AN ki maddesi, bir saniye önceki maddesi değil. Şu anda gözlerinizden girerek görmenizi sağlayan ışık, bir saniye önceki ışık değildir. Gelen anında gitmiş oluyor; ama, gidenin yeri öylesine hızlı dolduruluyor ki, biz "süreklilik" hissine kapılıyoruz. Varlığın sürekliliği böyle bir şeydir.

Eskiden en küçük yapıtaşının atom olduğunu sanırlardı ve bölünemediğine inandıkları için de ölümsüz olduğunu savunurlardı. Oysa şimdi maddenin en küçük yapıtaşlarının nereye kadar bölünmeye devam edebileceğini bilemiyoruz. Maddenin yapıtaşı artık yok. Ulaşabildiğimiz en küçük yapı olan enerji paketçikleri, yokluktan varlığa sürekli akan enerjinin temelini oluşturuyor.

Evren, gizli bir okyanustan nehirler gibi coşarak varlığa akıyor; varlıkta parlar parlamaz kaybolup bir başka okyanusa boşalıyor. **Yaratılış bir kum saati gibi ve evren bu kum saatinin bir**

[24] Bu tespit yaratılmışlığın maddesel boyutu için geçerlidir: Yoksa maddi kimlikleri ruhsal evrende temsil eden ruhlar ve melekler, ölmüyorlar.

kefeden diğerine akış noktasını temsil ediyor. Bir gaybdan öteki gayba kafilelerle gönderiliyoruz.

Kur'an şöyle der: "Hiçbir şey yoktur ki, hazineleri bizim yanımızda olmasın. Her şeyi belli bir miktar ile indiririz."[25] Evrenin sırrını bundan daha anlaşılır biçimde dile getiremezdik.

b) Parça ve Bütün

Evrenin yüzeyine çıkıldıkça farklılıklar, özüne inildikçe benzerlikler çoğalır. Ceviz ağacına yaslanan adamı düşünün: Vücutları aynı değildir; oysa vücutları aynı atomlardan örgülenmiştir. Ruhsal boyuta geçtiğimizde mantık değişir: Bir şey her şey ve her şey bir şey oluverir.

Ruhsal boyuta geçtiğimizde bir şey, her şey ve her şey, bir şey oluverir.

Maddenin anlamını, onu oluşturan zerrelerin içeriği değil, zerrelerin örgülenme biçimi belirler. Ressam, aynı boyadan ayrı tablolar çıkarmıştır. Maddeye yüklediğiniz tasarım ne düşündüğünüzü, neyi amaçladığınızı, zihninizden neler geçirdiğinizi anlatır. Şu halde milyonlarca anlam maddenin bizzat yapısından değil, onu örgüleyen Sanatkarın Bilincinden doğuyor.

Evrende ne kadar güzellik yansıtan görüntü, ses, koku ve tat algısı varsa hepsi ruhsaldır. Kelebek size Sahibini anlatacaktır. Kuşlar en büyük Sanatçının şarkılarını söyleyecektir. **Rengarenk bahar bahçelerinde en büyük Ressamın tasarımını göreceksiniz.**[26]

[25] Kur'an: 15;21

[26] Birisi eserinizi aşağılasa alınırsınız. Olağanüstü şiirinize hayran kalmayan, müthiş tablonuzu taktir etmeyen, sınırsız merhametinize duygusuz bakan insanlara ne değer verirsiniz? Dehaya duyarsız kalan nankördür. Peki biz? Sabahın güneşini düşünün ve gecenin yıldızlarını. Dünyada, insan bilincine sunulan doğanın tahammül edilemez güzelliğine hayvanlar bile ilgisiz ve duygusuz değildirler. Arılar çiçeklere uçuşur; çiçekler böceklerle buluşur. Yolun sağında ve solunda dizilerek birazcık tebessüm bekleyen aynı çiçekler, insanların gözlerine görünemeden, ayakları altında ezilip gidiyorlar. Bu evren kimsenin eseri değil midir? En nankör kimdir?

Duvarları süsleyen yüzlerce tablonun maddi açıdan hiçbir farkı yoktur. Hepsi de tuvalden, çerçeveden ve ressamın kullandığı boyalardan ibarettir. Oysa onlara inanılmaz derinlikler ve farklılıklar katan, ressamın ruhudur, boyaları dağıtma ve yerleştirme biçimidir.

Madde "varlık-yokluk" arasında aralıksız olarak gidip geliyor; ama, nereden gelip, nereye gidiyor? Bilim, hâlâ maddenin doğduğu ve geri dönüp yok olduğu boşluk durumunun ne olduğunu anlamaya çalışıyor.

Bugün, "Birleşik Alan Teorileri," tüm evreni tek bir noktada toplayan[27], yokluktan var oluşun ve varlıktan yokluğa dönüşün sürekliliğini işleyen matematik formüllerle doludur.[28]

Resme, inanılmaz derinlik ve farklılık katan ressamın ruhudur.

Maddenin doğduğu kaynağı kimi bilimciler şöyle tanımlar: "Nedenselliğin yok olduğu, tesadüf ihtimali sıfır, bilgisi ve kudreti sonsuz, tüm bilgi, kural ve kanunların doğduğu ve kontrol edildiği alan. Yüzeyde olacakların doğmadan belirlendiği sınırsız enerji alanı."[29] Aynı zamanda boşluk alanı, maddesel kriterlere göre "hiçbir şey" alanı. Her şeyin yaratıcısının hem sınırsız, hem de hiçbir şey olduğuna inanabilir misiniz?

Toprak, tepeden tırnağa aynı şey; tohumlar, çürümeye hazır, bilinçsiz zavallı taneciklerden ibaret. Ama bu "aynı şeye" serpilen tohumlardan, farklı renklerde, tasarımlarda, kokularda, tatlarda canlılar ve bitkiler yeşertiliyor.

[27] Benzetirsek, "uçsuz bucaksız âlemi toplu iğne ucunda birleştiren..."

[28] Bu paragrafta yer alan bilgi, MIU Üniversitesinden Prof. Robert M. Oates'in "Creating Heaven on Earth" isimli eserinden alınmıştır.

[29] Transandantal Meditasyon tekniğinin kurucusu Mahesh Yogi, zihninde evrenin kendisi olarak gördüğü tanrıyı, bu boşluğa oturtmuştur. Oysa, Yaratıcı bu boşluk/ayna kendisinden kaynaklanan, isimleri bu boşluk/ayna aracılığıyla yansıyan evrenin kaynağı; özellikleri ve gücüyle evrenin her noktasında, fakat zatıyla evrenin dışında olan Allah'tır. Onun evrenin dışında oluş biçimi, Güneşin Dünyanın ötesinde oluş biçimine benzetilebilir. O'nun evrenin her yerinde oluşu, Güneşin ışıklarıyla dünyanın her yerinde oluşuna benzeyecektir. O, mesajını, ilk insandan bu yana peygamberler aracılığıyla gönderdiği gibi, her insanla vicdanı aracılığıyla sürekli konuşur.

Bitkileri çamurdan fışkırtan yüzeyin altında bir sanatkar "göremiyorsak", neden hemen arkadaki ruhsal evreni merak etmiyoruz? Bilim geçmişte tüm bu olayları, "kendi kendine oluyor, tesadüfen oluyor, tabiat anneciğimiz yapıyor" gibi cümlelerle açıklamış ve bizi bu masallarla uyutmayı başarmıştır.

Şefkatli Yaratıcı, maddenin konumunu sürekli değiştiriyor. Üç boyutlu, uyumlu mekansal değişimler oluşturuyor. Nehir, suyu alıp götürüyor; kuş, bedenini alıp uçuruyor. Yani uçan bir kuşun maddesi şimdi pencerenizin önünde yaratılmışken, bir dakika sonra bahçenizdeki ağacın dalında yaratılıyor. Yaratmadaki değişim dört boyutludur:

Şefkatli Yaratıcı, maddenin konumunu sürekli değiştiriyor.

Biri, giden enerjinin yerini noksansız dolduran denk enerjinin gönderilmesidir. Örneğin parmaklarımız her saniye yok oluyor; ama yerini aynı kütle dolduruyor.

Diğeri, aynı enerjinin farklı konumlarda gönderilmesidir. Örneğin göz odağınız, şimdi cümlenin bu **KELİMESİNE** bakarken, şimdi bu **KELİMESİNE** bakıyor.

Üçüncüsü, maddeler ilişkili konumları değiştirilmeden hareket ettiriliyorlar. Örneğin ayaklarınızla yürüdüğünüz zaman, başınızın maddesi de beraberinizde götürülüyor.

Dördüncüsü bu yenilenmenin zamana, konuma ve maddenin yerine göre farklı hızlarda olmasıdır. Aynı maddenin bir buluttaki konum değiştirme hızı, bir çiçekteki konum değiştirme hızından farklı yaratılıyor.

Bu yıl gözlerimizi ve dilimizi oluşturan hücreler bize fark ettirilmeden yenilendi. Üstelik ne dilimiz gözlerimize, ne de gözlerimiz dilimize benzedi. Yıllar geçecek, dostlarımıza rengi değişmeyen aynı bir çift güzel gözle bakabileceğiz. Hiç kimse böylesine olağanüstü bir gökdeleni fark ettirmeden yıkıp yenileyemez.

c) Ruhsallık ve Madde

20. Yüzyıl, maddecilikle doğdu ve maddeyi keşfetti; maddenin sınırında ruhla karşılaştı. 21. Yüzyıl ruhu araştıracak ve tüm eski bilgileri aşacak ölçüde ruhu keşfedecektir.[30]

Modern fizik, ışıktan daha nurani bir vücut tanımlayamıyordu.[31] Oysa ABD Princeton NEC Enstitüsü Fizik doktoru Lijun Wang, ışık hızının bilinenden 300 kat hızlı hareket edebildiğini ileri sürmüştür. Uzmanlar, bu bulgunun doğrulanması hâlinde, 'etki tepki yasası'nın geçersiz kalacağını ve bilinen zaman kavramının 'çökeceğini' hatırlattılar.[32] En son bulgulara dayanan **Prof. Paul Davies de şimdilerde bu düşünceyi destekleyen bir teori ileri sürdü: Aslında "Büyük Patlama ile evrenin yaratıldığı ilk anda ışığının hızı sonsuzmuş; ışık zamanla ve evrenin genişlemesiyle yavaşlayarak Einstein'in ölçtüğü şimdiki düzeyine inmiş.**

Madde duyguları güçlü insanların elinde emre itaat eden bir askere dönüştürülüyor.

Bu tespitler, yaratıkların aynı anda birden fazla yerde bulunabileceğini gösteriyordu. Bunu velilerin başardığını asırlardır bilmiyor muyduk? Bilim neden bu kadar geç keşfediyor? Bu buluş maddenin aslında ruhsal alanın boyut değiştirmesinden ibaret olduğunun bilimsel olarak da bulgulanacağının işaretidir.

On parmağından on çeşme su akan İslâm Peygamberini (asm) hatırlıyorum. Avuçlarındaki bir kaç hurmanın 70 kişiyi doyura-

[30] Prof. Robert Ornstein'in "Yeni Bir Psikoloji" isimli kitabında ortaya koyduğu yaklaşım, bu gelişmenin modern dünyadaki öncüsü oldu kanaatime göre.

[31] Maddenin sınırlarını, $E=MC^2$ formülü çizmiştir. Sorun, bu sınırı aştığımızda yüzleştiğimiz alanın ne olduğu. "Sanal" veya "hayali" terimleriyle tanımlanan bu alanı, ufukları sınırlı bazı felsefeler, Yaratıcının kendisi sanıyorlar. Kendisinde hiçbir vücut bulunmayan ve kendi içinde sanal bir Güneş gösteren aynanın yaratıcı kudret olduğunu düşünüyorlar.

[32] Zaman Gazetesi, 5 Haziran 2000

bildiğini görüyorum. Duygular buradadır, içtenlik, derinlik tam burada bekliyor. **Özü ve kaynağı itibariyle ruhsal bir varlık olan madde, duyguları güçlü insanların elinde emre itaat eden bir askere dönüştürülüyor.**

Uzak Doğu inanışlarında melekut, çoğunlukla yaratıcı kudretin kendisi, özü veya kaynağı olarak gösterilir ve insan bu alandan ibaret olan tanrının bir parçası olarak görülür. Bu görüş "sınırsız gücün kaynağı sizsiniz, ne isterseniz siz yaparsınız, kudret sizin özünüzdedir" gibi asılsız ve zaman içinde yeni bir depresyon üretebilecek kadar tehlikeli bir felsefeyi geliştirmiştir. Doğrusu nedir?

d) Yansıtan ve Görünen

Madde vücudun en güçsüz formudur.

Madde vücudun en güçsüz formudur. Sınırsız Kudret'ten maddeye doğru perde perde inildikçe vücut şiddeti azalır; yukarıya doğru çıkıldıkça artar.[33] Ruhsallık, yaratılışın yansıtıldığı, madde de göründüğü alandır. Güneşten kopup dünyaya gelen enerji ne kadar azalıp küçülüyorsa, Yaratıcıdan maddeye uzanan enerji o kadar perdelenip gölgeleniyor.

Güneşe yaklaşan, enerjiden nasıl etkilenecekse, Yaratıcıya yaklaşan da sınırsız enerjiden öyle etkilenecektir. İşte duygular aracılığıyla ruhumuza yaptıracağımız yolculuk, böyle bir yolculuktur.

Güneşi bilmeyen, geceleri aydınlatan Ay'ın ışığının kendin-

[33] En şiddetli vücut tüm vücutların kaynağı olan Yaratıcının vücududur. Vücut şiddeti arttıkça daha alt düzeydeki vücutları kapsar. Benzetme yapmak için madde yoğunluğunu örnek olarak kullanabilirsiniz. Bazı yıldızlarda bir çay kaşığı madde bir ton, bazı yıldızlarda ise bin ton ağırlığındadır. Bir avuç kurşunla bir avuç sünger arasındaki kütle farkını bilirsiniz. Bütün Dünya teorik olarak bir yağmur damlası kadar küçültülebilir. Bu örneklerdeki gibi, ruhsal vücut öylesine yoğundur ki, küçük bir parıltısı dağlar büyüklüğünde maddeyi ezebilir.

den doğduğunu sanır. Oysa ona Güneşi gösterseniz, ışığın kaynağının Güneş olduğunu anlayacaktır. İşte kendini tanrılaştıran pozitif bilimin ve insana tanrısallık sunan kimi Uzak Doğu felsefelerinin bizi içine düşürdüğü yanlış budur.

Bilim, benzetmedeki Ay'a, yani maddenin doğduğu alana artık ulaşıyor. Enerjinin, akıl ve bilincin oradan doğduğunu tespit ediyor. Büyük Patlama teorisi bile, "sonunda Dünyanın oluşacağı, evreni açığa çıkaran patlamanın ilk anında belliydi" tezine dayanır.

Öte yandan, yogiler[34] ve bizim tasavvuf geleneğimizdeki dervişler ruhsal enerjilerini kullanarak madde üzerinde oynuyorlar ve ruhsallığın coşturucu ışığını algılıyorlar. Ruhlarımız benzer yapıda yaratılmış ve aynı kanunların hâkimiyeti altında tutulmuştur.

e) Ruha Dokunmak

Ruhumuzu bir dizi duygu ve kavrayış kalıplarıyla zenginleştirilmiş olarak alıp, dünyaya geliyoruz. Sevgi kavrayışı ruhun özelliklerinden biridir. **Sevgi ruhsal bir güçtür; yaratıkları fiziksel ellerinden değil, ruhsal boyutlarından tutup birbirlerine çeker.** Görüyorsunuz ki ruhsal bir gücün diğer adı duygudur. Yani ruhu kullanmak, duyguyu kullanmaktır. Bütün duygular ruhsal temellerimizi oluştururlar. Bu yüzden, bütün duygularımızı lehimize kullanmanın yollarını arayacağız.

Bütün duygular ruhsal temellerimizi oluştururlar.

Eskiden yaygın olarak ve bazı tarikatlarda hâlâ, ruha yaklaşmak için maddi dünyadan uzaklaştıran taktikler kullanılır(dı): Az uyu, az konuş, vücuduna işkence et, kendini karanlık bir hücreye kapat; bir zikri/kelimeyi ısrarla tekrarla, bir görüntüye odaklan, nefesini say, özel ritimleri dinle veya Mevleviler gibi dön... Bu yöntemlerin hepsi de ruhsal yeteneklerin gelişimine katkı sağlamıştır.

Ama bu yollar bazen bencilce ve her zaman içseldir. Ruhsallığı

[34] Kendilerini ruhsal yeteneklerini geliştirmeye adayan Hindu dindarlar.

hedef yapmış Doğu toplumlarının fakirliği ve maddeye odaklanmış Batı toplumlarının zenginliği ortadadır. Ama teknolojiye sarılan 1950 sonrası Batı toplumuna "Depresyon kuşağı" diyorlar. Bugün Doğu'dakiler fakirlikte mutlu, Batı'dakiler zenginlikte mutsuzdur. Biz zengin ve mutlu bir kader yaşamak istiyoruz. Yaratıcımızın bize önerdiği yol Doğunun ve Batının ortasından geçiyor.

Eğer sizin için önemli olan Cenneti beklemeden Dünyanın kirli semalarında uçup bir Havai adalarında, bir kutuplarda dolaşmaksa, mistik yollara hayatınızı adayabilirsiniz. Yine de, dünya ruhunuzu tatmin edemeyecektir. Ama, eğer ebedi hayata, huzur ve coşku dağıtan bir sima ve sonsuza dek uçmaya hak kazanmış bir insan götürmeyi hedefliyorsanız, o zaman değmez.[35] **İsteklerinizi büyütün, onlara odaklanın, koşun, iz bırakın, eser bırakın; yaptıklarınız, evrenle ve onun Sahibiyle barışık olsun.**

Bilginin işe yaramasının tek yolu, amaçlar uğrunda kullanılmasıdır.

Yakın gelecekte insanlar ruhsallık derdine düşecekler. Şimdiden "evrensel hayat enerjisi, mucize seminerleri" gibi dersler yaygınlaşıyor. Bu iş, meditasyona Evrenin Sahibi'ne yakınlaşmak için başlayanların meditasyonu, amacın kendisine dönüştürmelerine benziyor.

Bazı motivasyon ustalarının ateşte yanmama deneyimlerini hayranlıkla izliyoruz. Amaçları, istersek neler yapabileceğimizi göstermektir. Amacımız ateşte yanmamayı başarmaya dönüşürse, bunun pratik faydası ne olacak?

Bazı tarikatlarda cam ve jilet yemek, vücudu kesmek, delmek ve sonra da hiç etkilenmediğini göstermek gibi gösteriler

[35] Eğer insanlığa bu yolla hizmet etmeye adanan birkaç yüksek insandan biri olmak istiyorsanız, tercih sizindir. Bunun dışında, yanlış anlaşılmasın; aşırıya kaçılmaya değmez diyorum. Dünya şampiyonu bir koşucu olmayacaksanız, her gün koşmaya, tüm gün spora adanmaya değmez. Elbette yeterince sağlıklı olmak için yeterince spor yapmalısınız. Mistik yolla ilerlemeye adandığınızda, bir mağaraya on yıl kapanıp günlük tek bir zeytinle yaşamayı öğrenmeniz gerekecektir. Sonra oradan çıkıp televizyon seyredenlere derdinizi anlatabilecek misiniz? Kısacık ömür yıldırım hızıyla geçiyor.

yapılır. Bu gösterilerin güvenin gelişimine katkısı dışında, hiçbir pratik faydası yoktur. Eğer bunları amaçlarsak, yıllarımızı çalarlar. Oysa **ölüm soluk kadar yakındaki köşenin ardına varmamızı bekliyor; yapacak çok işlerimiz var.** Kendimizi keskin maddelerden koruruz; ama ömrümüzü faydalı yetenekler geliştirmekle harcarız, daha iyi.

Ruhsal zekâ başarıyı desteklemek içindir. Size "duygusal yaşayın" demiyorum; "duygularınızı güçlendirerek, isteklerinizi gerçekleştirecek enerjiye dönüştürün" diyorum. **Bilginin işe yaramasının tek yolu, amaçlar uğrunda kullanılmasıdır.**

2. DUYGUNUN ETKİSİ

Duygu güçlendirilmiş düşüncedir; insanı evrensel potansiyele ve iç dünyanın enginliğine açar:

"Güzellik" olgusu beslendikçe ona yüklenen enerji artar.

a) Güçlendirilmiş Düşünce

Duygu güçlendirilmiş ve soyutlandırılmış düşüncedir. Her duyguya binlerce düşünce kaynaklık eder. Örneğin, "güzel" kelimesi soyut bir tanımlamadır. Bu soyutluğun altında binlerce somut güzellikleri birleştirirsiniz: Çiçekler, kelebekler, bahar, kış... Somut doğa estetiği, soyut bir düşünceyi, "güzelliği" üretmiştir. "Güzellik" olgusu beslendikçe ona yüklenen enerji artar ve bu düşünce kendine uygun duygular üretir: "Sevinç, mutluluk, coşku."

Binlerce güzelin oluşturduğu güzellik olgusu, binlerce güzellik olgusunun oluşturduğu sevinç ve mutluluğa kaynaklık eder. Bu aşamada duyguları üretirsiniz ve duygular üretebileceğiniz çok yoğun enerji kütleleri olarak ruhunuzu etkilerler. Bu duyguları yeterince yoğunlaştırarak otomatikleştirirseniz bu defa inanca dönüşürler.

Merhum Gündüzalp'in "insan ne düşünüyorsa odur" sözü doğru; ama, çoğu kişi "ben düşündüğümü başaramıyorum" diyerek itiraz ediyor. **Düşündüğünüzü başaramamanızın asıl nedeni, düşüncelerinizi duygu üretecek kadar yoğunlaştırmamanızdır.**

b) İstemenin Gücü

Güçlü duygularla dile getirilen bir istek, duygusuz binlerce istekten daha sarsıcıdır; çünkü canlıdır. Ruh, candır; ruhta can kokar; duygu ruhtan yayılır; bu yüzden duygular canlıdır. Duygusuz konuşana kulaklarınız bile kapanır.

Duygusal incelik, daha fazla ruhsaldır; çünkü daha fazla duygusaldır.

Duygular, bir kez istemenin gücünü, bir milyon kez büyütebilir. Sesi çığlığa dönüştüren duygudur. Kimyasal bomba ile atom bombası arasındaki güç farkı, bombaların büyüklüğünden kaynaklanmaz; yoğunluğundan, içeriğinden ve tekniğinden kaynaklanır.

Dr. Annie Basent'ın "Düşünce Şekilleri" isimli kitabında anlattığına kulak verin: Çocukları için şefkatle dua eden annelerin ruhlarından kopan bir enerji kitlesi, çocuklarını çevresel tehditlere karşı bir kale gibi korumaktadır.

Bazı dini yorumlara katılıyorum: Eğer söylediğiniz sözlerden kıyamete kadar sizi destekleyecek ruhanîler yaratılmasını istiyorsanız, kalbinizle, içtenliğinizle ve duygularınızla isteyin. Göz yaşlarınızla yoğrulan her dua, ruhunuzun hamuruyla yoğrulan binlerce melek suretine büründürülerek evrene yayılacak ve cennetinizin kapısından meleklerinizin kanatlarında gireceksiniz.

Başkasında etki yapan her şey, başkasına verdiğinizden kay-

[36] Bu anlam için ayette "tazarru'an" kelimesi seçilmiş: "Kusurlarını bilerek, gururlanmaktan uzak bir şekilde, ihtiyacını hissederek ve yalvararak" anlamına geliyor.

naklanır. Malınızdan bir parça vererek etkilersiniz. Peki sevdiğinizde verdiğiniz nedir? **Seven, malından değil, ruhundan bir parça veren insandır. Mal verildikçe azalır, ruh verildikçe kopyalanır.**

İslâm Peygamberi (asm) der ki: "Kalbiniz incelip duygulandığında dua etmeyi ganimet bilin." Kuran'da denir ki: "Rabbinize yalvara yakara[36] ve gizlice dua edin. Muhakkak ki O (Allah) haddi aşanları[37] sevmez[38]." Neden kalbiniz inceldiğinde, neden yalvara yakara? Çünkü duygusal incelik daha fazla ruhsaldır; çünkü daha fazla duygusaldır. Ruhsallık düzeyi arttıkça, canlılık düzeyi de artar.

Kişisel gelişim ve değişim stratejilerinin eninde sonunda başvurmak zorunda kalacağı bir dizi Peygamber sözüne dikkatinizi çekiyorum: "Şu üç dua vardır ki, hiç şüphe yok kabul edilir: Mazlumun duası, misafirin duası, babanın çocuklarına duası.[39] Kafir de olsa mazlumun bedduasından sakının. Çünkü onun Allah'a ulaşmasına engel olacak hiç bir perde yoktur.[40] Çok günahkar da olsa, zulme uğrayan kimsenin duası kabul edilir.[41]"

Başarının sırrı, içtenliktedir, istemektedir, Sınırsız Kudrete derin bir muhtaçlık hissine kavuşmaktadır.

Tüm bu sözlerdeki ortak temaya dikkat edelim: Acı ve çile çeken insanlar, hastalar, mazlum ve masumlar, yetimler, kimsesizler, anne babalar... Derin ve samimi duygularla kuşatılmış insanlardır bunlar. Söz ve anlam bu insanların ağızlarından değil, kalplerinden çıkar. Bu insanların güçleri ellerinde veya dillerinde değil, ruhlarındadır.

Anlayacağınız gibi, gücün ve başarının sırrı, yumruğunu öteye beriye savurup "ben güçlü bir devim" diye bağırıp çağırmakta

[37] Bu anlam için "mu'ted" kelimesi kullanılmış: "Sesini yükselten, haddi aşarak gururlu isteyen, zalim" anlamlarına geliyor bu kelime.
[38] Kur'an: 7;55
[39] Hz. Muhammed (asm), Cami'us-Sağir 3:300 Hadis No:3454
[40] Hz. Muhammed (asm), Cami'us-Sağir 3:127 Hadis No:2915
[41] Hz. Muhammed (asm), Cami'us-Sağir 3:526 Hadis No:4204

saklı değildir. **Başarının sırrı, içtenliktedir, istemektedir, Sınırsız Kudrete derin bir muhtaçlık hissine kavuşmaktadır.**

Manisa'ya bağlı Alaşehir'in tepesinde uçurtma ile oynayan çocukların arasına karışmaya çalışan bir küçük gördüm. Çocuğun açlık ve fakirlik çektiği her hâlinden belliydi. Ailesi hakkında bilgi aldığımda, etkilendim.

Adı Rasim'di, onu kucakladım, sonra ona yardım ettim. Duyduğu sevinç büyüktü; kendisine güzel sözler söyleyen insan uzaklaşırken bile onu seyrediyordu. Yaratıcının o anda bana tattırdığı tahammülsüz sevinci tatmak için, bir milyar lirayı vermeye razı olurdunuz. Hiçbir filmden, danstan, yiyecekten o zevki alamazdınız.

Paranızla dünyayı satın alamazsınız; ama, sevginizle dünya sizin olur.

Çocuğu yıkıntılar altında kalan bir annenin çare için nasıl içten yalvarabileceğini hayal edebilir misiniz? Acımasızlar tarafından hakkı gasp edilen savunmasız bir yetimin, hâl diliyle nasıl bir boynu büküklük içerisinde yardım dilediğini? İşte yoğun ruhsal enerjiyle çevrenizi kuşatacak olan derin duygu, böyle ortamlarda üretilir.

c) Evrensel Potansiyel

Her duygu, evreni kapsayacak kadar genişleyebilir. Sevgi her şeyi kuşatabilecek kadar büyüyebilir. Öfke katliama dönüşebilir. Şefkat tüm yavrulara dağılabilecek kadar gelişebilir. **Paranızı birkaç kişiye, tebessümünüzü birkaç bin kişiye; ama sevginizi milyarlarca kişiye dağıtabilirsiniz. Para paylaşıldıkça azalır; ama, duygu paylaşıldıkça artar.**

Paranızla Dünyayı satın alamazsınız; ama sevginizle tüm evren gönül rızasıyla size ait olur. Beni seven, "sen BENİM karde-

[42] Cinsellik yalın sevgi değildir; sevgi formuna bürünmüş bir çıkarın paylaşımıdır. Sağlıklı bir aile gerektirdiği için karşılıklılığı zorunlu kılar. Bu yüzden bahsimizden hariçtir.

şimsin" derse, doğru söyler. Sevdiğim çiçeğe baktığımda, "ben sana aidim" dediğini hissediyorum. **Evrenin Sahibi'nin cömertliğine hayran kalıyorum; Yer yüzünün en fakir insanına, tüm evreni kuşatabilecek enginlikte bir sevgi çekirdeği bağışlamıştır.** Ay sevenindir, Güneş ve dağlar onlara aşık olanındır. Kalbini kullanan, yağmurla bir sevgili gibi sevişmekte hürdür.

Milyonlarca insan, doğuştan getirdiği bu potansiyel zenginliği kullanamadan ölmüştür. Çünkü nefret etmekte hür bırakılan ve ne yazık ki nefret etmeyi tercih eden tek yaratık, insan olmuştur. Ya nefret etmiş; ya da sevgisine karşılık beklemiştir;[42] yani gerçekten sevmemiştir.

d) İç ve Dış Dünya

Duygu akılla işbirliğine girerse, bir kişinin hayatına bin kişilik hayat sığabilir.

Düşünceler dış dünyamıza, duygular iç dünyamıza bakar. Duyularımız ve sezgilerimiz ise her iki alandan da veriler alır. Düşüncenin hayata etkisi ruhsal boyut vasıtasıyladır. **Duygu üretemeyen düşüncelerle, ruhsal alana erişemeyiz.**

Düşünce dünyası dar, duygu dünyası geniştir. Akıl "20 dakika yürü" der; duygu "yürüyüş boyunca tüm güzellikleri seyret" der. Akıl "beslenmek için tabağındaki yemeği bitir" derken, duygu "yemeğin her bir lokmasının lezzetini hisset" diyecektir. Akıl, yaşadığımız evreni daraltır, duygu genişletir. **Duygu, eğer akılla işbirliğine girerse, bir kişinin hayatına bin kişilik hayat sığabilir.**

[43]Duygulara hâkim olmak, üzüntü, hüzün, öfke ve benzeri duyguları gizlemeyi veya belli etmemeyi başarmak değildir. Tersine, istediğin zaman istediğin duyguyu yaşayabilmek, istediğin duyguyu da yok edebilmektir.

e) Duygusal Hâkimiyet

En yenilmez insan, karşımızda en keskin duygularla direnen insandır. Heyecan bulaşıcıdır. Kendi duygularını yönetebilen[43] başkalarının duygularını da yönetebilir. Takip ettiğimiz lider, gittiği yola en keskin duygularla inandığını sandığımız liderdir. Bizleri sürükleyen, hatiplerin kelime oyunları değil, duygularıdır.

"Derin duygudan" söz ediyoruz, "duygusallıktan" değil. Duygularınız sizi kontrol ettiğinde, duygu fırtınalarıyla savrulan bir saman çöpü gibi duvarlara çarparsınız. Duygularınızı siz kontrol ettiğinizde, önünüze gelen engelleri savurup geçen fırtınalara dönüşürsünüz. **Duygusuzsanız, karanlık bir kış gecesi gibi ıssızsınız, sessizsiniz.** Ateş ve su çeliği nasıl sertleştirirse, duygu da insanı öyle güçlendirir.

Şiddetli aşk, gerekirse dağlara tünel kazdırır.

3. SOMUT DENEYİMLER

Bir dizi somut deneyim üzerinde duyguların etkisini analiz edelim:

a) Ani Değişim

Duyguların baskısı altında aniden bir karar veriyorsunuz ve tüm hayatınız, o karardan sonra değişiyor. Şiddetli öfke insanı ölümüne kavganın içine sürükler. Şiddetli şefkat ölüm tehlikesine rağmen insanı can kurtarmaya koşturur. Şiddetli aşk, gerekirse dağlara tünel kazdırır. Duygu öyle bir güçtür ki, bir insanın bedenini kuşatırsa kimsenin gücü ona engel olmaya yetemez.

1999 yılı başında Ankara'nın Kocatepe Kitap fuarında dolaşıyordum. Binlerce kitaba ve kitaplarını imzalayan yazarlara gıptayla baktım. Uykularımı kaçıran mesajları ve prensipleri insanlarla paylaşmak arzusu içerisinde, bir an: "Yazmak zorundayım.

Bir dahaki kitap fuarında, kitaplarını imzalayan yazarlardan biri de ben olmak istiyorum" dedim. O anda yaşadığım duygu derinliği, çalınan çocuğu bulanan anneninki kadar güçlüydü. Tüm hücrelerimin titrediğini hissettim.

Bu duadan sonra, "Düşün ve Başar" isimli kitabı, iki buçuk ay içinde, gölgemle yarışırcasına tamamladım. Kitap fuarı yine kapımızı çaldı. Fuarda dolaşırken mahzundum. Çünkü yayıncımız bu defa fuara katılamamıştı. Fuarın son günlerinde duamı hatırladığımda tebessüm ettim: Belki isteğim, henüz aynen gerçekleşmemişti; ama, kitabım orada satılıyordu.

İki gün sonra, yayıncı Alişen Koç telefon etti; "Yarın senin imza günün. Saat 13.00'de standımızda bekliyoruz, ilânları verdik" dedi. Benden habersiz gelişen bu durum, Sınırsız Rahmet'in yılbaşında bana sunduğu bir doğum günü hediyesiydi.

Duygularınızla isterseniz, hayatınız adım adım değiştirilir.

Elbette dualarımızın gerçekleşmesi için eyleme geçmemiz de gerekir. Ama başıma defalarca gelen, ben istemekten başka hiçbir şey yapamadığım hâlde, isteklerimin benim için başkalarına yaptırılması olmuştur. Eğer bir bebek kadar içten hissederek isteyebilirseniz, emir alan görevliler size hizmet etmek için telâşla koşturacaklardır. **İsteklerinize yüklediğiniz duygular ne kadar yoğunlaşırsa, onlara ulaşmak için harcamanız gereken emek, o kadar azalacaktır.**

"Aydın İş Dünyası 2000" adıyla başarılı bir kitap çalışması yapan Kâmil Tunoğlu'nun ilginç hikâyesini sizinle paylaşmak isterim: Bir sabah, iş bağlantıları yapmak üzere şehir turuna çıkarlar. Akşama kadar süren çabalar sonuçsuz kalmıştır. Yorgunluk içinde; ama derin duygularla sürdürülen koşuşturmadan geri dönmeye karar verirler. Kâmil Bey dönüş sırasında "Düşün ve Başar" kitabını okumaya ve heyecanını canlı tutmaya çalışır. Yeniden güçlenen, keskin bir heyecan fırtınasına kapılan Kâmil Bey, bir ara kitaptan başını kaldırır ve ileride hâlâ açık olan bir işyeri görür. Arabayı sürmekte olan ortağına "dur" der, "buraya gireceğiz." Gün boyu süren çabalarıyla hedefledikleri bağlantının on katı büyüklüğündeki iş, orada gerçekleşmiştir.

b) Sessiz Değişim

Duygularınızla isterseniz, hayatınız adım adım değiştirilir. Çıktığınız yerden geriye baktığınızda arada büyük bir uçurum görürsünüz.

Bir zamanlar Avrupa müzik listelerinde başı çeken Yusuf İslâm'ın -eski adıyla Cat Stevens- hikâyesini bilir misiniz? Sevimli bir sahilde yüzerken, öldürücü bir dalga onu alıp götürür, gücünü yitirir ve ölümle burun buruna gelir. Öleceğini anladığı o an, gerçek bir içtenlikle Evrenin Sahibi'ne yönelir: "Tanrım! Eğer beni kurtarırsan, tüm hayatımı senin dâvâna adayacağım" der. Ardından, büyük bir dalga onu denizin derinlerinden alır ve sakin sahilin bağrına, sağ salim teslim eder. Cat Stevens, yaşadığı şok yüzünden, kurtulmasına vesile olan bu duayı unutmuş; ama, çok geçmeden dinlere ilgi duymuş, yıllar sonra, ruhunun derinlerinde aradığı Yaratıcıyla tanışmıştır.

İsteklerinizin gerçekleşmesi için kaderinizde yapılabilecek şeyler inanılmazdır.

Büyük alim Bişri Hafi'nin bir hikâyesi vardır. Esir olduğu içkiden bir türlü kurtulamaz. Defalarca pişmanlık duyar; ama, arkadaşlarının ısrarına dayanamayarak alışkanlığına sık sık geri döner. Sel sularının sokaklardan aktığı yağmurlu bir gece sarhoş hâlde evine dönerken, "Allah" adının yazılı olduğu bir tabelanın ayaklar altında çamur sularına karıştığını görür. Ürperti ve üzüntü içinde, huzurunda hep mahcup olduğu Ezelî Hakim'in adının yerlerde sürünmesinden sarsılmış, derhâl o tabelâyı yerden alarak evine götürmüş ve temizleyerek duvarına asmıştır. O, Allah'ın hoşnut olmadığı şeyler yaptığını biliyordu, ama, nankör değildi, Allah'ı seviyordu.

Ertesi gün büyük bir velinin heyecanla getirdiği mesajıyla irkilir Hafi. Sarhoşluktan kurtulma dileği kabul edilmiş ve bu ilâhi mesaj, bir velinin rüyası aracılığıyla Bişri Hafi'ye bildirmiştir. Yaratıcının yardımı olarak kendisine böyle bir duygu patlaması hediye edilmişti. Yıllardır alışkanlığından kurtulamayan Hafi'nin, o anda değişmesine ve kısa sürede döneminin unutulmaz büyükleri arasına katılmasına vesile olan o duygu şiddetini hissedebilmelisiniz.

c) Dış Destekler

Ortaokul bittiğinde, geceleri odama kapanır, başucuma dizdiğim kitapların yanında, yazdığım şiirleri okurdum. Eğitimimi sürdürecek imkanımız olmamasına üzülüyordum. Tanımadığım kişiler, komşu köylerden aileme gelip, beni okutmaları için ısrar edip duruyorlardı. Neden ben? Okumayı ne kadar istediğimi, beni derinlerden duyduğuna inandığım gizli Kudrete her gece geç saatlere kadar anlatıyordum. Sadece ona anlatabiliyordum. Dertlerimi dinlemekten bıkmayacak birinin beni duyduğunu ve elçilerini beni desteklemek için gönderdiğini yıllar sonra keşfedecektim.

Ağaçtan kuru toprağa düşen çekirdeğin dili yoktur; ama, yaşamak ve yeni bir ağacı omuzlamak ister.

Gün oldu, isteklerime engel olan kanunlar değiştirildi bu memlekette; hem de üç defa ve bir dördüncüsünü bekliyorum.[44] Özel hayatımın tüm ayrıntılarını anlatamıyorum Ayrıcalıklı bir insan değilim; eğer benzer yönlerimiz varsa, mutlaka benzer olayları siz de yaşayacaksınız. İsteklerinizin gerçekleşmesi için kaderinizde yapılabilecek şeyler inanılmazdır.

Ağaçtan kuru toprağa düşen çekirdeğin dili yoktur; ama, yaşamak ve yeni bir ağacı omuzlamak ister. Kör bir fare, çekirdeği

[44] Bu cümle yazıldıktan iki ay sonra beklediğim bu yasal düzenlemenin de gerçekleştirildiğini gördüm.

alır, toprağa eker. Amazon ormanlarının uzatacak elleri ve yürütecek ayakları yoktur; uzaklara gidip yiyecek ve su arayamazlar. Onlar orada gece gündüz bekleşirken, okyanusların üzerindeki tonlarca ölü plankton[45], rüzgârla semaya taşınır; oradan bulutlara yüklenerek kilometrelerce ötedeki semadan ekmek ve su bekleyen ağaçların köklerine indirilir. Bunları esirgemeden her an yapan, isterseniz sizin de ruhunuzu yalnız ve yardımcısız bırakmayacaktır. Çünkü O, insandan daha güzel ve daha değerli bir sanat eseri yaratmamıştır.

Allah, insandan daha güzel, daha değerli bir sanat eseri yaratmamıştır.

[45] Planktonlar, okyanusların temizlenmesinde çalışan, görevlerini tamamladıktan sonra ölen bakteriler ve mikroskobik yaratıklardır. Öldükten sonra suyun yüzeyine çıkarlar; rüzgar suyun içerisine basınç oluşturduğunda, hava kabarcıkları suya girer. Suyun kaldırma kuvvetiyle kabarcıklar yüzeye itilirler ve baloncuklar halinde patlarlar. Baloncukların yüzeyindeki planktonlar patlama sırasında sıçrayan su zerreleriyle birlikte havaya fırlayıp rüzgara yüklenirler.

II- NASIL DUYGU GÜCÜ?

Duygularınızı değişim sürecinde nasıl kullanacaksınız?

Duygu gücüne hâkim olmak için atacağınız adımlar: Olumlu duyguları güçlendirme çalışmaları yapın, hayatınızın size sunduğu duygu fırsatlarını isteklerinizle yoğurarak kullanın, ihtiyaçlarınızı hatırlayarak duygulanın, vücudunuzu zehirli maddelerden temizleyerek duygu yeteneğinizi geliştirin, tüm bunları sürekli yapmanızı sağlayacak bir eylem planı oluşturun.

1. OLUMLU DUYGULAR

Duygularımız bizi ve çevremizi ya güçlendirecek, ya da tüketip çaresizleştirecektir.

Evrenin varlığını besleyen ışık berraktır, aydınlıktır, sevgidir. Oysa bazı yerlerde karanlıklar var. Evrenin Sahibi tüm evrene sıcaklık gönderdiği hâlde, bazı yerler soğuktur. Sevgi gönderdiği hâlde, bazı kalpler nefret yansıtır. Bazı nesneler, ışığı tutarlar; dışarıya gölgeyi, karanlığı veya siyahı gönderirler. **Bazı insanların yaptığı, böylesine bir bencilliktir. Sevgiyi, coşkuyu kendi hesaplarına yontarlar; yansıtmak, paylaşmak istemezler.** Böyle bir duruma giren ruh, hem kendini hem de kendiyle iletişim kuranları, karanlıklara ve acılara mahkûm edecektir.

Ruhumuz iki tür enerji kitlesi yayar: Biri evrenin kaynağından aldığı ve kapasitesince yansıttığı aydınlıktır, sevgidir. Diğeri bencilliğiyle zehirlediği, gölgelediği aynı enerjidir.

Eğer evrensel coşkuyu "korku, üzüntü, karamsarlık, kıskançlık, intikam, öfke, tiksinti, nefret" gibi duygulara dönüştürerek kalbimize hâkim tutarsak, kendimizi güçsüz ve çaresiz hissederiz. Duygularımız sadece beynimizin emriyle damarlarımıza salınan hormonlar değildir. Konuya ruh açısından bakarsak, kötü duygular, çevremizi kuşatan alevlerdir, ateş toplarıdır, kurşunlardır.

Yeterince güçlüysek olumsuz duyguların ürettiği enerji ruhumuzu etkilemez.

Maddi bedenimizin bir savunma sistemi olduğu gibi, ruhumuzun da bir savunma sistemi vardır. Bedensel savunma sistemimiz çöktüğünde, en küçük bir mikrop vücudumuzu istilâ edebilir. Ruhsal enerjimiz azaldığında, saldırarak bizi yerlere sermeyi bekleyen kötü duyguların esâreti altında buluruz kendimizi.[46] İçerisinden çıkamadığımız bu hapishânede depresif bunalımlara mahkûm oluruz. Çevremizde, kıskançlık yüzünden cinayet işleyen, üzüntüye dayanamayarak intihar eden, korku yüzünden içine kapanan pek çok insan yaşamıştır.

Yeterince güçlüysek, olumsuz duygularımızın ürettiği enerji ruhsal kimliğimize hâkim olamaz. Ama bir de zayıf düşersek, bir anda kendimizi çökmüş hissedebiliriz.

Bize her zaman güç ve coşku kazandıran bir çevrede yaşamıyoruz; üzgünüm. Saygısızlıklar, ahlâk bozuklukları, gasp ve soygunlar medya aracılığıyla en yakın çevremize kadar girdi. Gördüklerimizi ve duyduklarımızı sınırlandırmamız güçtür. Ama, baktıklarımızı ve dinlediklerimizi kontrol etmezsek, direncimiz bir gün tükenir ve yıkılırız.

[46] Birikmiş dertlere yıllardır dayanmışken, bir an ruhunuzdaki baraj yıkılıyor ve her şey oradan dökülüveriyor.

Karanlıkta ışık yakarsınız, soğukta sıkı giyinirsiniz. Çevresel bozukluklardan bedeniniz kadar, ruhunuzu da koruyor musunuz? Coşkusu yüksek, düşünceleri olumlu özel bir arkadaş çevreniz varsa, çevrenin tahribatından korunursunuz. Çevrenizi koruyucu enerjiyle kuşatıyor musunuz?

Duygu servettir, yaşayarak biriktirilir ve biriktikçe güçlenir. Duygu servetini arttırmanın yolu, onu daha çok kullanmaktır. **Madde kullanıldıkça zayıflar, ruh kullanıldıkça güçlenir.** Bu yüzden, daha çok sevmek, daha güçlü sevmeyi üretir.

Vücudumuzu kuşatan duygu yükü -ruhsal enerji bulutu- olumlu veya olumsuz olmasına göre bizi etkileyecek ve tüm tutumlarımızı şekillendirecektir. Tutumlarımızı belirleyen aklımız değil, duygularımızdır.

O zaman kâinatın dilini taklit ederek olumlu-güçlendirici duyguları kullanalım. **"Heyecan, sevgi, şefkat, özveri, dostluk, samimiyet, taktir, affetme, saygı duyma"** gibi duygular, ruhumuzu güçlendirirler.

Duygular servettir, yaşayarak biriktirilir ve biriktikçe güçlenir.

a) Şefkat

Çevrenizde, göremeyen, yürüyemeyen veya fakirlik içinde çaresiz kalan insanlarla buluşacaksınız. Onların dünyalarına girin. İçlerinde her şeye rağmen barındırdıkları coşku ve sabır kalbinize dokunacaktır. Kendinizi evinize, büronuza, mağazanıza kapatmamalısınız.

Felâket bölgelerine gidin: Çadırlarda yaşayan çocukların, gözlerinize sevgiyle baktıklarını göreceksiniz. Üşüdükleri buzlu gecelerin ardından, birilerinin hâlâ onları şefkatle sevdiklerini hissettirmesini bekliyorlar.[47] Muhtarınıza mahallenizin fakirlerini

[47] Dost FM dinleyicileriyle birlikte depremin yıktığı şehirlerden Düzce'ye gittik. Bizi kardeşleri gibi karşıladılar. Çadırda yaşayan bir mahalle, çoluk çocuk toplanıp bizi uğurlarken, sanki bir daha göremeyecekleri kardeşlerini gurbete gönderiyorlardı.

sorun: Hemen yandaki apartmanda, bir annenin dört yetim yavrusuna un çorbası içirdiğini öğrendiğinizde, yediğiniz baklavalar boğazınızdan geçemeyecektir. Şefkati yaşayın, kalbinizi köreltmeye çalışan televizyona çakılmayı bırakın.

Bir arı bal coşkusuyla dağlarda dolaşır. Hiç bir kuş tünediği dalda 24 saat hareketsiz beklemez. Rüzgâr bile dünyayı gezinir. Sevgili insan dört duvar arasına kapatılmak için yaratılmadı.

b) Sevgi

İnsan güzelliği sever, sevmeyi unutmasının nedeni, güzelliklere dikkat etmemesidir. Bahar sabahlarında, ağaçların dallarına ve yapraklarına bakarken, sevgiden gözleriniz yaşarabilir. Çimenlerde -hatta belgesel filmlerde- karıncaları seyre dalarsanız, yüzünüzde anlatılmaz bir tebessüm bulacaksınız. Ruhanî yaratıkların taşıdığı yağmur damlaları sizi ıslatırken, neler hissettiğinizi anlatamayacaksınız.

Güneş tebessümle doğarken, gözlerinizin yaptıklarını seyretmesine izin verin.

Her şey çalıp çırpan çetelerin yaptıklarından ibaret değildir. **Güneş tebessümle doğarken, gözlerinizin yaptıklarını seyretmesine izin verin.** Tebessüm edene somurtamazsınız. Köylerde yaşarken her gece yıldızları seyrederdik. Kalabalık şehirlerin beton yığınları arasına taşınınca ne oldu bize?

"Ben seviyorum" demekle sevgi duygusu güçlenmez. Daha yoğun sevmenin yolu, daha çok varlığı sevmektir. Sevginin kapsamı büyüdükçe yoğunluğu da artar. Bir asker, eşinden ve iki çocuğundan koparılmış, doğayla baş başa bırakılmıştı. Gövdesini kucakladığı ağacı, bir sevgili, bir çocuk veya bir çiçek gibi hissetmişti. Bir ağaç bile size öylesine derin duygular yaşatabilir ki, ayrıldığınız o ağaca yıllar sonra tekrar kavuşmanın ve gövdesini tekrar kucaklamanın özlemini çekersiniz. Bu, sevgi fakirliği değil, sevgi enginliğidir; kâinatla sevişirseniz, kâinat cennet olup sizi kendine davet edecektir.

İstanbul'un caddelerinden hızla yol alırken, çevredeki ağaçların coşkulu duruşlarını bir daha seyretmek isterdiniz. Ben bir Pazar gecesi, Cemil Tokpınar ve Nadir Çomak'la birlikte Necip Fazıl'ın tefekkür mekanı Piyer Loti'ye bir daha yürümek istiyorum.

Sevdiğinizde seviniyorsunuz; sevilmek sevmektir. Sınırı yok bunun; sevgi hazinenizi bitiremezsiniz. Hz. Ali'nin(ra) sözünü hatırlıyorum: "**İnsanlarla öyle iyi geçininiz ki, düşmanlarınız bile ölümünüze ağlasınlar.**"

c) Heyecan

Belki geçmişte, ayakkabıyı araba yapıp oynayan köylü çocuklardandınız. Ama şu ana değil, geleceğinize bakın. Ne büyük eserler üretebileceğinizi, ne güzel çocuklara annelik/babalık yapabileceğinizi, nice dostların sizin yardımlarınız sayesinde mutlu olabileceğini düşünün.

Her farklı dünya, içinde başdöndürücü bir heyecan barındırır.

Televizyon hapishanesinde heyecan yoktur. Heyecan çocukların oyunlarında, eşlerin şakalaşmalarında gizlidir. Heyecan tabiattadır. Piknikteki mangal kokusundadır. Gece vakti yıldızları seyretmekte, saat 12.00'de karıncaları izlemekte, bir fabrikayı gezmekte, şehirlerde dolaşmakta, farklı kültürlerin arasında gezinmektedir. **Heyecan, sadece sürekli yenilenmeyi ve farklılaşmayı başaran hayatı kuşatır.**

Değerli komşum Ekrem Kuş'la saatlerce Van kedisinin harika kişiliğini konuştum. Asker arkadaşım Bayram Selvi'den evcil güvercinlerin aile hayatını günlerce dinledim. Yakup Keskin'le günlerce Almanya'daki sosyolojiyi konuşmuştum. İnsanın bilmediğine ilgi duyması, her farklı dünyaya bir tefekkür malzemesi olarak bakması müthiş bir tutum. Her farklı dünya, içinde baş döndürücü bir heyecan barındırır.

İstediklerimizin bize verilebileceği, sevgilimize kavuşabileceğimiz bir dünyada yaşıyoruz. **Ümidimizi keserek kısmetimizi bağlamayalım.** Beklenmeye değer hiçbir şey bulamıyorsak, şu maddenin hemen arkasında, altlarından ırmaklar akan, hayal edemeyeceğimiz kadar güzel bir cennetin sabırsızlıkla bizi beklediğini düşünelim. Beklediğimizi veya bizi bekleyeni hayalimizde canlandıralım: Seslerini işitelim, renklerini görelim, dokunalım onlara; içlerinde ne buluyorsak koklayalım, tadalım.

Heyecan, elektrik gibi ruhumuzu çarpacak, arzularımız dirilecek, hayallerimiz ruhsallaşıp benliğimizi kuşatacaktır. İdealsizlik yüzünden ruhumuzu öldürüyoruz. İnsan ölümsüzlük için yaratıldı; ruhundaki çığlıkları duymuyor mu?

Ya tembelliğin rahatlığında karamsar, ya da çalışmanın yoruculuğunda coşkulu yaşayacağız.

Büyük bir istek ürettiğinizde ve yükseklerde bekleyen bir ideale adandığınızda, Sınırsız Kudret ona sizi ulaştıracak heyecanı derhâl ruhunuza yükler. "Üretmek istiyorsan, al! İşte onu elde edinceye kadar kullanacağın heyecan, sevinç ve çalışma azmi budur" diyecek size kaderiniz. **Büyük isteklerin ilk karşılığı, büyük heyecanlardır.**

Güzel bir şiiri sevdiğinizi söyleseniz, hârika bir resmi beğendiğinizi ifade etseniz ne olur? Lezzetli bir yemeğin ustasıyla, aldığınız lezzeti paylaşsanız. Doğru şeyler yazan bir gazeteciye telefon etseniz, belediye başkanınızın şehrinize sunduğu hârika bir hizmeti bizzat gidip tebrik etseniz, kaybınız ne olacak? Size hizmet edenleri taktir etmezseniz, hizmetinizde hiç kimseyi bulamayacaksınız.

İnsanlar ruhsal zevk arıyorlarsa ve bunu siz onlara tattırmıyorsanız, size sırtlarını dönüp başka kapıya gideceklerdir. **Tembellikte heyecan yoktur; üşenmekle coşku bir arada barınamaz. Ya tembelliğin rahatlığında karamsar, ya da çalışmanın yoruculuğunda coşkulu yaşayacağız.** Üçüncü alternatifi yok.

2. DUYGU FIRSATLARI

Duygularınızı güçlü kullanabiliyorsanız, kendinizi bir komando gibi eğitmişsiniz demektir. Komanda güçlü bir askerdir, göreve çıktığında emirlerini kendisi verir.

Çevremizdeki özel fırsatları kullanabiliriz: Özel olaylar, özel mekanlar, özel tarihler duygularımızı doğal olarak uyarırlar.

a) Olaylar

Sınavlara girerken, diplomanızı alırken, bir çocuğu veya çiçeği severken, pikniğe çıktığınızda, yorgun hâlde uykuyu yatarken, yağmurda ıslanırken, başınızın veya dişinizin şiddetli ağrısı altındayken, eski bir arkadaşınızla buluştuğunuz an, yeni bir elbise giydiğinizde, size bir hediye getirildiğinde, çocuğunuz ilk kelimeyi söylediğinde, sizi ilk defa kucakladığında, ilk karne notlarını getirdiğinde, terfi ettiğinizde.... Bu tür olayları yaşarken, heyecanınız ve duygularınız rutin olaylara göre daha canlı değil midir?

Cansızlar bedenleriyle, canlılar ruhlarıyla hayatı yaşarlar.

Bir elmayı iki türlü yersiniz: Zihniniz akşamki maçla veya yarın ödeyeceğiniz çeklerle meşgulken ısırır, çiğner, yutarsınız. Bedeniniz yemiş, ruhunuz seyredememiştir. Ama bir de yaptığınızı seyredin: Rengiyle, tasarımıyla Yaratıcınızın ikram ettiği bir hediye paketi olduğunu fark edin. Dikkatinizi dilinizin aldığı lezzete odaklandırın. Sevgilinin ikram ettiği bir bardak su gibidir o. **Sunan sevgilinin varlığının verdiği sevinç, suyu yudumlamanın verdiği lezzeti gölgede bırakır.** Damağınızın her köşesindeki lezzeti hissedin. Büyüyerek hücrelerinizi titretecek olan sevinç, tüm aşklarınızı gölgede bırakacaktır.

Özel olayları nasıl yaşamayı tercih ediyorsunuz? **Ruhumuzu her yaptığımıza bulaştırmazsak, cansız taştan ne farkımız kalır?** Hayat bir akıştır; **cansızlar bedenleriyle yaşarlar hayatı,**

canlılar ruhlarıyla yaşarlar. Eğer bedeninizin hayatının bir saniyesini ruhunuzla yaşamadıysanız, o saniye ölü geçmiştir. Öyle insanlar vardır ki, bir günün on saniyesinde bile canlı değildirler; oysa yaşadıklarını sanıyorlar. **Bedenimizin yaşadığı güzel hayatı, ruhumuza da yaşatalım.** Böyle yaparsak, tattığımız bir damla bal bizi dağlarda, vadilerde, arıların vızıltıları arasında dolaştırır.

b) Mekanlar

Bazı mekanlarda ruhsal enerjiler birikmiştir. O mekanlarda insanların ruhları sarsılmış, mânevi bulutlar o mekanların taşına toprağına sinmiştir.[48]

Bazı mekanlarda ruhsal enerjiler birikmiştir.

Bir Musevi Kudüs'teki Ağlama Duvarının önüne vardığında, hıçkırmaya başlar. Hemen her Müslüman, Hacca gittiği Mekke'de heyecanla ve coşkuyla ağlamıştır. Deprem bölgesine gittiğimizde, daha kimseyle buluşmadan önce gözyaşları nutkumuzu tutuyordu. Çağrışımdan değil, gerçek bir enerji akımından söz ediyorum.

Bazı mekanlar, orada bulunduğunuz anda, sizinle birlikte aynı mekanı paylaşan diğer insanların ruhsallığıyla doluşmuştur. Orada yalnızca kendi duygunuzu değil, kendilerini görmediğiniz; ama, ruhsal enerjilerini algıladığınız insanların hislerini de paylaşırsınız.

Mabetler, fakirlerin ve yetimlerin çoğunlukla yaşadığı sokaklar, yetimhaneler, yaşlılar yurdu, deprem ve felâketlerin yeni yaşandığı beldeler...

[48] Ruhsal algıları gelişmiş bir duru görü medyumu, eline aldığı paraya dokunarak, o paranın yıllar içerisinde kimlerin ellerinden geçtiğini görebiliyor. Anlaşılıyor ki, evrende yaşanan her şey evrenin her köşesine kaydediliyor.

c) Tarihler

Bazı tarihleri farklı kılan, insanların onlara yüklediği anlam ve bu anlam sayesinde paylaştıkları ortak duyguların ruhsal ortamı değiştirmesidir. O tarihlerde meydana gelen olaylar yüzünden, yıldönümleri geldiğinde ortak duygular harekete geçiyor.

Müslümanlar için dini bayramlar ve Ramazan ayı, Hıristiyanlar için Pazar günü, Sosyalistler için 1 Mayıs, Amerikalılar için Şükran Günü; herkes için doğum, ölüm veya evlilik yıldönümleri; baharın geldiği ilk günler, sonbaharın ilk günleri, kışın ilk kar yağışının yaşandığı zamanlar...

Özel tarihleri çok etkin ve güçlü kılan, insanların o tarihlere duygusal olarak yoğunlaşmalarıdır. Eğer tüm insanlık aynı gün ve aynı dakikada, aynı duayı yapsaydı, evrenin kaynağından kopup gelen enerji dünyayı sarsardı. Mahesh Yogi iki bin yogisiyle bunu ispat etmeye kalkışmış, tezini destekleyebilecek veriler elde etmiştir.

Özel tarihleri çok güçlü kılan, insanların o tarihlere duygusal olarak yoğunlaşmasıdır.

Eğer Türkiye'nin 65 milyon insanı, karar verilen bir günün tam aynı dakikasında ruhsal içtenlikle, "terörün yok olması" için güçlü duygularla dua etseydi, bu ülkedeki terör o dakikadan itibaren son bulur; eline silâhı alıp öldürmeye kalkışanın sıktığı kurşun, geri dönüp beynine saplanırdı.

Ne yazık ki biz, kırk farklı düşünceden ve inançtan kırk farklı nedenlerle birbirimize karşı bileniyoruz; hayatı çocuklarımıza zehir ediyoruz. Bir insan, benimsediği kimlik adına da hareket etse, cinayet örgütüne nasıl sempati duyar? Bir insan, kendisine muhalif diye, inanç hürriyetine müdahale edilmesini nasıl "oh olmuş" diyerek destekleyebilir? Başka kimse suçlu değil; bize ödetilen, bencilliğimizin bedelidir.

Toplumun bir kısmı teröre lânet okurken, diğer kısmı dua ediyor veya ilgisiz duruyor. Aslında bir toplumun başına gelenin temel nedeni, o toplumun duaları, dilek ve niyetleri toplandığında oluşan anlamdır. **Toplumların geleceğini belirleyen, medyanın oluşturduğu hayali kamuoyu değil, toplumun niyetleri ve duyguları toplandığında oluşan ruhsal kamuoyudur.**

Kaderin Sahibi, toplumlar üzerinde hükmetmek üzere istekleri toplarken, kişi sayısına bakmaz, isteklerin yoğunluğuna bakar, parmak hesabıyla değil, ruhsal yoğunluk hesabıyla ölçer. Her biri yüzde yüz duygu yoğunluklu olan 10 kişinin duası, her biri yüzde bir duygu yoğunluklu olan 999 kişinin duasından daha baskın çıkacaktır. **Beş bin ilgili ve duyarlı insan, elli milyon ilgisiz ve duyarsız insanı istediği gibi sürükler.** Sürükleniyorsak ilgisizliğimiz yüzündendir.

3. DUYGU VE İHTİYAÇLAR

Hayalleri olan uyuşuk ve tembel bekleyemez.

Duyguyu ihtiyaçlar üretir. **İnsan bilmediğine muhtaç değildir; muhtaç olmadığından heyecan duymaz, heyecan duymadığına talip olmaz** ve talip olmadığı da kendisine verilmeyecektir. Şimdi neredeyse herkesin elinde bir cep telefonu var. Oysa 20 yıl önce kimse böyle bir ihtiyacı bilmiyordu. Afrika çöllerinde yaşayan yerlilerin çoğu hâlâ buzdolabı ihtiyacından habersizdirler. İşte keskin duygular üretmenize katkı sağlayacak iki yöntem:

a) Karşılanmamış

Henüz karşılanmamış ihtiyaçlarınızı düşünün. Ölümsüz bir hayat, sınırsız bir dünya, ilim ve mânevi zenginlikler kalbinizin yalvararak istediği güzelliklerdir. Ümitsizlikler, yenilgiler, ihanetler ve sabırsızlık sizi istemekten vazgeçirmişti. Yeniden canlandırın.

Hayalleriniz ve arzularınız gerçekleşmeseler bile, en azından hayatınızın çalışmalarla ve üretimlerle dolmasına yol açarlar. Çünkü hayalleri olan, uyuşuk ve tembel bekleyemez.

Ebedi kaynağımızı, tatmamız, tanımamız ve sınırsızlarına talip olmamız için dünyaya serpilen sınırlı kaynaklarla karıştırmayalım. "İhtiyaçlar sınırsız, ama kaynaklar sınırlı" tezi, beşeri iktisat için geçerli. **Mevcut kaynaklar sınırlı; ama, potansiyel kaynaklar sınırsızdır.**

Bugün insanlığın ulaştığı pek çok değer, asırlar önce imkânsızdı, hayaldi. İnsanlar her yeni hayalin imkânsız olduğunu düşünmek gibi bir hataya düşebiliyorlar. Uçak imkânsızdı, televizyon imkânsızdı. **İhtiyaç duyduğunuz hiç bir şeyin gerçekleşmesi imkânsız değildir.** Her yeni üretimin ardında bir ihtiyaç yatmıştır.

Acıkmasalardı, kuşlar sokaklarda cıvıldaşmayacaklardı. Paraya, eşyaya veya dostluğa ihtiyacımız olmasaydı, sabah akşam şehirlerin sokaklarında koşuşturmayacaktık. İhtiyaç candır, harekettir. **Anlamalısınız; ihtiyacınız kalmasaydı, hayata tahammül edemezdiniz.** Yeryüzünde değer namına ne varsa, sadece ihtiyaçlar yüzünden üretildiler. Daha büyük değerler üretebilmeniz için daha büyük ihtiyaçlar belirlemenizi; belirleyemiyorsanız, uydurmanızı öneriyorum.

İhtiyacınız kalmasaydı, hayata tahammül edemezdiniz.

Daha iyisine ve daha fazlasına olan ihtiyacımız bittiğinde, gelişme yolunda çalışmamız durur. İhtiyaçlarınızın tepesine öyle büyük bir ihtiyaç koyun ki, hayatınız boyunca ona ulaşmaya devam edeceğiniz kadar uzakta olsun. Ona ulaştığınız gün, dünyanın ötesine uçtuğunuz gün olsun. **Arzuları ve hedefleri sınırlı olanlar, hayatlarının sonuna kadar gelişmeye devam edemezler.**

b) Karşılanmış

Karşılanmış ihtiyaçlarınız üzerinde düşünün. Görme duyunuzu yitirseydiniz, onu geri almak için tüm servetinizi feda ederdiniz.

Bir de size nelerin verildiğine bakın ve bir an, onlar verilmeseydi ne durumda olabileceğinizi hayal edin. Size verilenler de, sizin ihtiyaçlarınız arasındadır. Verildikleri için, onlara muhtaç olduğunuzu hissetmiyorsunuz. Oksijensiz kalıyor musunuz? Hayattayken hiç taktir etmediğiniz insanın peşinden, ölümünden sonra ağlamak neyi ifade eder?

Sıcak evimizin değerini anlamamız için depremin veya savaşın onu yerle bir etmesi gerekmiyor. Çaresiz düşünce sağlığın değerini kavrıyoruz.

Değerini kavramak zorunda mıyım? Kesinlikle, çünkü hayatın içindeki zevki kavramanın yolu değerini kavramaktır. **Hayatımız değerini kavradığımız ölçüde heyecanlı geçecektir.** Dahası güzellikler arttırılarak dağıtılırken, sadece değerinin bilinip bilinmediğine bakılıyor. Bir liranın önemini bilmeyen kimse, alın teriyle zenginlik üretememiştir. **Evliliğin değerini kavrayamayan, mutlu bir evlilik kuramamıştır.**

Hayatımız değerini kavradığımız ölçüde heyecanlı geçecektir.

Çiçekleri ve ormanları sevebilmemiz için ürettikleri oksijenden mahrum kalacağımız günü yaşamak zorunda değiliz. Gök çatı altında güvenli yürüyebilmenin ne büyük mutluluk olduğunu görebilmemiz için, yaşadığımız şehre bir göktaşı düşmesini beklememeliyiz.

Karşılanmış ihtiyaçlarınızın yokluğunu hayal edemiyorsanız, geçici bir süre onlardan kendinizi mahrum edin. Ama bu mahrumiyette kendinize ve başkalarına zarar vermeyecek bir dengeyi de korumalı ve sadece hissetme amacına odaklanmalısınız. Eskiden bazı veliler, hayatın ne kadar değerli bir ilahi hediye olduğunu anlamak için bahçelerine kazdıkları mezarın içerisinde uzanıp tefekkür ederlerdi. **Ölümü hiç hatırlamayanın yaşama sevinci sahtedir, yanıltıcıdır.** Kimse ölümü bilen kadar hayatına sarılamaz; kimse ölen kadar yaşamayı arzulayamaz.

Suyun değerini hayal edemiyorsanız, bu gün su içmeyin. Size pişirdiği yemeklerin kıymetini bilmiyorsanız eşinize rica edin, iki akşam sizin için yemek yapmasın. Evinizin kıymetini algılayamıyorsanız, bir gece kapınızın önünde sabahlayın. Gözlerinizin kıymetini anlayamıyorsanız, gözlerinizi bağlayın ve bir saat işlerinizi göremeden yapmaya çalışın. Canınız sıkılırsa hemen vazgeçmeyin, kendinizi eğitiyorsunuz. Geleceğinizi değiştirecek bir saati feda edebilirsiniz. Öyle bir anlayabiliyoruz ki! Anladığımızda gözlerimizden ışık saçılıyor.

Bir akşam ben böyle düşündüm, dünyanın en zengin padişahı olduğumu hissettim. Bu müthiş zenginliğin sevinci, onları benden gizleyen nankörlüğümün pişmanlığıyla yoğruldu.

4. VÜCUDU TEMİZLEME

Ruhun bedendeki konumu, sürücünün arabadaki konumu gibidir.

İç dengesi bozulan, zehirli maddelerin işgaline uğramış vücudun hormon dengesi bozulur. **Vücudunu kontrol etmekte zorluk çeken beyin, duyguları etkin şekilde algılayamaz.**

Hızlı Okuma§Etkili Öğrenme Seminerlerinde, zihinleri yavaşlatan en büyük engel olarak gördüğümüz bu durum, vücudun kirliliğinden kaynaklanır. Vücudumuz içerden temiz değilse, başarı teknikleri işimize yaramaz; çünkü kirli vücut, hayallerimize ayrılacak bir enerji bırakmaz, her şeyi tüketir. Çabalarız; ama, başkalarının bir güne sığdırdığı başarıya ancak aylar içinde ulaşabiliriz. Seminerlerde bir taktik değişiklik yaptım ve her seminere, vücudu zehirden temizlemeye yarayan "**Süper Sağlık**" tekniklerini anlatarak başladım.[49]

Bu teknikleri uygulayanlardan ODTÜ fizik bölümü öğrencisi Emre Onur, bir yıl sonra bana e-posta gönderdiğinde, geçen süre içinde zayıflarını nasıl yok ettiğini ve şeref öğrencileri arasına girmesine imkân tanıyan sırrın ne olduğunu anlatmıştı.

[49] Bu konudaki çalışmalarımızla ilgili bilgileri http://www.yetenek.com web adresinden okuyabilirsiniz.

Arzularınızın gücü ve şiddeti ile vücudunuzun iç temizliği arasında tam bir paralellik vardır. Tahrip edilen bedenleri yöneten ruhlar, zorlanmaya mahkûmdurlar. Enerjisinin tamamını vücudunuzu canlı tutmaya çabalarken harcayan ruhunuzun, hangi entelektüel çabanızda size yardımcı olmasını bekliyorsunuz?

Ruhun bedendeki konumu, sürücünün arabadaki konumu gibidir. Lastikleri aşınan, motoru yorulan, balataları tükenen ve frenleri tutmayan bir arabayı, umduğunuz kolaylıkta yönetemezsiniz. Sürücü, Herkül kadar güçlü değilse, hurdaya çıkmış bir arabayı omuzlayıp yürütemez. Temel yürütücü sistemler çöktüğünde, sürücünün yapabileceği tek şey, arabayı terk etmektir ki, son nefesimizde vücudumuza yaptığımız budur.

En başarılı insan, ruhuyla bedeni arasında denge kuran insandır.

Bedeninizi, trilyonlarca müstakil canlardan oluşan hücrelerin buluşturulduğu bir gökdelen olarak görün. Bu gökdeleni ayakta tutan, işleyişini sağlayacak mekanizmaların düzenli çalışmasıdır. Damarlarınız daraldığında, böbrekleriniz hasar gördüğünde, mideniz bozulduğunda, hücreleriniz çevrelerine biriken çöpler yüzünden esnekliklerini yitirdiklerinde başınıza gelen, bozulan arabanızın başına gelen gibidir.

En başarılı insan, ruhuyla bedeni arasında tam bir denge kuran, bedeni kolay yönetilir bir hâlde tutmayı başaran insandır. Bazıları sırtlarında, vücut nâmına, kamyon gibi bir ağırlık taşır. Merdivenlerden çıkarken nefesleri kesilir, yataktan kalkamazlar, dizleri bir saat yürümeye dayanmaz.

Böyle insanların sevebileceklerini, yaşamaktan ve gülmekten zevk alabileceklerini sanmayın. Onlar kalplerine inemezler, coşkuyla gülemedikleri gibi, sevinçten de ağlayamazlar.

Bizim, beyin veya zihin yorulması dediğimiz şey, hantallığı yüzünden vücudun aşırı enerji harcaması ve bu suretle diğer faaliyetlere yeterli enerji ayrılamamasıdır. Beyinlerini kullanmayanlar, uyarı sinyalleri gelinceye kadar, neler olup bittiğinin farkında olmayabilirler. Hafızalarını yoklasınlar; öğrenmeye, konuşmaya, yazmaya, entelektüel bir eser üretmeye kalksınlar. Vücutları kendilerine yeterince yardım ediyor mu?

Bazı küçük fakat çok önemli önerilerde bulunacağım. Bu önerileri dikkate alırsanız, beyninize giden oksijen ve glikoz miktarını arttırırsınız. Beyninizin aktif ve hızlı çalışmasını sağlayan nörotransmitter ve diğer kimyasal maddelerin yeterli miktarda beyninizde hazır bulunmalarını sağlarsınız. Vücudunuzu temizlersiniz ve daha az enerjiyle yönetilmesine imkân verirsiniz. Çabanız size hafiflik, rahatlık, zihinsel keskinlik ve derinleşebilir duygular olarak geri dönecektir. İşte gerekenler:

a) Beslenme

Çayı günde 9 bardaktan fazla içmeyin.

❑ Midenizin üçte birini sürekli boş tutun. Bol su için - günde ortalama 2-litre- veya bol sulu yemek yiyin. Kırmızı et ve hatta tavuk etini azaltın. Balık etini istediğiniz kadar yiyebilirsiniz. Protein ihtiyacınız için günde bir adet yumurta yeterlidir.

❑ Bir ay boyunca oruç tutun veya zaman zaman aç kalın. Bol sulu sebzelerle ve meyvelerle beslenin. Ekmeği, hamur türlerini ve kuru gıdaları başarabileceğiniz kadar azaltın. Ancak yavaş yavaş yapın bunu; birden azaltırsanız, ardından aşırı yemek isteğiyle savaşmak zorunda kalabilirsiniz. Kahvaltınıza yüklenin, ama akşamları neredeyse aç kalacak kadar az yiyin. Öğün aralarında mevsimlik meyveler dışında atıştırmaya kesin olarak son verin.

❑ Çayı günde 9 bardaktan fazla içmeyin, fazla tuzlu yemeklerden ve tüm tatlılardan uzak durun. Lokmayı aşırıya kaçacak kadar çiğneyin. Küçük lokmalar alarak ve fazla çiğneyerek, biraz da oyalanarak yavaş yemeyi başarın.

❑ Her gün bir kaşık bal yiyin, bir bardak sıkılmış portakal ve greyfurt suyu karıştırıp için. Hastalıklardan kurtulmak istiyorsanız, günde bir kaşık çörek otu yiyin veya yemeklere, çöreklere katın.

b) Soluma

❑ Sabah ve akşam, günde hiç olmazsa iki defa, daha ilgiliyseniz günde birkaç defa, diyaframdan derin soluma çalışması yapın. Bir birim zamanda burnunuzdan derin soluk alın, bunun dört katı zaman birimi içinde akciğerlerinizde tutun ve iki birim zamanda ağzınızdan geri verin. Soluğu bir saniyede almışsanız, dört saniye tutacaksınız, iki saniyede vereceksiniz. İki saniyede almışsanız süre: 2/8/4 saniyedir.[50] Her seansta bu çalışmayı en fazla 25 defa yapmalısınız. Her gün mutlaka yapın.

Vücudunuzu ortalamanın üzerinde hızlı hareket ettirin.

❑ Fırsat buldukça oksijeni bol ovalara, dağlara, nehir veya deniz kenarlarına gidin. Odalarınızı havalandırın.

c) Kondisyon

❑ Haftada üç gün yürüyüş veya benzeri hafif bir spor yapın. Spor süresini üçe böleceksiniz: İlk 15 dakikayı ısınmaya, devam eden 20 dakikayı, ısınmış hâlde biraz zorlayıcı yürümeye/egzersize ve son 10 dakikayı kullandığınız dokularda biriken kanın vücudunuza yeniden dengeli dağılabilmesi için yavaş hareketlerle soğumaya ayıracaksınız.

❑ Süresi 45 dakikaya ulaşmayan spor vücudunuzu temizleyen süreçleri yeterince aktif hâle getirmez. Aniden, ısınmadan, yoğun çalışırsanız kalbiniz için bu da çok tehlikeli. Spor esnasında konuşamayacak kadar nefes nefese kalmışsanız, vücudunuzun

[50] Bu oranlama ve bu bölümde yer alan bilgilerin önemli bir bölümü Anthony Robbins'in "Sınırsız Güç" isimli kitabında verdiği bilgilere dayanmıştır.

kapasitesinin üzerine çıkmışsınız demektir. Temponuzu adım adım arttıracaksınız. Damarlarınız açıldıkça, her hafta hızınızı arttırabilir, 6 ay sonra fırtına gibi esebilirsiniz.

❑ Vücudunuzu ortalamanın üzerinde hızlı hareket ettirin. Hızlı yürümek, hızlı temizlik yapmak gibi... Zaman sorununuz yoksa, işleri, elektronik aletlerin yerine bedensel hareketlerinizle yapmayı tercih edin.

❑ Stresli hayat, kaslarınızı gererek aşırı enerji harcamanıza ve zamanla sinir sisteminizin tahrip olmasına neden olur. Vücut kaslarınızı sık sık gevşetin. Boynunuzu, omuzlarınızı ve tüm gövdenizi gevşetin.

d) Uyku

Uygun zaman aralıkları dışında uyumak vücuda zarar verir.

❑ Bilimsel araştırmalar, Güneş ışıklarıyla harekete geçirilen melatonin hormonunun belirlediği biyolojik saatimize göre, iki farklı uyku dalgamız olduğunu tespit ediyor. Bu dalgalar gece (23,00-06,00 arası) ve gündüz (12,00-13,00 arası) olmak üzere iki dönemde bizi kuşatır. Gece uykusu dışında, öğlen arası 30 dakikalık uyku fırsatı üretin. Zamanınız yoksa 15 dakika dinlenmek de işinize yarayacaktır.

❑ Sabah uyandıktan sonra tekrar sürdürülen veya günde sekiz saati aşan uykunun her dakikası vücudu tahrip eder. Dahası uygun zaman aralıkları dışında uyumak, vücuda zarar verir. Gereğinden fazla uyuduğunuzda, sabah erkenden (Güneş doğmadan önce) kalkmadığınızda, öğle olmadan önce veya gürültülü ortamlarda ve özellikle yemekten hemen sonra uyumaya kalkıştığınızda, biriken sorunlarınız mutlaka bir noktada patlayacak ve tüm birikimler intikamını birden alacaktır. Depresyonun en güçlü besleyicisi düzensiz uykudur.

5. AKTİF EYLEM PLANI

Aşağıdaki tabloya göre çalışırsanız, altı ay içinde duygularınızın kökten değiştiğini fark edeceksiniz:

DUYGU GELİŞTİRME AKTİF EYLEM PLANI		
Temel Konular	**Ayrıntı Konular**	**Olay-Ürettiği Duygu-Hatırladığım İstekler**
Olumlu Duygular	Sevgi	O ağacı sevdim, bana hayalimdeki bahçeyi hatırlattı.
	Şefkat	Komşunun çocuğunu sevdim, bana çocuğumu hatırlattı.
	Heyecan	Güneşin doğuşunu seyretmek için balkona çıktım.
Duygu Fırsatları	Özel Olay	Arkadaşımdan bugün mektup aldım, iletişim yeteneğimi geliştireceğim.
	Özel Zaman	Akşam birlikte yemek yiyeceğiz, mutlu bir aile olmak için çalışacağım.
	Özel Mekan	Sabah hastanenin önünden geçtim, sağlığım için daha dikkatli olacağım.
İhtiyaçlarla Duyguları	Karşılanmış	Göremediğimi hayal ettim, görmekten mutlu oldum, çalışacağım.
	Karşılanmamış	Kitabımın yayınlanacağı günü düşünerek heyecanlanıyorum.
Vücudu Temizle	Beslenme	Bugün yemekleri iyice çiğniyorum, sağlığım gelişiyor.
	Uyku	Rahat ve derin uyuyacağım, dinlenmiş zihinle daha etkin çalışacağım.
	Soluma	Şimdi derin soluma çalışması yaptım, beynim güçlendi.
	Kondisyon	Bugün sabah 45 dakika yürüdüm, daha güçlüyüm.

Özetle Ne Yapmalı?

1. Olumlu Duyguları Güçlendirin

Şefkat, sevgi ve heyecan duygularınızı güçlendirecek egzersizler yapın. Bu duygular aracılığıyla kazanacağınız büyük gücü, hedeflerinizi ve hayallerinizi hatırlamakta kullanın.

2. Duygu Fırsatlarını Kullanın

Özel olaylar, özel mekanlar ve özel tarihler farklı ve derin duygular üretmenizi sağlayacak fırsatlar barındırırlar. Bu durumlarda yakaladığınız duyguları isteklerinizle ve hedeflerinizle birleştirin.

3. İhtiyaçlarla Duygulanın

İhtiyaçlar duygu üretirler. Geleceğe yönelik arzularınız ihtiyaçlarınızdır. Arzularınızı büyüterek ihtiyaçlarınızı büyütün. Karşılanmış ihtiyaçlarınız çok önemlidir. Onlardan mahrum kaldığınızı hayal ederek, hayal edemiyorsanız kendinizi mahrum bırakarak ne kadar değerli olduklarını hissedin. Bu iki kaynağı kullanarak ulaşacağınız derin duyguların hedeflerinizle ve isteklerinizle birleşmesine izin verin.

4. Vücudunuzu Temizleyin

Vücudun zehirli ve atık maddelerden temizlenmesi, duyguların daha etkin kullanılmasına imkân verir. Beslenmenizi, uykunuzu, solumanızı ve kondisyonunuzu yeniden yapılandırarak vücudunuza bu rahatlığı kazandırın.

Özetleyen Sözler

◆ Seyredende merak ve heyecan uyandırmayan hayat, onu yaşayanın kalbinde de donuk ve değersizdir.

◆ Duygu maddeyi şah damarından yakalar; çünkü duygu maddeyi oluşturan enerji dalgasının kökeninden gelen bir esintidir.

◆ Düşündüğümüzü başaramamamızın asıl nedeni, düşüncelerimizin duygu üretememesidir.

◆ Duygular bir defa istemenin gücünü, bir milyon kez istemek kadar büyütebilir. Sesi çığlığa dönüştüren duygudur.

◆ Para dağıtıldıkça azalır; ama, duygu dağıtıldıkça artar.

◆ İsteklerinize yüklediğiniz duygular ne kadar yoğunlaşırsa, onlara ulaşmak için harcamanız gereken emek, o kadar azalacaktır.

◆ Heyecan, sadece sürekli yenilenmeyi ve farklılaşmayı başaran hayatı kuşatır.

◆ Büyük isteklerin ilk karşılığı, büyük heyecanlardır.

◆ Beş bin ilgili ve duyarlı insan, elli milyon ilgisiz ve duyarsız insanı istediği gibi sürükler.

◆ İnsan bilmediğine muhtaç değildir; muhtaç olmadığından heyecan duymaz ve heyecan duymadığına talip olmaz.

ISRAR GÜCÜ

Vazgeçmediğiniz sürece ruhunuz sizin adınıza gece gündüz ısrar eder.

I- NEDEN ISRAR GÜCÜ?

İsteme sürecinde neden ısrarı kullanacaksınız?

GİRİŞ

Önce ağaç ve sonra da meyve olmayı bekleyen çekirdek gibi ısrar edeceksiniz. **Düşünmekte ve inanmakta ısrar edemeyen, davranmakta ısrar edemez.**

Israr, ruhsal zeka'nın bereket boyutunu temsil eder. Azın çok olmasının, yokluktan varlığa sıçrayış hızının katlanmasının yoludur.

Formül şudur: **Başarı Düzeyi=Israr x Eylem.** Eylem kapasitesi insanın gücüyle, ısrar kapasitesi ise evrenin ömrüyle sınırlıdır. Israr yoksa başarı yoktur; ısrarsız bir tane başarı gösterilemez.

Aynı çalışmaları sürdürmekte zorlanabilirsiniz; ama, aynı şeyleri düşünmekte ve hissetmekte kolaylıkla ısrar edebilirsiniz. **Öncelikli ısrar, zihinsel ısrardır; ısrar içinizde yaşadığı sürece, tüm tutum ve davranışlarınızı yönetmeye devam eder.**

Başarının gelişimi çoğu zaman bilinçsiz gayretlere bağlıdır: Zihninize kabul ettiğiniz düşünceyi engellemezsiniz. Durduğu yerde inanca dönüşür ve yıllar sonra sizi değiştirir.

Israrın bir yönü bilincinize bağlıdır; düşünmeye ve davranmaya devam ederek ısrar edersiniz. Diğer yönü ruhunuza bağlıdır: **Vazgeçmediğiniz sürece, ruhunuz sizin adınıza gece gündüz ısrar eder.**

Israr sabra, sabır zamana ihtiyaç duyar. Ağacınızı hemen şimdi dikeceksiniz; çalışmaya başlayacağınız an şimdidir. Yaptığınızın şimdi ve çalışma boyunca alacağınız ücreti, kalbinizi kuşatan coşku olacaktır. Tarihe adınızı yazdıracak başarı, ömrünüz boyunca ağaç yetiştirmektir; meyve yiyerek ömür tüketmek değil. **Sizi yediğiniz meyvelerle değil, yetiştirdiğiniz ağaçlarla anarlar.**

En değerli meyve, bir hayata mal olan meyvedir. Çoğu bitkiler meyvelerinin hangi sofraları süslediğine şahit olamadan ölmüştür. **Büyük insanlar, insanlığı ne kadar değiştirdiklerini dünya gözüyle göremediler.**

Sizi yediğiniz meyvelerle değil, yetiştirdiğiniz ağaçlarla anarlar.

1. ISRAR NEDİR?

Israr, düşüncenin, duygunun, eylemin, yani topyekün "bir yaşama biçiminin" periyodik olarak tekrarlanmasıdır:

a) Tekrar Sıklığı

Hayatınızı günlük bloklara bölün ve bir günlük planınız üzerinde düşünün: Bir güne ne kadar ısrar ve tekrar sığdırıyorsunuz?

Hırs bizi depresyona, yılgınlığa ve başarısızlığa sürükler: **Hırs, sabrımızı taşırır, her şeyi hemen şimdi isteriz.** Bu yüzden sinir sistemlerimizi parçalarcasına zorlarız; ertesi gün sistemlerimiz çöker ve vazgeçmek zorunda kalırız. Oysa günde -ama her günde - bir kaç dakika, bizi çok daha başarılı yapacaktı.

Israr, iki yönü keskin bir ok gibidir; aralıklı ısrar engelleri, aralıksız ısrar da sahibini parçalar. Kalp, her vuruşunun ardından kısa bir dinlenme devresi geçirir: Günde 100 bin defa çarpar, 100 bin defa dinlenir.

Aralıklı okuyan öğrenci, yılda 500 kitap okuyabilir; aralıksız okuyan 48 saatte çöker, hiçbir kitap okuyamaz hale gelir. Dolayısıyla tekrarlamanın periyodik olması; yeniden güç ve enerji almak için küçük aralar verilmesi gerekir. "Böl, parçala, yut" tekniği, ancak ısrar sayesinde işe yarar.

Bazıları tekrarda aşırıya kaçarlar, aşırılık ruhsal gerginliğe, gerginlik yılgınlığa ve yılgınlık vazgeçmeye, başarısızlığa götürür. Her saniye çalışmak müthiştir; ama her saniye aynı şeyi yapmak çok tehlikelidir. **Başarı çok çalışmayı gerektirir; ama başarısızlığın birinci nedeni, dinlenmeksizin çalışmaktır.**

İşimizi günde beş veya on defa tekrarlayabiliriz. Hatta tüm günümüzü onunla doldurabiliriz. Ama yarım veya en fazla birer saatlik bloklar halinde çalışmalıyız. Bloklar arasındaki onar dakikalık dinlenme ve eğlenme fasılları, yeniden başlamamızı sağlayacaktır. Her günün gecesindeki rahat uyku, aynı şeyi ertesi gün de tekrarlayabilmemizi sağlayacaktır.

Israrın asıl etkisi, onu uzun süren zamana yaydığınızda gelişir.

b) Zamana Yayılımı

Israrın asıl olağanüstü etkisi, onu uzun süren zamana yaydığınızda gelişir. Bir günlük tekrarla bir aylık tekrarın sonuçları arasında uçurum oluşur.

Her yeteneğin yaklaşık %50 esneme payı vardır. Şimdi birazcık yoğunlaşsanız, daha hızlı yürüyebilir, daha hızlı okuyabilirsiniz. Ama şimdi %50'yi aşmaya kalkıştığınızda, tökezler düşersiniz. İki, üç, dört kat gibi artan performanslar, ancak zamanla gelişebilir. **Herkes şimdi hızlanabilir; ama çok azımız, süper hızlara ulaşabilmek için yıllarca çalışmayı göze alıyoruz.**

İnsan vücudu günde tek bir hurma ile yaşayabilir. Ama siz hemen bu sınırda beslenmeye kalkarsanız, açlıktan ölürsünüz. Gelişimi zamana yaymanız ve tüm sistemlerinizin yeni biçime adapte olmasını beklemeniz gerekir. Herhâlde bir bebeği yürütmek için onu vaktinden önce zorlamazsınız.

Yeteneklerimize aralıksız yüklenirsek kısa sürede strese boğuluruz, patlarız. İnsan, günün yarısında uyumaya zorlanır. İslâm, insanı çalışmasından günde beş defa alı koyar. Şu sözü ölçü almalıyız: "**Allah katında amellerin en sevimlisi, az da olsa devamlı olandır.**[51]"

Başarının sırrı, çaresizlik sınırının ötesine geçebilecek kadar ısrar etmekte gizlidir.

Israrın sizi götürdüğü öyle bir an vardır ki, o anda her şey karanlık ve imkânsız görünür. Mantık, çözümün imkânsız olduğunu söyler; çünkü kanunlar engeldir. Çünkü başvuru zamanı geçmiştir. Çünkü artık yasaktır. Öylesine büyük çabalarımdan vazgeçtim ki, birazcık daha ısrar edebilseydim, büyük sonuçlar elde edecektim. **Başarının sırrı, çaresizlik sınırının ötesine geçebilecek kadar ısrar edebilmekte gizlidir.**

Bazı işlerimi son bir dakika içerisinde çözebildiğimi bilirim. Eğer çözmek demek, ölümden kurtulmak demekse, son nefesinize kadar dayanmayacak mısınız? **Israr, son nefese kadar dayanmaktır.**

Ben de yenildim, yıkıldım, vazgeçtim. Pişman olup geri döndüm, yine yenildim; ama yine geri döndüm. Ya yapacağım, ya da yapacağım. Ölmediysem, yapmaya devam edebilirdim. Beynim hala çalışıyorsa, hala isteyebilirim, hala uykumdan fırlayıp çalışmaya koyulabilirim. Kalbimi söküp atmadıysam yine sevebilirim, yine, yine, yine. Ne zamana kadar? Son nefese kadar, gerekirse kıyamete kadar; az da olsa devamlı.

Ümitlerinizi kırarlar, kıskanırlar, küçümserler, taktir etmez-

[51] Hz. Muhammed (asm), Cami'us-Sağir 1:165 Hadis No:197

ler... On tane iyiliğiniz arasından bir tane kötülüğünüzü cımbızla çıkarıp yüzünüze savururlar. Hayat eğlence değil, hayat kurtarmak, hayata değer katmak oyun değil. **Hayatı fethetmek, Güneşi fethetmekten daha yüksektir ve hepimizi bu dünyada fethedilecek bir hayat bekliyor.**

c) Konu Faktörü

Ne yapmakta ısrar edeceksiniz? **Ekin ekmediğiniz toprakta sadece yaban otları biter.** Israrınızı dayandıracağınız önemli bir konunuz yoksa, zihniniz, tahrip edici konularda ısrar edecektir.

Çalışmanızla kendinizi özdeşleştirinceye kadar ısrar edeceksiniz: Şiirinizi okuyan sizi görecek; sizi gören şiirinizi okuyacaktır. İnsan en çok ne yapıyorsa odur. Ne olmak istiyorsanız onu devamlı yapacaksınız. Ders çalışmaksa her gün, heyecan dağıtmaksa her konuştuğunuzda, sevmekse her şeye baktığınızda.

Ekin ekmediğiniz toprakta, sadece yaban otları biter.

Neler yapmak istediğinizi belirlediniz: Bilgisayarı geliştirmek, yabancı dili ilerletmek, doktorayı tamamlamak, müzisyenliği olgunlaştırmak, ressamlığı geliştirmek... **Gününüzü planlamalı ve her gün hedeflerinizin her biriyle bir dakika bile olsa ilgilenmelisiniz.**

Çiçeğinizin saçılmış yapraklarından hoşlanıyorsanız, ona her gün bir bakış gönderin. Tebessüm etmek sevimliyse bir daha tebessüm edin. Leziz yemek pişiren eşinizin işine teşekkürle karşılık vermek güzelse, teşekkürünü unuttuğunuz bir akşam yemeği yemeyin. **Üşenerek ihmal edenler, ağır bedeller ödüyorlar.**

2. ISRARIN FAYDASI

Israr sayesinde başarınız hızlanacak, yetenekleriniz ve hedefleriniz kaybolmayacak, huzurunuz gelişecektir.

a) Zamanla Hızlanır

Ağaç tohumu, kök saldığı ilk yıl içerisinde yarım kilo büyüyebilir. Eğer aynı hızla büyüseydi, 20 yıl sonra 10 kilo olması gerekirdi; oysa o 20 yılda 20 ton olabilir. Zayıf yeteneklerinizi beslemeye devam ettiğinizde, gelecek aylar içinde yeterince gelişmediklerini sanarak yanılırsınız. **Gelecek yılları görmeden karar vermemelisiniz.**

Matematik basittir: Her gün bir dost kazansanız ve her dost size günde bir dost kazandırsa, tüm insanlar birkaç haftada sizin dostunuz olurdu. Birinci gün bir dostunuz, ikinci gün üç dostunuz, altıncı gün 63, onuncu gün ise 1023 dostunuz olacaktır. 100 gün sonra ortaya ne kadar büyük bir rakam çıkabileceğini tahmin edebiliyor musunuz?[52]

Bazı dâhiler, dehalarını, yürürken duydukları güçlü bir cümlenin rüzgârına borçludurlar.

Dağlardan duman çekilir veya tünelden çıkarsınız. O an, nerelere ulaştığınızı fark edersiniz. Sanki her şey birden değişmiştir. Oysa **değişmemiş gibi görünenler, içten içe değişiyorlardı.**

Bazı dâhiler, dehâlarını, yürürken duydukları güçlü bir cümlenin rüzgârına borçludurlar. Bir cümle zihinlerinde önemli bir çekirdek olmuş, zaman içinde onu geliştirerek olağanüstü bir kişilik üretmişlerdir.

Bataklığın içinde, bir kilometre ötedeki yeşil vadiye 100 metre yaklaşan adama bakın. Bataklıktan hala çıkamadığına bakarak, ilerlemediğini sanır. Biz acı vadisinin ortasına düşüyoruz. Çabalarımız sayesinde hayatımız değişmek üzeredir; ama, gele-

[52] 100'üncü günde ulaşacağınız dost sayısı inanılmazdır: 1.267.650.600.228.229.401.496.703.205.376,- Okuyabiliyor musunuz? Bu hesabı yapmak için matematikçi Ahmet Duran'ın yardımına başvurdum. Başarı yolunda böyle ilerlersiniz: Önce yavaş, sonra hızlı; önce kimsesiz, sonra herkesle. Önce bir tek kalple, sonra bütün kalplerle.

ceği görmüyoruz, kıyısına yaklaştığımız sahilden haberimiz yok. **Yıllarca süren hastalığımdan kurtulduğum gün, kurtulamayacağımı sandığım günlerden biriydi.**

b) Yetenek Kaybolmaz

Yabancı dil eğitimi alanların % 70'inin, öğrendiklerini bir süre sonra unuttuklarını biliyor musunuz? İngilizce eğitim veren ODTÜ veya Boğaziçi Üniversitesinden mezun olan binlerce öğrencinin bugün kaçının İngilizce konuşabildiğini sanıyorsunuz? Yabancı dillerini kullanmakta ısrar etmediklerinde, yetenekleri hızla kayboluyor ve kullanamaz hâle geliyorlar.

Bir gün elinizden kaçıracaksanız, niçin tutmak amacıyla ömrünüzü tüketirsiniz? **Yeteneği yakalamak zor; ama korumak veya kaçırmak çok kolaydır.** Zor olanı yapıyoruz da, kolay olanı erteliyoruz.

Aç mide nasıl küçülürse, çalıştırılmayan beyin de öyle zayıflar. Kullanmadığımız yeteneklerimiz zamanla körelir. Öğretmenseniz, öğretmek zorundasınız. Görevi biten karınca ölür. **Kulaklarını tıkayan, duyamaz hale gelir; sevmeyen, sevemez olur.**

Aç mide nasıl küçülürse, çalışmayan beyin de öyle zayıflar.

Yetenekleriniz, sizinle yapılmış ilahi birer sözleşmedir: Sözleşmelerine sadakatlerini bozanların sözleşmeleri feshedilir. Gerektiği gibi kullanmadığınız yetenek, elinizden alınacak; değerler, taktir edenlere sunulacaktır. Kederlerle doldurulan kaderlere bakın: Ayrılıklarda, kavgalarda, ihanetlerde aynı sırlar saklanıyor.

c) Hedef Kaybolmaz

Odaklandığımız dua, kalbimizden koptuğunda, onun bizi ulaştıracağı hedef de kaybolur. İpin ucunu bir kere kaybettiğimizde, dehşetli fırtınaların içerisinde onu yeniden yakalayabilmemiz, bize çok zaman ve irtifa kaybettirecektir.

Hedefini kaybeden bıraktığı yerden devam edemez. **Her gün sıfırdan başlarsanız, bir ömür boyunca sadece bir gün ilerleyebilirsiniz.** Başarı yolculuğu bir günlük değildir; hayat üniversitesinin diploması son nefeste verilecektir.

Alaşehir'deki askerlik günlerim boyunca, telaşla koşuşturan karıncaları izledim. Böcek taşıyan bir karıncaya takıldım; yolunu kestim, önüne taş koydum. Yarım saat boyunca, engellerin üzerinden, sağından veya solundan geçmeye çalışıyordu. Beni duygulandıran şey, engeli aştıktan sonra her defasında bir metre ötedeki giriş kapısına yönelmesidir. Karıncayı alıp uzaklara bıraktım. İlk fırsatta yine aynı tarafa yöneliyordu. Elindeki böceği aldım, yine tuttu, yine aldım, yine tuttu.

Psikolojik sorundan kurtulmak için önce sorunu bilinçten çıkarabilmek gerekir.

Sonra elindeki böceği zorla alıp uzaklara attım. Kısa süre bocaladı, durdu. Bir dakika içinde yeniden dolaşmaya, bir başka yerde yeni bir böcek cesedi aramaya koyuldu. Buldu ve yeniden evine yöneldi.

Bir ömrü onur verici bir ideale adamak budur; vazgeçmemek budur, süreklilik budur. Ben ki bir çaresizim... **Bu karınca kadar ısrarlı olmayı başarsaydım, dünyaya meydan okurdum.**

d) Huzur Gelişir

Israr zihni doldurur; başka konuların zihne girmesine engel olur. Eğer bilincinizi belli bir hedefle ilgili ısrarlarla doldurabilirseniz, diğer tüm problemler bilincinizden uzaklaşırlar.

Vietnam savaşında vücudunun yarısı felç olan bir bayan hastanın hikâyesi ibretlidir: Yaralı askerlerle birlikte hastanede yatıyordu. Kadına, telefona bakma görevi verdiler. Hastane bombalandı ve sağlık görevlilerinin çoğu öldü. İşine öylesine daldı ki, hastalığı bilincinden kayboldu; birkaç gün sonra ayağa kalktı ve yürümeye başladı. **Psikolojik sorundan kurtulmak için önce sorunu bilinçten çıkarabilmek gerekir.**

Bilincinizi dolduran büyük bir hedefiniz yoksa, dedikoduya dalacaksınız. Küçük olaylardan büyük kavgalar çıkaracaksınız. Hedefsiz ve ısrarsız insanlar başka ne yapıyorlar? Ayakkabı boyayarak yetim kardeşlerinin geçimine katkı sağlayan çocuğun hayallerine bile böyle değersiz olaylar giremiyor.

Psikolojik gerginliklerin birinci nedeni bir problemi bilince çağırıp onu binlerce kez tekrarlamaktır. Bilinç, bir düşünceyi çok yoğun tekrarladığında başka konuların araya girmesine izin vermez. **Zararlı saplantılardan kurtulmanın yolu, coşturucu hedefler bulmak ve onlara odaklanmaktır.**

Yüksek ruhlar, bedenlerini de peşlerinden sürüklerler.

Eğer problemlerle dolu çevreden kurtulamıyorsanız, zihninizde hedeflerinizden örülü özel bir çevre oluşturun. **Zihinsel uzaklaşmanın yolu, zihni farklı konularla tamamen doldurmaktır.** Israr edemeyenin zihni farklı düşünce dünyalarına dalamaz.

3. VAZGEÇMENİN BEDELİ

Vazgeçenler değişemezler, başaramazlar; kalıplarını, engellerini aşamazlar.

a) Değişememek

Değişememek bir çukurdan çıkamamaktır, bir kabuğu parçalayamamaktır. **Kabuğunu genişletemeyen ağaç ya kurur, ya da çatlar.** Civciv yumurtadan çıkarken kabuğuna defalarca darbe vurur. İlk darbe gerer, onuncusu çatlatır, yirmincisinde parçalanır. Oysa biz daha ilk kavgada, can dostlarına düşman kesilecek kadar ısrarsızız.

Bir tırtılın onu sıkı sıkıya saran kozasından çıkıp kelebek olması, saatler süren bir maceradır. Üç teşebbüsten sonra vazgeçenler, renkli dünyaları nasıl keşfedebilecekler?

İçinizden bir çığlık, "Ben yalnızca yüksek inançlara adanmak istiyorum" diyorsa, ruhunuz zirveye çoktan çıkmıştır. **Yüksek ruhlar, bedenlerini de peşlerinden sürüklerler.** Yüksek dağlarda yürüyorsanız, Soljenitsin'in sözlerini hatırlayın: "Bir çığlık bir çığ meydana getirir."

Mücadele devam edebildiği sürece yenilgi yoktur.

Bazıları değişmek istemediklerinden ısrar etmiyorlar. Demokrasiyi ister gibi görünüp de, onu kalbinden kurşunlayanlar gibi davranırlar. Onlar, "zengin olayım; ama çalışmam gerekmesin, şerefli yaşayayım; ama hiçbir ahlâkı tanımak zorunda kalmayayım" derler.

Firavun, tanrılık iddiasında öylesine katıydı ki, Musa Peygamberle (as) savaşmakta direndi: Kızıldeniz ortadan ikiye bölündüğünde bile, o hâlâ bu olağanüstülüğün sırrını sorgulayan kalbini susturuyordu. Kalplerin mühürlenmesi, kilitlenmesi budur. Deniz yeniden birleşip ordusuyla birlikte kendisini boğmaya başladığında gerçeği gördü; ama, artık geç olmuştu.

Gururlu ve kapalı insanların gelecekleri karartılmıştır: Onların kalpleri kilitlenir ve değişimleri imkânsız hâle gelir. **Bilgileriniz değişirse beyniniz değişir, beyniniz değişirse hayatınız değişir.** Sadece alay eden, yeni açılımları aşağılayan insan değişemeyecektir.

b) Başarısızlık

Güreşçinin yenildiği an, devrildiği an değildir. Bir daha ayağa kalkabilir; bir ömür boyunca defalarca ayağa kalkabilir ve yeniden devam edebilir. **Mücadele devam edebildiği sürece yenilgi yoktur.** Ama insan, devrilişlerin birinde, artık direnemeyeceğine karar verir; ısrarını terk eder ve yıkılır.

Vazgeçmemizin nedeni, bir güreşçi gibi kollarımızın çaresiz kalması, kas liflerimizin yırtılması değildir. Sapasağlam insanlar vazgeçiyorlar. Ruhumuzu yaratan Sınırsız Güce başvurmuyoruz. Yenilgiye razı oluyoruz ve boynumuzu teslim ediyoruz. Biz, kafaları kesilmek üzere beslenen tavuklar değiliz. **Bizler dudakları çatlayan çöllerin ufkunda, tükeninceye kadar yağmaya mahkûm denizleriz.**

Geçmişlerinde sıra dışı ilgiler geliştirenlerin, geleceklerinde sıra dışı yetenekler bulacaksınız.

4. ISRARIN YOLU

Geleceğinizi değiştirecek bir ısrar yolculuğuna çıkacaksanız, erken başlamalı, hemen istemeli; düşüncede, duyguda, inançta ve eylemde SÜREKLİLİK oluşturmalısınız.

a) Erken Başlamak

Kaderin ajandasında geleceğinizle ilgili bir randevu ayarlanmasını istiyorsanız, istemekte acele edin. Yarınki randevular, yıllar önce isteyenlerce doldurulmuş olabilir.

Kader sayfaları planlanmıştır. Herkes cumhurbaşkanı olmayacak; birisi satacak, diğeri alacak; birisi öğretecek, diğeri öğrenecek. Biletler tükenirse, bir sonraki otobüsü beklemek zorunda kalacaksınız. **Biraz gecikmeniz, sizi çok beklemeye mahkûm edebilir.**

Geleceğinizi oluşturmaya ne kadar erken başlarsanız, o kadar fazla yol alacaksınız. Yol uzun, fakat ömür kısa. Yol aynı, fakat bu yolda hepimiz aynı ısrarla yarışa devam etmiyoruz.

Hâlâ arzularını belirlemeyenler, doğdukları gün büyük işler yapmaya karar verenlerle yarışamazlar.[53] **Elde edeceklerimiz ne kadar büyükse, o kadar uzun süre istemiş olmalıyız. Daha yüksek olan, daha uzaktadır.**

Geçmişlerinde sıra dışı ilgiler geliştirenlerin, geleceklerinde sıra dışı yetenekler bulacaksınız. Yaşantısı herkes gibi olan, herkes gibi düşünen ve herkes gibi yaşayandır. Kimse bize erken yaşlarda büyük hedefler telkin etmemişse, bunu kendimiz için yapmaya başlayacağımız gün bugündür.

b) Hemen İstemek

İstemekte gecikirseniz, dağıtılırken alamama ihtimaliniz artar.

Değişimi başlatmak için bu kitabın bitmesini beklerseniz, gecikmiş olacaksınız. Burada beş dakika ayırın kendinize, gözlerinizi kapatın ve istediklerinizi birer birer kalbinizden geçirin. **Dünyadan ayrılacağınız gün yarın olsaydı, ötelere neleri başarmış bir ruh götürmeyi hayal ederdiniz?** Bir daha yapabilmenin ilk şartı, birinci defa yapabilmektir. Şimdi:

İlk adımı ertelemek yüzünden, yüzlerce adımdan mahrum kaldık. Açmadığınız kapıdan hiç giremeyeceksiniz. Ama bir defa girdiniz mi, artık ilerlersiniz, ilerlemenin bir yolunu mutlaka bulursunuz. **Denize atılmayan, yüzmenin bir yolunu bulmak için çırpınmaz.**

"Yarın başlarım" derseniz, "yarın" kıyamete kadar bugününüzün arkasına kaçar. Başarısızlıklarımın ardında gerçek bir düşman buldum: "Sonra yaparım" demek.

Arzularınızı kader defterine bir gün geç yazdırmak, bir hedefe on yıl geç ulaşmanıza neden olabilir. Şimdi belediye baş-

[53] En büyük insan, ilk duasını doğduğu gün yapmış; dünyaya gelir gelmez ümmetini düşünmüştür. Kimse daha erken isteyemez; o yüzden kimse daha büyük olamayacak.

kanlığına aday olmamışsanız, bir dahaki seçimler için dört yıl beklemek zorundasınız. İstemekte gecikirseniz, dağıtılırken alamama ihtimaliniz artar.

Belki dualarınız üzerinde yoğun çalışamayacaksınız. Belki diktiğiniz ağacın beslenmesine ayıracak fazla zamanınız olmayacak. Ama ben bir ağaç dikmiştim ve onun yetişmesi için 25 yıl boyunca hiçbir şey yapmadım, onu unuttum. Köyümü ziyaret ettiğim bir gün, o tarlanın başına vardığımda, çocuk kalbimle o ağaçsız toprağa bir fidan diktiğimi hatırladım. Orada tek başına duran kocaman bir ağacın etrafında dolaşarak, çocukluğumda diktiğim küçük ağacı arıyordum. Meğer benim diktiğim ağaç o kocaman ağaçmış.

Bir gün ilginç şeyler olur ve "ben bunu yıllar önce istemiştim" dersiniz. Siz hedeflerinizi ne zaman diktiniz? İlk iyiliğinizi ne zaman yaptınız? Toprağa sevgiyle bakmak da bir iyiliktir.

Arzuları terk etmek, yükselişi durdurmaktır.

Kişisel başarınız arttıkça, çevrenizin başarınıza katkısı da artar. Bir kişiye anlatırsınız, sözünüz dolaştırılır ve on kişi dolaylı şekilde sizden öğrenir. Bir kişiyi değiştirirsiniz, sizden etkilenir, gider beş kişiyi değiştirir. **Gecikerek kaybettiğiniz zaman, size destek olabilecek dünyanın başkalarının hizmetine sunulması anlamına gelir.** Müşteri başkasından satın aldıysa, yeni müşterileri de ona götürecektir.

c) Süreklilik Oluşturmak

Nice insan, başarı yolunda yükselir, çıktığı yerin rahatlığına ve gururuna dalarak tembelleşir, yere çakılır. **Nice insan da dereden atlarken ayakkabılarına çamur bulaşınca, bataklığa saplandığını sanır; ilerlemeyi durdurur veya geri döner.**

Bedenlerini sürekli besleyen insanların pek çoğu, yaşamaktan bitkin düşmüştür. Ruhlarını sürekli besleyenlerse asla yorulmazlar.

Her sabah yeni bir gün yaşamak zorundaysanız, ruhunuz "her gün aynı enerjiyle" dolmak zorundadır.

Ruhsal enerjinin üzerinize sürekli akışını sağlayan, içinizi alev alev kemiren isteklerinizin sürekliliğidir. İstekleriniz ve arzularınız sönseydi, yaşamak istemezdiniz, hiçbir çiçek size zevk vermezdi. Hayata niçin katlanıyorsunuz? Bazı sevgililer, hayallerini kaybettiklerinde göz kırpmadan canlarına kıyıyorlar. Kaybedilen hayallerdir, sevgililer değil. **Bir hayal sizi bugün coşturuyorsa, yarın da coşturur; o zaman zihninizde sürekli dolaşmasına izin verin.**

Arzuları terk etmek, yükselişi durdurmaktır. Coşturan hedeften kopmak, coşkudan kopmaktır.

Tamamını görünce beni yıldıran hedef, parçalara ayrılınca çok küçük kalmıştı.

Tehlikeli bir yolda durakladığınızda, engeller yolunuzu keseceklerdir. **Hızınız, engelleri ezecek kadar yüksek olmalıdır.** Kurşunların savrulduğu bir meydanda durmamalı veya uzun süreli duraklamamalısınız. Eğer hızla ilerlerseniz, yolunuza çıkanlar ya kaçarlar ya da ezilirler. **Rüzgarsanız, esip geçersiniz; tayfun iseniz, alıp götürürsünüz...**

5. SOMUT DENEYİMLER

Bazı ısrarlarımın sonuçlarını sizlerle paylaşmama izin verin:

a) Sınav Örneği

Büyük Millet Meclisinde uzmanlık sınavına başvurduğumda, önümde, çalışmak için kısa bir süre kalmıştı. Bir Vakfın sorumluluğunu yürütüyor, gelen öğrencilerin ihtiyaçları için koşuşturuyordum.

Okumam gereken kitapları üst üste koyduğumda bir metre

yükseklik oluşturmuşlardı. Günümün yarısını dolduran işlerimin arasında bu kitapları okumak ve kavramak zorundaydım.

Her ikisi bir arada beni yıldırıyorlardı. Bir gün boyu düşündükten sonra kararımı verdim: Hem işlerimi aksatmayacaktım, hem de bu kitapları okuyacaktım.

Bulduğum her boş dakikada masamın başına koştum. Ne mutfak işleri, ne telefon, ne çalan kapı zili, ne de öğrencilerle ilgilenmek çalışmamdan beni uzaklaştırabiliyordu. Okumamı kesen her işi hızla tamamladıktan sonra çalışma masamın başındaydım.

Önce tek kitap hariç, diğerlerinin tamamını gizledim. Her kitabı zihnimde bölümlere ayırdım. Böylece büyük hedefi küçük parçalara ayırmıştım. Tamamını birden görünce beni yıldıran hedef, parçalara ayrılınca çok küçük kalmıştı. Akşam veya yarın ne okuyacağımı hiç düşünmedim; sadece şimdi ne okumam gerektiğine odaklandım.

Ben hedefimde ısrarlıydım; kesin bir inançla hareket ediyordum.

Bir ay sonunda yapabildiklerim ilginçti. Bir yılda bitiremeyeceğimi sandığım tüm kitapları ikişer defa okuyabildim; üstelik hepsini tekrar etmeye fırsat bile bulabilmiştim. Böldüm, parçaladım ve yuttum. Bu çalışma, sınavı kazanmamı sağlamıştır.[54]

b) Bakanla Görüşme

Sağlık Bakanlığına Bağlı bir Sağlık Gurup Başkanlığında, çeşitli sıkıntılar yakınlarım nedeniyle bana sürekli geliyordu. Gurup Başkanı, kişisel sorunlarını sağlık personeline yönlendiriyor; bunaltılan personel, bölgeden tayin isteyerek kaçıyordu.

Sorunu çözmeye ve Gurup Başkanını durdurmaya karar verdim. İl Müdürüyle görüşmeler, milletvekillerine durumu iletme-

[54] Sınavdan önce telefonla arayan Karabük'lü küçük Zübeyir, beni sevdiğini ve sınavı kazanmam için çok dua ettiğini söylemişti.

lerim, bürokratlara başvurularım sonuçsuz kalıyordu. Bu teşebbüslerim sırasında, bürokrasi içinde, kötü niyet ve tutumların önlenmesinin ne denli zor olabileceğini fark ettim. Siyasilerin yanıltılmasının ne kadar kolay olduğunu gördüm.

Girişimlerimden vazgeçmedim ve sonunda dönemin Sağlık Bakanıyla görüşmeye karar verdim. Topladığım bilgileri dosya hâline getirdim. Bakanla görüşmek istediğimde, danışmanından özel kalemine kadar tüm noktalardan geri dönmeye zorlandım. Ama, **ben hedefimde ısrarlıydım; kesin bir inançla hareket ediyordum.** Beni geri çevirmek veya dosyamı benim adıma Bakana ulaştırmak isteyen tüm noktalara direndim.

Bütün mesele sınırın ötesine geçebilecek kadar ısrar etmektir.

Üç ay süren ısrarın sonunda öyle bir an yakaladım ki, Bakan makamında tek başınaydı ve kendisiyle görüşmeme izin vermişti. Dosyayı verdim ve sorunu anlattım. Yüzüme baktı; samimiyetimi okumuştu. Dosyanın özetini okuduktan sonra, Sağlık Müdürüne hemen telefon etti, iddiaların soruşturulmasını, bu sorunları çıkaran Gurup Başkanının görevden alınarak yerine uzman bir doktorun atanmasını emretti.

c) Evraklar

İl Sağlık Müdürlüğünden ve Ankara Valiliğinden geçecek bir tayin evrakını takip etmek zorunda kalıyorum. Telefonlar sorunu çözmüyor, araya girenler çözümleyemiyorlar.

Yanlış Vali Yardımcısına gittiği için evrakı bulmakla uğraşıyorum. Evrak yanlış yazılmış, geri götürüp düzeltiyorum. Vali'nin cenazeye gitmesi nedeniyle onu beklemek zorunda kalıyorum. İnanılmaz bir koşuşturmaca. Son dakikama kadar dayanıyorum.

Herkes, "git, yarın gel" diyordu ve her defasında içimden bir şeyler, yılgınlık içinde beni vazgeçirmeye çalışıyordu. Kendi yılgınlığımla savaştım: "Vali gelmeyecek, evrak bulunamadı, gelse de bugün imzalayamaz" dediler, bazen ben de öyle dedim; ama, yine vazgeçmedim. "Mesainin bitişine on dakika var, yetişemezsin" dediklerinde ben hala ısrar ediyordum.

Saat 17.22'de Validen imzayı aldım. Sağlık Müdürlüğü on dakika içerisinde mesaisini bitiriyordu. Müdür yardımcısına telefon ederek yetişeceğimi haber verdim. Kapıya koştuğumda bir taksinin beni beklediği gördüm. O saatte inanılmaz kalabalık olan trafik ve ışıklar birden bizim hizmetimize girmiş, sanki bizim için yollar açılmıştı. Ulus semtinin 20 dakikada ancak geçebileceğimiz yoğun trafiğinin içerisinden beş dakikada çıktık. İşlem tamamlanmış; hedef gerçekleşmişti.

II- NASIL ISRAR GÜCÜ?

Israrlı İstemeyi Nasıl Başarırsınız?

1. DUYGU BOYUTU

Israrın duygusal alt yapısı, kendimizle yarışmamıza ve bıkmamayı öğrenmemize bağlıdır.

a) Kendinle Yarış

Hayatımı değiştiren bir düşünceye sarıldım: **Kendimden başka kimseyle yarışmayacağım.** Hep sonuncusu olduğunuz bir yarışta, uzun süreli koşmaya dayanamazsınız. Hep önde olduğunuzda göstereceğiniz çaba, hep arkada olduğunuzda göstereceğiniz çabadan çok daha büyüktür. **Hep önde olanlar, yalnızca kendileriyle yarışanlardır.**

Başkalarıyla rekabet edenler, iki yüzlülüğe zorlanıyorlar: Güzel görünmeye, zekilik ve üstünlük numarası yapmaya teşvik ediliyorlar. İnsanın gerçek kimliğinin üzerine, sahte bir kimlik yerleştirmeye çalışması yorucudur.

Kiminle rekabet edeceğim? Her yer, benden daha güzel, daha zeki, daha zengin ve daha akıllı insanlarla dolu. Onlarla yarıştığımda, ayakları altında kalıyorum. Rekabet edersek, kendimizi başarısız gördüğümüzde, kalbimiz ya onların aleyhine yönelir, ya da "sen öyle olamazsın, bırak bu boş hayalleri" der.

Oysa Kader kimseyi kimseyle yarıştırmıyor. Bizi başkalarıyla yarıştıracak olsaydı, kimimizi uzun, kimimizi kısa yaratmazdı. Kimimizi sert bileklerle, kimimizi narin parmaklarla donatmazdı. Kimimiz göremeyiz; kimimiz tutamayız. Çünkü bizim rakibimiz biziz.

Kalbinize şöyle ilham edilir: "Biz SENİ muhatap aldık, SANA görev verdik ve SENİ sorumlu tuttuk. Oradaki SENSİN. Biz SENİ seviyoruz; SENİN adına başkalarını değil. **SENİN en iyi olman, her gün SENDEN daha iyi olmayı başarmandır. İki günün birbirine denk olmasın."**

Değerli bir dostum, katıldığımız bir seminerde bu tezime itiraz etmişti. Örnek insanların kendisine heyecan verdiğini ve onları görünce daha büyük bir azimle çalışmak istediğini söyledi. Hayır can dostum, onların simalarını seyredince ben de duygulanıyorum. Onları örnek al; ama, onlarla rekabet etme. Onları aşmanın yolu, kendinden daha iyi olmaya adanmaktır. **Başkalarının büyüklüğünün seni küçültmesine izin verme.**

Yeryüzünün en zor sanatı başkalarının başarılarını kıskanmamaktır

Yeryüzünün en zor sanatı başkalarının başarılarını kıskanmamaktır. Başkalarıyla rekabet eden, zayıf düştüğünde, kıskanmaya mahkûmdur. İnsanların gözünde yükselmek isteyen, zirvedeki tek kişi değilse, kıskanır. Evrenin Sahibi'nin, indinde yükselmek isteyenin cömertliği Peygambere (asm) benzer: Diğerleri açken doyamaz. Diğerleri dışardayken Cennetin kapısından giremez. Çünkü onun kalbi Yaratıcının rahmet penceresinden bakar: Tüm çocukları kendi çocuğu gibi görür; tüm anneleri kendi annesi gibi sever.[55]

Tarih, büyüklere saplananların çöküşleriyle doludur. Bir lider yetişiyor, sonra da ürettiği ideoloji zorla kafamıza çakılıyor. O hep önümüzde olduğu sürece, onun çağının sınırlarını aşamayız.

[55] Bu yüzden ırkçılık merhametsizliği, kıskançlığı, kavgayı, savaşı besliyor. Sadece kendi milliyetini seven, başka milliyetlerden nefret ediyor. En yüksek insan, Hz. Adem'in (as) çocukları olan diğer kardeşlerini sevebilen insandır.

Hürriyeti seven ideolojisiz Batı toplumlarını dünya işlerinde yükselten, liderlerini yüceltmeleri değil, önlerindeki ufukta bekleyen cepheye göndermeleridir. Tarih, liderler yüzünden yaşanan katliamlarla doludur.

Doğrudur, bazı liderler cennet gibi bir dünya oluşturmamıza katkı sağlıyorlar; ama onlar bizi kalbimize girerek yönlendirenlerdir. **Hiçbir yüksek lider, zor kullanmamıştır; kendi fikirlerinin dışındakileri yasaklamamıştır.** Eğer yüksek liderliğin özelliği "zor kullanmak" olsaydı, bunu önce Evrenin Sahibi yapardı ve Peygamberlerine yaptırırdı. Oysa peygamberler, kurtarmaya adandıkları insanlara adeta yalvardılar.

Bir gün istemekten bıktığınız şey, aslında istediğiniz şey değildir.

Liderler büyük iseler, belki bir gün onlardan daha büyük olabiliriz; ama aynı yarışın içinde hiçbir zaman onlardan büyük olduğumuzu göremeyeceğiz. Çünkü onlar çok yüksekteler; onlar bizden öncekilerle yarışıyorlar; biz yükselirken onlar yerlerinde saymıyorlar. **Büyükleri geçmeyi arzulamak, onların yerlerinde saymasını arzulamaktır.**

b) Asla Bıkma

Bir gün istemekten bıktığınız şey, aslında istediğiniz şey değildir. **"Acele etmediği sürece herkesin duasına icabet olunur. Ancak şöyle diyerek acele edenler var: 'Ben dua ettim, duam kabul olmadı'[56]", "Allah ısrarla dua edenleri sever.[57]"** Gerçekten isteyen üşenemez: Gerçekten aç olan yiyecek aramaktan bıkamaz.

İki türlü istersiniz: Birincisi inançla, heyecanla, içten ve zevkle; diğeri şüpheyle, güvensizlikle, bıkkınlık, çöküntü veya ilgisizlik halinde. Gerçekten istemediğinizi elde etmeye hazır de-

[56] Hz. Muhammed (asm), Buhari, Daavat: 22
[57] Hz. Muhammed (asm), Cami'us-Sağir 2292, Hadis No:1876

ğilsiniz. Sizin bile inanmadığınıza, kaderinizin Yaratıcının inanmasını nasıl beklersiniz?

En coşku uyandırıcı vermek, en muhtaç olana vermektir. **Kimse en içten isteyenden daha muhtaç olamaz.** En çok muhtaç olanın isteği, ayda veya haftada bir aklına gelmez. Onu her an ruhunun bir köşesinde yanan ateş olarak canlı tutar. Çok susamışsanız, bir avuç toprağı bile sıkıp suyunu içmek istersiniz.

Sevgi duygusuyla kalbimizi sürekli aydınlatan, Ona ne kadar kötülük yaparsak yapalım, hala bize iyilik yapan bir Kudretin sanatıyız. **Vermekten bıkmayandan istemekten bıkmak, insan vicdanını sızlatır.** Bize her sabah Güneşi veren, bazı özel isteklerimizi henüz vermemişse, üzerimize düşeni yeterince yapmamış olmalıyız.

Önemli olan en iyiyi yapmak değil, yapabileceğinizin en iyisini yapmaya adanmaktır.

En büyüğü verecek kadar cömert olan, en küçüğü hala vermemişse, vermek istemediğinden değildir. En zor işi başarmışsanız, en kolay işi başaramayacağınızı nasıl iddia edersiniz?

Bıkıyorsanız, istediğiniz ya değerli değildir veya değerinin büyüklüğünün farkında değilsinizdir. Onu iyice araştırın, ona yüksek değerler bağlayın; isteklerinizin yeniden canlandığını göreceksiniz.

c) Vazgeçilmez istekler

Bir karar vermek ve ona adanmak zorundasınız. **Tarih en iyisini ararken kötüden bile mahrum kalan insanlarla doludur.** "En iyi şiiri yazacağım" diyerek hiç şiir yazamayan insanlar yaşamıştır.

Düşün ve Başar'ı yazmaya karar verdiğimde, en kötü ihtimali göze almıştım.[58] Daha iyisi ne olursa olsun, başladığımı bitirmek

[58] Yayınlanmayabilirdi, hatalarım yüzüme çarpılabilir, utanç duyabilirdim. Emeklerim boşa gidebilirdi. Akla gelebilecek her ihtimali kabullendim. Benim görevim yapabileceğimi yapmaktı.

zorundaydım. Kitabı bu saplantıma borçluyum ve şimdi o kitap hakkındaki değerlendirmeler hayatımı coşkularla dolduruyor. **Önemli olan en iyiyi yapmak değil, yapabileceğinizin en iyisini yapmaya adanmaktır.** Zaten hiçbir işinizi yapabileceğinizin en iyisinden daha iyi yapamazsınız.

Kararlarını gerçekleştirmeden değiştirenler, hayatlarını değiştirecek kararı beklemesinler. Zafer, verilen sözü tutmaktır. Verdiğiniz sözü hayatınız kadar değerli bilin ve tutun. Yaratıcının kudreti, sözünü tutmasında gizlidir ve zafere en yakın olanlar, sözlerine sadık kalanlardır.

Karar verirken iyi düşünmeliyiz. Bir gün değiştireceksek, karar vermemek daha iyi. **Sık sık değiştirdiğimiz her karar, irademize savurduğumuz bir kılıç darbesidir.**

Sık sık değiştirdiğimiz her karar, irademize savurduğumuz bir kılıç darbesidir.

"Yapamıyorum, sürdüremiyorum, olmuyor!" diyor musunuz? Çünkü dediğinizi yapmamıştınız, sözünüzü tutmamıştınız. Babalarımız bunu bize çocukken öğretselerdi, şimdi çelik gibi iradelerimiz olurdu. Nasıl yıktıysanız öyle yapacaksınız.

İrademizi kaybetmek istemiyorsak, istediğimizden emin olmadığımız sürece istemeyelim. Yapmayacaksak, söylemeyelim. Şu uyarıya dikkat edelim: "Sizden biri, isteyince, 'Ya Rabb dilersen beni affet! Ya Rabb dilersen bana rahmet et' demesin. Bilakis azimle istesin, zira Allah'ı kimse zorlayamaz.[59]"

2. ZİHİN BOYUTU

Israrın zihinsel boyutu şimdiki zamana saplanmayı ve gelişmeleri fark etmeyi gerektirir.

[59] Hz. Muhammed (asm); Buhari Daavat: 21

a) Şimdiye Saplan

Çalışmalarımızdan umduğumuz sonuç, bize çalışma heyecanı verir; ama şimdiki işlerimizden kopup gelecekteki sonuçlara odaklandığımızda çalışmalarımız durur. **Dikkat nereye saplanmışsa, eylem oraya yönelik olacaktır.** Merdivenin bir sonraki basamağına adım atabilmeniz için oraya bakmalısınız, merdivenin zirvesine değil. **Tırmanırken sadece zirveyi gören, ilk adımda yuvarlanacaktır.**

Dünya, Cennet değil. "Elma" dediğinizde pencerenizden kırmızı bir elma uzatılmayacak. Eğer istiyorsanız size verilecek; ama, onun yokluktan varlığa uzanan bir yolu ve yolculuğu var. Bu yıl yiyeceğiniz meyvelerin çekirdeğini, Yaratıcı çok önceden planlamış ve toprağa ekmişti.

Hayalde kavuşmanın zevkini, kavuşma yolculuğunun çilesine tercih edenler, kavuşamazlar.

Nice insan, başarılar kapısının eşiğine geldikten sonra, "artık istemiyorum", demiş ve o başarılar, getiren meleklerin hüzünle geri dönmelerine şahitlik etmiştir. Cumhurbaşkanı kapınıza gelmiş, dilenci sanıp geri göndermişsiniz. Dünyada hikmet hakimdir ve hikmet sabretmektir: **Yalnızca bir saniye daha fazla sabreden birinci olacaktır. Sonuçlar heyecanın dostu, ama sabrın düşmanıdır.** Heyecana da, sabra da muhtaçsanız, şimdi yaptığınız her şeyi muhteşem geleceğinizle bir arada düşünmelisiniz.

Şu tuzağa hep düşüyoruz: Sevdiğimizi hayal etmenin zevkine dalarak, ona kavuşmanın çileli çırpınışından kaçıyoruz. **Hayalde kavuşmanın zevkini, kavuşma yolculuğunun çilesine tercih edenler, kavuşamazlar.**

Bir sınavı, seçimi veya yarışmayı kazanmak için çalışmak heyecan verir. Ama kazanacağınız şeyin büyüklüğünü hayal ettiğinizde aldığınız zevk, ona ulaşma sabrınızı taşıracaktır. **Sabrın zorlanması zaferin, taşması ise yenilginin habercisidir.** Eğer Cenneti görseydiniz, dünyadan nefret eder, hemen şimdi ölüp oraya gitmek isterdiniz. Oysa oraya gitmenin yolu, yaşamak ve orayı kazandıracak işler yapmaktır.

Bazıları bugün bir şiir yazdıklarında, bir ay sonra mesajlarını dünyaya ulaştırabilmiş bir şair olmayı hayal ediyorlar. Ama, bunun için yarın ve ertesi gün de bir şiir yazmaları gerektiğini unutuyorlar.

Sonuçlarınızın büyüklüğünü hayal edemiyorsanız, çalışma heyecanı duymayacaksınız. Öte yandan, kazanacaklarınızın büyüklüğü sizi şimdiki işlerinizden ve arzularınızdan kopardığında, çabalamayı terk edersiniz. Cennet sevdası yüzünden, çalışmayı terk edip dağlara kaçan, mağaralara gizlenen insanlar yaşadı.

Bugün daha iyi olduğumuzu bilmek, dün nerede olduğumuzu bilmemizi gerektirir.

Çözüm: Sonuçlarımızı beynimizde çok iyi canlandıralım, bizi heyecanlandırmalarına, sabrımızı zorlamalarına izin verelim; ama onların gerçekleşmesini Sınırsız Kudret'e bırakalım. **Bize düşen buğdayı ekmek, çabalamak ve imkanımız varsa sulamaktır. Başakları biz yaratmayacağız.** Her şeyi yaptığımız halde, bir felaket, emeklerimizi heba edebilir. Çok iyi hazırlandığımız halde, sınav günü geçirdiğimiz bir hastalık yüzünden kaybedebiliriz.

İnsan acelecidir; şimdi bir milyar kazandıracak işi, on yıl sonra bir trilyon kazandıracak işten daha değerli görüyor. Diktiğiniz ağacın bir yıl sonra meyve vermesini beklemeye hakkınız var; ama vermediğinde onu terk etmeye hakkınız yok. **Daha geç gelen, daha değerlidir. Daha zor olan daha sevgilidir.**

b) Gelişmeyi Gör

Bugün daha iyi olduğumuzu bilmek, dün nerede olduğumuzu bilmemizi gerektirir.

Türkiye'de okuyan Azerbaycanlı bir öğrenci, lise yıllarında yaşadığı bir olayın etkisinde kalarak, kendini hayatı boyunca değersiz bir insan sanmıştı. Düşün ve Başar'ı okuduktan sonra acılarını benimle paylaştı. Neleri başardığını sordum: Ülkesindeki bir ulusal sınavda 11'inci olmuş, üniversitede okuyabiliyor, zekası müthiş. İnsan tüm başarı çizgisine rağmen, nasıl olur da kendini değersiz zanneder?

İki enerjiye ihtiyacımız var: a) Her gün yarışa yeniden başlama enerjisi ve b) aynı yönde yarışmaya devam edebilme enerjisi. Birincisi her uykunun ertesinde herkese ücretsiz veriliyor. Ancak insanlar arasındaki farkın asıl sebebi olan ikincisini biz istemek zorundayız.

Medeniyetin eğlenceleri saniyelerimizi öylesine kapatıyor ki, kendimize ait bir aydınlık bulamıyoruz. Karanlıklarda ilerlerken, "nereden geçtiğimizi" düşünemiyoruz. **Kaybedenler, boş buldukları yolda ilerlemenin dalgınlığı yüzünden, haritalarına bakıp yönlerini kontrol edemeyenlerdir.**

Bizim de meyve vereceğimiz günler gelecektir. Devam edelim büyümeye.

Elinize üç tane boş kağıt ve bir kalem alın. Birincisine dünyaya geldiğiniz günü, ikincisine şimdiki başardıklarınızı yazacaksınız. Üçüncüsünde ise bir karşılaştırma yaparak şartlarınızın tahminen ne kadar insandan iyi olduğunu yazacaksınız.

Birinci kağıt dolmayacaktır. Orada bir bebek ve onu şefkatle canına katan bir anneden başka bir şey yoktur. Oysa ikinci kağıtta binlerce engelin aşılmış olduğunu göreceksiniz. Sizden daha ıstıraplı insanların yazılı olduğu üçüncü kağıt sayfalar dolduracaktır: Okuma yazma öğrenmeyen, köyünün ötesini görmemiş insanları; aç susuz, yetim, şefkatsiz kalan gençleri; hatta katilleri, mahkûmları göreceksiniz.

İnsanlar Sabancı'nın zenginliğine göz dikmişlerse, bilsinler ki, o hepimizden yıllar önce o yolculuğa başladı. **Meyve bahçesine yeni dikilen bir fidan, "neden diğerleri gibi ben de şimdi meyve vermiyorum?" diyemez.**

Sabredeceğiz, gelişeceğiz, yetişeceğiz. Bizim de meyve vereceğimiz günler gelecektir. Devam edelim büyümeye. Bir gün yeni fidanların gıpta örneklerinden biri de biz olacağız.

3. EYLEM BOYUTU

Eylemlere ısrar kazandırmak için, az da olsa sürekli çalışmaya ve küçük ısrarlarla alışkanlık kazanmaya ihtiyacımız var.

a) Az; ama, Sürekli

Devamlılık, ısrarlı ve dengeli yapmaktır. Devamlılık, biriktirip birden harcamak değildir.

Kısa dinlenme aralıkları dışında duraklamayın; duraklamak durmanın ilk biçimidir. Karınca hızıyla bile yürüseniz, dünyayı dolaşmanız mümkündür.

Hastalıklar veya musibetler bedeninizi yavaşlatabilir veya duraklatabilir; ama hiçbir şey en azından hayallerinizi, dileklerinizi, duygularınızı durdurmamalıdır.

Bosna-Sırp savaşını protesto etmek için, yürüyerek dünyayı dolaşmaya adanan ve 40 ülkede eşiyle birlikte 120 çift ayakkabı eskiten Romanya'lı eski bir Belediye Başkanı Stefhan Lega ile Dost FM'de röportaj yapmıştım.[60] Dünyanın etrafında yürüyerek bir tur atmak, dayanılmaz bir yolculuk olurdu. Oysa, siz 60 yıllık bir ömürde, salonunuzda veya sokağınızda dolaşırken, dünyanın etrafını üç defa kat edebilecek kadar uzun yürümüş olacaksınız.

İslâm Peygamberinin (asm) "**Allah katında amellerin en sevimlisi, az da olsa devamlı olandır.**[61]" sözü üzerinde düşünün.

[60] Yayından sonra kendisine sordum: "Ben de sizin gibi dünyayı dolaşabilir miyim?" Verdiği cevap müthişti: "If you want, definitely you can. Eğer istiyorsan kesinlikle yapabilirsin."

[61] Hz. Muhammed (asm); Cami'us-Sağir 1:165 Hadis No:197

Her gün bir saat çalışan insan, dün ve yarın 24 saat çalışıp, bugünü boş geçirenden daha kazançlıdır. **Başarı, az da olsa devamlı yapılan işte gizlidir.** Eğer ürettiğimiz bir sanat varsa, lütfen onunla ilgilenmediğimiz bir gün yaşamayalım.

Devamlılık ısrarlı ve dengeli yapmaktır. Devamlılık, biriktirip birden harcamak değildir. Ağacınıza "bir ton suyu", bir günde verip bir yıl onu susuz bırakırsanız, kurutursunuz.

Eylemlerinizin eser üretmesini istiyorsanız, az da olsa devamlı yapın. Günde hiç olmazsa beş defa, neleri elde etmek istediğinizi hatırlayın. Günde bir defa bile istemeyen insanlar, istediklerini sanıyorlar. Dua edip etmediklerini sorduğunuzda, geçen yıl kurdukları hayallerini hatırlıyorlar.

Bir gün yapmazsanız, bu bir hafta yapmamanıza, bu bir ay, bu bir yıl ve bu da bir ömür hatırlayamamanıza neden olacaktır. Hayat böyle değil midir? Bir gün televizyon seyrettiniz ve bu bir ömür seyrettirdi size. Bir ömür sigara içenler, bunu bir gün sigara içmelerine borçludurlar.

Bir ömür sigara içenler, bunu bir gün sigara içmelerine borçludurlar.

Dün bu kitap üzerinde çalıştım ve bugün, bilgisayarımın başına bir an önce geçeceğim gecenin gelmesini bekledim. Bir gün ara verdiğim işin, haftalarca benden ayrı kaldığı yıllar yaşadım. Bugün en az bir cümle yazmazsam, muhtemelen bir hafta bu dosyayı hiç açamayacağım.

Merhum Zübeyir Gündüzalp'in "Nefis Muhasebesi" isimli kitabını bir yıl boyunca cebimde taşıdım ve yazdıklarını her gün okudum. **Eyleme dönüşmeyen bilgi değersizdir; sürekli hatırladığımız bilgi bizi şah damarımızdan yakalar; eyleme, çalışmaya sürükler.**

Kalbinizi coşturan kitabı bir günde okursunuz, oysa sizin bir ömür boyunca heyecana ihtiyacınız var. Heyecanı bulaştıran, kitapların donuk bakan sayfaları değildir. Okuduğunuz cümleler, ruhunuzun Cennete açılan bahçelerinde sizi dolaştırıyorsa, heyecan duyarsınız. Heyecanın kaynağı sizdedir; Allah ile bağlı yaşayan sizsiniz. Kimsenin bağı sizi sürükleyemez. Kitabı bırakıp gideceksiniz, ama ruhunuzdan kaçabileceğiniz bir mağara yaratılmadı çok şükür.

Bir düşünce insanı coşku durumuna sokuyor. Fakat insan bu düşüncenin birkaç dakika sonra bilincinden çıkıp gitmesine izin veriyor. Üstelik yerine karamsarlığı, çöküntüyü koyuyor. Sizi coşturan bir düşünceyi papağan gibi içinizden tekrarlasanız ne kaybedersiniz?

Başarımı, "odağımdan sapmamaya" borçluyum. Bir gün saparsam, ona geri dönmem günler alıyor. Geceleri uyumadan önce, yapmak istediklerim gözlerimin önünden geçer.[62] Bazen öylesine heyecanlanırım ki, çöken göz kapaklarım açılıverir ve çalışmaya geri dönerim. Size heyecan veren bir söz, bir dua, vücudunuzu emanet edeceğiniz gecenin başında kalbinizden geçmezse, ruhunuzun elektriklenmesini beklemeyin.

Büyük istikrarsızlıklar, küçük istikrarsızlıklar tarafından üretildiler.

Bazıları sabaha gözlerini açtıklarında, en güzel sevgilinin sesinden "günaydın" şarkısını dinlerler. Bazıları da "bu kahrolası dünyayla" yeniden buluşmalarını lanetleyen öfkelerle güne başlarlar.

Şimdi duyduğunuz heyecan, tükenmez bir enerji değildir. Kaynağınız sınırsız; ama, oradan devşirdikleriniz sınırlıdır. Harcadığınız coşkunun yerini dolduracak yeni coşkular için kaynağınıza sık sık başvurmalısınız.

[62] Hayatımızı ve ideallerimizi bir çırpıda gözlerimizin önünden geçirmek için, ölümün gelip çatmasını bekler miyiz? O gün çattığında yapmak zorunda kalacağımızı bugün yaparsak, sonunda pişmanlık duymayacağız.

b) Küçük ısrarlar

Büyük ve yorucu işler uğrunda ısrarlı olabilmeyi sağlayan en basit yol, küçük ve basit kararlar vermek ve onları yapmaktır: Küçük söz verin, tutun; küçük karar verin, yapın. Kısa süreler belirleyin, ısrar edin. Bu küçük çabalar, büyük çabalarınızın temelini oluşturacaktır.

Biz kararsızlığımızı küçük eylemlerimizle ürettik: "Birazdan dişlerimi fırçalayayım, boş ver sonra yaparım. Bu akşam ekmek yemeyeceğim, vazgeçtim, yarın yaparım. Onunla saat 15.00'de buluşacaktım; nasılsa bekler, oraya 15.15'de gideyim." **Büyük istikrarsızlıklar, küçük istikrarsızlıklar tarafından üretildiler.**

Birinci yol: Sıradan eylemlerinizin iradenizi ve ısrarınızı geliştirmesine izin verin: "Bu lokmayı nasılsa çiğniyorum, tam on defa çiğneyeceğim. Birazdan çayımı yudumlayacağım. Otuz saniye sonra yudumlayacağım."

Kendi iradenizi ne kadar çok kullanırsanız, o kadar güçlenirsiniz.

İşlerinizi ya siz yaparsınız, ya da onlar kendilerini size yaptırırlar. Yapan siz olmalısınız. İşinizi küçük bir karara dayandırırsanız, yapan sizin iradeniz olacaktır. Kendi iradenizi ne kadar çok kullanırsanız, o kadar güçlenirsiniz.

İkinci yol: Kısa süreli eylemler için basit kararlar verip uygulayabilirsiniz. Örneğin: "Kitabın bu bölümünü bitirdikten sonra ara verip derin bir nefes alacağım. Saat 18.00'de balkonuma çıkıp oturacağım."

Üçüncü yol: Bu defa kararda ısrar etmeyi geliştireceksiniz. Aynı işi belli bir zaman boyunca yapmaya karar vereceksiniz.

Bir kitabı okumak herhalde saatlerinizi alır. Bu süreye siz karar verseniz ne olur? "Şimdi okumaya oturuyorum ve yarım saat boyunca aralıksız okuyacağım. Parkta yarım saat yürüyeceğim. Ara vermeden on bine kadar sayacağım."

Bu tür eylemler zamana yayılırlar ve onları yaptıkça sabrınızı zorlarlar. Küçük sürelerle, örneğin on dakikayla başlayın. Yavaş yavaş süreyi bir saate, iki saate uzatın. Bir hafta boyunca yapmaya karar verin, sonra süreyi bir aya, bir yıla çıkarın. Bu çalışmalar hayatınıza hakim olmanızı sağlayacaktır.

Israrın en yorucu tarafı en baş tarafıdır. Bir hafta ısrar, bir yıl ısrardan zordur. Bu yüzden en baştaki zorluğun sizi yıldırmasına izin vermemelisiniz.

4. SÜREKLİLİK ALTYAPISI

Bilinçli ısrarın yükünü yüklediğimiz bedenimiz yorulur. Israrı otomatikleştirerek ruhumuza yüklemeliyiz: Zira bedenimiz zayıf; ruhumuz güçlüdür. Temel uğraşı alanlarımız hakkında "ruhsal ısrar alışkanlıkları" geliştirmeliyiz: Alışkanlık tiryakiliktir. **Alışkanlığa dönüşmediği yerde, çalışkanlık sevimsizdir.**

Sorular oluşturup, onlara farklı cevaplar bulmaya çalışın.

a) Zihinsel Temel

Çalışma alanlarınızı kelimeler, duyusal algılar, sesler, sorular ve ibadetler yoluyla otomatikleştirebilir; ruhsal temelinize yerleştirebilirsiniz:

Kelimeler: Herhangi bir kelimeyi bilincinizde uzun süre tutmaya çalışın. Örneğin "Kelebek" kelimesini yüzlerce kez tekrar etmeye başlayın. Tekrarlama sırasında, her 20-30 saniyede çeşitli çağrışımlar zihninizin başka alanlara kaymasına neden olacaktır. Örneğin kelebeklerin dolaştığı çiçekleri, vadileri göreceksiniz, kelebeklerle oynayan çocukları, kelebeklerin tırtıl evrelerini, arılarla birlikte uçuşlarını seyredeceksiniz. Zihninizde kelebekle ilişkili olan tüm kelimeler ve imajlar çağrılacaktır.

Bu çalışmayı ideallerinizin anahtar kelimeleri üzerinde uygulayabilirsiniz: "Bilgisayar, İngilizce, resim, doktora, yazarlık..." Kelimelerinizi durakta beklerken, yürürken, her boş zamanınızda kullanabilirsiniz.

Duyusal Algılar: Herhangi bir nesneyi(kapı), sesi(zil), kokuyu(gül), tadı(elma), dokunsal algıyı(kalem) canlandırabilirsiniz. Bu algıların hedeflerinizle ilgili olması önemlidir:

Sevdiğiniz bir kokuya odaklanın ve o kokuyu zihninizde alabildiğince hissetmeye çalışın. Bir nesneyi, örneğin salonunuzdaki çiçeğin görüntüsünü canlandırın ve zihninizde sürekli o çiçeği bakın. Gözlerinizi kapatarak hayalen elinizde bir kalemi tutun ve tuttuğunuzu uzun süre hissedin.

Sesler: Etkili yollardan biri Mahesh Yogi'nin Transandantal Meditasyon (TM) tekniğidir. Bu tekniğin basit bir biçimini önereceğim: Çağrışımları en aza indirmek için anlamsız seslere odaklanacaksınız: "didi, momo, sasa..."

Her ritim türü beyinde farklı bir dalga üretir.

Sorular: Sorular oluşturup onlara farklı ve ayrıntılı cevaplar bulmaya çalışın. Cevap aradığınız anda, zihniniz başka konularla ilgilenmemelidir. Örneğin "şu anda insanlar ne yapıyorlar" gibi genel bir soru sordunuz. Afrika'dan Amerika'ya, Avustralya'dan Asya'ya kadar her yerde hayalen gezinerek cevaplar arayın. Ama maymunların ne yaptığıyla ilgilenmeyin.

İbadetler: Alman eğitimci bayan Edith Gunther'in sunduğu "Evrensel Hayat Enerjisi" konulu bir seminere katılmıştım. Gurubumuzdan bir arkadaş, yıllardır meditasyon yaptığını vurguladıktan sonra, "en güçlü meditasyon Müslümanların namazıdır" demişti. Kesinlikle katılıyorum.

Namazda, vücudunuzu sabit hareketlerle sınırlandırıyorsunuz. Secde noktası görsel alanınızı sınırlandırıyor. Zihninizi, okuduğunuz ayetlerle dolduruyorsunuz. Dünyevi hayallerden kopuyorsunuz. Kendinizi Yaratıcınızın huzurunda hissediyorsunuz, O'nunla iletişim kurduğunuzu algılıyorsunuz. Kurallarına tam uyularak icra edilen bir namazın kısa sürede oluşturacağı parapsikolojik etki inanılmazdır.

Böylesi başarılı bir ibadetin başında ve sonunda hatırlayacağınız ve dileyeceğiniz idealleriniz, beyninizi ve ruhunuzu şiddetle kuşatacak; ibadetten, sizi çalışmaya sürükleyecek müthiş bir enerjiyle ayrıldığınızı göreceksiniz.

b) Eylemsel temel

Bilincimizi kendi haline bıraktığımızda, çevremizin kopyası oluruz.

Bu bölümde her zaman uygulayabileceğiniz bedensel ısrar egzersizleri sunacağız.

Ritimler: Hayatınıza özel ritimler katabilirsiniz. Müziği beyninizi geliştirmekte kullanabilirsiniz. Ritimlere baş, boyun veya omuz hareketlerinizi uyarlayarak, notalarla birlikte hareket edebilirsiniz.

Her ritim türü, beyinde farklı bir dalga üretir. Hareketli ritimler zihinsel coşkunluğu, cesareti; sakin ritimler duygusal keskinliği geliştirir. Bedeninizi de ritme katarsanız, tam konsantrasyona girersiniz. Böylesi ortamlarla yaşama gerekçelerinizi yan yana getirebilirsiniz.

Spor: Yüzme, tekvando, yürüyüş gibi sporlar bedeni aynı hareketler ekseninde sabitlendirir. Düzenli spor yapanların odaklanma ve ısrar yetenekleri, diğerlerine göre daha güçlüdür. Spor yapamıyorsanız, evinizde özel hareketler uygulayabilirsiniz.

5. HATIRLATICI FAKTÖRÜ

Bazıları şöyle der: "Bir anda coşuyoruz; ama kazandığımız enerji birkaç saat veya birkaç gün içerisinde sönüyor. Başladığımız gibi sürdüremiyoruz. Ne yapmamız gerekir?" Onlara, yukarıdakilere ek olarak, hatırlatıcı sembollere ve tetikleyicilere dayanmalarını önereceğiz:

a) Semboller

Size coşkuyu sürekli telkin eden bir çevrede yaşasaydınız, coşku tüm benliğinizi kuşatırdı. Bilincimizi kendi haline bıraktığımızda, çevremizin kopyası oluveriyoruz.

Görevleri hatırlatan semboller, kelimeler ve resimler seçin.

Eğer çevrenizde olup bitenlere gözlerinizi açıp onların dedikodularını yaparsanız, çevrenizin bir benzeri olacaksınız. Eğer çevrenize gözlerinizi kapatıp kulaklarınızı tıkar da özel hayallerinize odaklanabilirseniz, hayallerinizdeki kişinin kopyası olacaksınız.

Hayatımızı en fazla paylaştığımız ortamlar, en fazla telkin aldığımız ortamlardır. Evinizin en çok oturduğunuz odaları, kullandığınız araba, çalıştığınız büro, geçtiğiniz sokaklar...

Bazıları, evlerinde yıllar süren bunalımlar yaşadılar; stres çağrışımları evlerinin her köşesine, banyodaki musluğa, yemekte kullandıkları çatala kadar her yere işlemiştir. Böyle kişilerin antidepresan ilaçlardan yardım ummak yerine başka bir semte veya şehre taşınmalarını öneririm.

Hz. Ömer (ra) kendisine ölümü periyodik olarak hatırlatması amacıyla ücret karşılığı bir hizmetçi tutmuştur. Saçlarında ak çıkınca da, hizmetçiye, "artık sana ihtiyaç kalmadı" demiştir. Çünkü, Halifelik görevinde doğru yoldan ayrılmaması için hatırlaması gereken ölüm, aynaya her baktığında saçlarındaki aklar tarafından artık kendisine hatırlatılıyordu. Şimdi:

Görevlerinizi ve amaçlarınızı hatırlatıcı sembolleri, kelimeleri, resimleri seçin. Araba istiyorsanız iyi bir araba resmi, ev istiyorsanız güzel bir villa resmi bulun. Güçlü bir hafıza istiyorsanız bunu sembolize eden bir resim arayın. Hedeflediğiniz özelliklerinizi kelimelere dökün. Size heyecan ve cesaret veren konuşmaları veya müzikleri içeren kasetler tespit edin.

Tespit ettiğiniz sembolleri yaşadığınız mekanlarda görülebilir yerlere asın. Aynalara, duvarlara, arabanıza, çalışma masanızın üstüne...

Gözleriniz duvarlarda, aynalarda dolaşırken, hatırlatıcılar sizinle konuşacak, size ne istediğinizi söyleyecektir. Fırsatınız varsa, kasetlerinizi güne başlarken, çalışırken birkaç dakika bile olsa dinleyin.

Gözleriniz duvarlarda, aynalarda dolaşırken, hatırlatıcılar sizinle konuşacaktır.

b) Tetikleyiciler

Zihninizde, Anthony Robbins'in ifadesiyle "tetikleyici sinirsel bağlantılar" oluşturacaksınız. Pavlow'un şartlanma kuralı, kişisel gelişim sistemlerinin önemli stratejilerinden biri haline gelmiştir.

Pavlow'un deneyinde, zil çaldığında kendilerine yemek sunulan köpeklerin ağızları sulanıyordu. Pavlow yemeği kestiği halde, zil sesi, şartlanan köpeklerin aynı tepkiyi göstermelerine yetiyordu. Hepimizin böylesi şartlanmalarımız vardır. Limon sıktığınızda ağzınız sulanmaz mı? Mezarlıktan geçtiğinizde ölümü hatırlamaz mısınız?

Vücudunuzun özel bir duruşunu, pozisyonunu herhangi bir duyguyla veya hedefle ilişkilendirebilirsiniz. Sonra da, o duruşu takındığınızda, ilişkilendirdiğiniz duyguyu yaşarsınız.

Yaşadığınız her mutluluğu, coşkuyu ve başarıyı fırsat olarak kullanın. Duygusal derinliğin zirvesinde olduğunuz anda...

Kendinize özel bir hareket seçin. Parmak çıtlatmak, gülümsemek, gözleri kırpmak, yumruğu sıkmak, derin nefes almak...

Yukarıdaki hareketlerden/veya benzerlerinden uygun gördüğünüzü seçtikten sonra, güçlü duyguyu yaşadığınız her anda o hareketi yapın. Örneğin harika bir haber anında bilinçli şekilde gülümseyin. O haberi tekrar hatırlayın, tekrar gülümseyin. Bu işi beyninizde iyice yerleşinceye kadar tekrarlamalısınız. Bağlantı yerleştiğinde, süreç tamamlanmış, başarı yolculuğunuz ve coşku durumunuz otomatikleşmiş olur.

Herhangi bir zamanda, özellikle yorgun ve üzgün zamanlarınızda, içinde bulunduğunuz yıkıcı duygudan coşku duygusuna aniden sıçramak için aynı hareketi yapın; örneğin gülümseyin. Birden duygularınız değişiyor mu? Değişmiyorsa, tetikleyici bağlantı güçlü kurulmamış demektir. O zaman bağlantıyı işe yarar hale gelinceye kadar kurmaya devam edin.

Yaşadığınız her mutluluğu, coşkuyu ve başarıyı fırsat olarak kullanın.

Bağlantı zorluğunun iki nedeni olabilir: Birisi, canlandırmanın, net, tüm duyularla ve yeterince tekrarlanarak yapılmamasıdır. Diğeri zihinsel sağlığın, kötü beslenme, düzensiz uyku, kondisyonsuz vücut gibi nedenlerle zayıflamasıdır.

6. AKTİF EYLEM PLANI

Aşağıdaki tabloda, ısrar yeteneğinizin geliştirilmesi için çalışacağınız temel konular gösterilmiştir. Ne kadar tekrarlarsanız o kadar ısrar ve irade biriktireceksiniz.

ISRAR GELİŞTİRME ÇALIŞMALARI		
Duygu Boyutu	Kendinle Yarış	Kendimle mi yarışıyorum? Kıskanıyor muyum?
	Bıkma	Bıkmadan istemeyi sürdürüyor muyum?
	Vazgeçme	Hangi hedeflerime ölümüne adandım?
Zihin Boyutu	Şimdiye Saplan	İşlerime şimdi tam odaklanabiliyor muyum?
	Gelişmeyi Gör	Şimdiye kadar hangi konularda ne kadar geliştim?
Eylem Boyutu	Az ve Sürekli	Bugün hedeflerim için neler yaptım, hangi katkıları sağladım?
	Küçük Kararlar	Bugünkü küçük kararlarım ve küçük sözlerim neler?
Süreklilik Altyapısı	Zihinsel Temel	Bugün hangi zihinsel odaklanma çalışmalarını yapacağım?
	Eylemsel Temel	Bugün hangi süreklilik eylemini uygulayacağım?
Hatırlatıcı Faktörü	Semboller	Bugün hangi hatırlatıcı sembolleri kullanacağım?
	Tetikleyiciler	Bugün hangi iç tetikleyicileri kullanacağım?

Özetle Ne Yapmalı?

1. Israrın Duygusal Boyutu:

Kendinizle yarışın, asla rekabet etmeyin. Bıkkınlık içinde istiyorsanız ruhsal ısrar biter. Ayrıca ölümüne adandığınız vazgeçilmez hedefler belirlemelisiniz.

2. Israrın Zihinsel Boyutu:

Zihinsel olarak şimdiki işlerinize saplanırsanız uzak geleceğin zorluğu sizi yıldıramaz. Geçmişle bugünü karşılaştırarak gelişmelerinizin farkına varın. İlerlediğinizi görmenizin vereceği özgüven, ilerlemeye devam etmenizi sağlayacaktır. Zihinsel hatırlatıcılara başvurun.

3. Israrın Eylem Boyutu:

Küçük kararlarınıza bağlı eylemleriniz, iradenizi ve ısrarınızı geliştirir. Az bile olsa temel meşguliyetinizle her gün ilgilenebilmelisiniz.

4. Süreklilik Altyapısı:

Süreklilik yeteneğinin alt yapısını bir dizi zihinsel ve eylemsel egzersizle geliştireceksiniz. Temelinizi atmakta kullanacağınız bu konsantrasyon teknikleri tüm çalışmalarınızın kolaylaşmasını sağlayacaktır.

5.Hatırlatıcı Faktörü:

Tüm hayatınızı kuşatacak hatırlatıcı semboller ve tetikleyiciler kullanacaksınız. Hedefinizi hatırlatan sembollere ve tetikleyicilere dayanacaksınız.

Özetleyen Sözler

◆ Başarının sırrı, çaresizlik sınırının ötesine geçebilecek kadar ısrar edebilmekte gizlidir.

◆ Bir hayal sizi bugün coşturuyorsa, yarın da coşturur; o zaman zihninizde sürekli dolaşmasına izin verin.

◆ Hayalde kavuşmanın zevkini, kavuşma yolculuğunun çilesine tercih edenler, kavuşamazlar.

◆ Herkes şimdi hızlanabilir; ama çok azımız, süper hızlara ulaşabilmek için yıllarca çalışmayı göze alıyoruz.

◆ Kabuğunu genişletemeyen ağaç ya kurur, ya da çatlar.

◆ Kısa dinlenme aralıkları dışında duraklamayın; duraklamak durmanın ilk biçimidir.

◆ Mücadele devam edebildiği sürece yenilgi yoktur.

◆ Önemli olan en iyiyi yapmak değil, yapabileceğinizin en iyisini yapmaya adanmaktır.

◆ Rüzgarsanız, esip geçersiniz; tayfun iseniz, alıp götürürsünüz.

◆ Sabrın gerilmesi zaferin, taşması ise yenilginin habercisidir.

◆ Senin en iyi olman, her gün senden daha iyi olmayı başarmandır.

◆ Tüm yenilgilerin ardında, uzun süreli duraklamalar vardır.

◆ Vazgeçmediğiniz sürece, ruhunuz sizin adınıza gece gündüz ısrar eder.

◆ Yeryüzünün en zor sanatı başkalarının başarılarını kıskanmamaktır.

◆ Yeteneği yakalamak zor; ama korumak veya kaçırmak çok kolaydır.

KANAAT GÜCÜ

Mevcut imkânlarından mutlu olamayanlar, Cumhurbaşkanı da olsalar mutsuzluğa mahkûmdurlar.

I- NEDEN KANAAT GÜCÜ?

Kanaat gücünden neden yararlanırsınız?

GİRİŞ

Yenilmek mücadeleyi bırakmaksa, tüm yenilgilerin en büyük sebebi hırstır. Zafer hiç vazgeçmemekse, tüm zaferler kanaatin eseridir.

Hırs, insanın kişisel gücünü, kanaat ise evreni yaratan kudreti temsil eder. Hırslı asker, kendini savaşın yenilmez kahramanı sanır; rakiplerine çalım atarken devrilir, ezilir gider. **Kanaatkar, Yaratıcının yönettiği evrende, Yaratıcının gücüne dayanarak gezinir.**

Hırs, zihinsel zekaya dayanır, sloganı şudur: "İsteyeceğim ve bileğimin gücüyle alacağım!" Kanaat, ruhsal zekaya dayanarak şu sloganı kullanır: "İsteyeceğim ve Sınırsız Kudret bana verecek!"

Bu yönüyle kanaat, insan ruhuna melekut aleminin kapısını açar, insanı Evrenin Sahibi'nin isimleriyle ve kudretiyle buluşturur. Hırs ise araya perde koyar, insanı kapana kısılmış bir sinek kadar küçültür, ezer.

Hırslı insan, kendini güneş sanan ateşböceğidir. Kanaat ise ateşböceği olan insanı güneşe dönüştürür.

Yumuşacık bitki kökü sert taşları delip geçer. Bitki kökü veya taş olmamız önemli değildir burada; Yaratıcı Kudrete dayanıp dayanmadığımız önemlidir.

1. KANAAT VE HIRS

Kanaat, çılgınca istemek ve çalışmak; ama, elde edilen her sonuca razı olmaktır. Hırs da çılgınca istemek ve çalışmak; ama, başkalarını aşağılamayan hiçbir sonuçtan razı olmamaktır. Bu şaşırtıcı farkı kavrayamadığımız için kaybediyoruz.

Kanaat, çılgınca istemek ve çalışmak; ama, elde edilen her sonuca razı olmaktır.

a) Hırs Nedir?

Hırs çok istemek ve çok çalışmaktır; ama, aynı zamanda, razı olmamaktır, beğenmemektir, kabullenmemektir, bencilliktir, küçümsemektir.

Tarlamıza pirinç ektik ve yetişmesi için elimizden geleni yaptık. Sıra hasada geldiğinde, herhangi bir nedenle verim düşük oldu. Sonuca üzülüyorsak, hırs yüzündendir.

Girdiğimiz yarışta birinci gelemedik. Esefleniyor ve öfkeyle doluyorsak, kaybımızın intikamını alacağımız birilerini arıyorsak, orada hırs vardır. "Neden bu hastalığım yıllardır geçmiyor?" diyorsak, orada kesinlikle hırs vardır.

Hepimiz hırs gösteririz; ama, hırsın şiddet dereceleri farklıdır. Az hırs az zarar verir; hırs şiddetlenirse insanı intihara veya cinayete kadar sürükleyebilir. Hepimiz kanaat gösteririz; ama, kuşlar kadar kanaatkar olmayı bilseydik, tüm dünya hizmetimizi görmek için yarış ederdi.

Amacımız yenilgilerin nedeni olan hırsı en düşük, zaferle-

rin vesilesi olan kanaati ise en yüksek düzeye çıkarmak olmalıdır.

b) Hırs-Kanaat Ayrımı

Bazı dostlara göre, İslâm, kanaati, yani azla yetinmeyi(!) emreder. Oysa biz Ay'ı, Güneşi ve sonsuzluğu keşfetme arzusunu körüklüyoruz.

Din adına konuşmak haddim değil; ama, bu düşünceye katı şekilde itiraz ediyorum. Kanaat, azla yetinip daha fazlasını istememek değildir. Başarısızlığı besleyen hırs, yalnızca "çok istemek" değildir.

Kanaat, azla yetinip daha fazlasını istememek değildir.

Kanaatin "azla yetinmek ve daha fazlasını istememek olduğunu" sananların karşılarına şu ayetler çıkacaktır: "De ki 'duanız, istemeniz olmazsa Rabbim size ne diye değer versin!' [63]", "Rabbiniz buyurdu ki, benden isteyin, cevap vereyim" [64], "Allah hiç kimseye kaldıramayacağı yükü yüklemez; kişinin yaptığı iyi iş lehine, kötü iş ise aleyhinedir."[65]

İslâm Peygamberi (asm) hırslı insanları şöyle tanımlıyor: "Ey Ademoğlu, sana yetecek nimetler varken, seni azdıracak şeyleri istiyorsun. Ey ademoğlu ne aza kanaat ediyorsun, ne de çoğa doyuyorsun [66]." Sonra da Yaratıcıdan çok istemek anlamındaki kanaatle, insanlardan istemeye dönüşen hırs arasındaki ayrımı ders veriyor: "Cebrail bana gelerek şöyle dedi: '...Müminin izzeti Allah'ın kendisine verdiğine kanaat edip insanlardan bir şey beklememesidir [67]."

[63] Kur'an: 25;77
[64] Kur'an: 40;60
[65] Kur'an: 2;286
[66] Hz. Muhammed (asm), Cami'us-Sağir 1:86 Hadis No:68
[67] Hz. Muhammed (asm), Cami'us-Sağir 1:102 Hadis No:89

Peygamber (asm), Evrenin Sahibi'nden daha fazlasını istemiştir: "**Biriniz Allah'tan dilekte bulunduğunda bolca istesin. Çünkü Rabbinden istemektedir** [68]." "Hiç ölmeyeceğini zanneden biri gibi çalış, yarın ölecek biri gibi de tedbirli ol. [69]" "Allah'ım senden ... doğru yolda kararlılığı istiyorum.[70]" "Allah'ım ... senden tükenmeyen bir nimet diliyorum. Senden bitmeyen bir sevinç diliyorum.[71]" "Allah'ım beni yücelt.[72]"

Tarihte bazı dervişler yırtık elbiselerle yaşanan fakir bir hayatı tercih etmişlerse, bu onların kendi yöntemleridir. Kalplerini çalmaya çalışan dünyaya karşı, hırsa kapılmamak için aldıkları bir önlemdir. Kendimizi bilimden, sanattan, uzak tutmamız gerekmiyor. İslâm, başarıya sevk ederken kanaati azimle, yani yetinmeyi çok istemekle birleştirmiştir.

Hırs, bilincimizi sonuca odaklandırır; telâşa ve aceleye sürükler.

Arkadaşım Tevfik Bilgin Amerika'da eğitim gördüğü sıralarda, "buradaki öğrenciler ölümüne çalışıyorlar" demişti. **Azim, ölümüne çalışmaktır; "hiç ölmeyecekmiş gibi ve yarın ölecekmiş gibi" çalışmayı birleştirmektir.**

Hırs şurada farklılaşıyor: Hırs gösteren de aynen azimli insan gibi ölümüne çalışır; ama elde ettiği sonuç ne kadar iyi veya ne kadar kötü olursa olsun, razı olmaz, tatmin olmaz, memnuniyet duymaz.

Hırs, bilincimizi sonuca odaklandırır; telaşa ve aceleye sürükler. Telaşlanmadan ve düzenli adımlarla ilerlememize engel olur. **Hırsla ilerlediğimizde, ya stres enerjimizi tüketir; ya acele yüzünden takılıp düşeriz; ya da dayanamayarak vazgeçeriz.**

Gecelerini okumakla geçiren İbni Sina, uyku bastıracak olsa, bir şey içerek çalışmaya devam ederdi. Büyük alim Fahriddün-i

[68] Hz. Muhammed (asm), Cami'us-Sağir 1:319 Hadis No:532
[69] Hz. Muhammed (asm), Cami'us-Sağir 2:12 Hadis No:1201
[70] Hz. Muhammed (asm), Cami'us-Sağir 2:130 Hadis No:1501
[71] Hz. Muhammed (asm), Cami'us-Sağir 2:146 Hadis No:1537
[72] Hz. Muhammed (asm), Cami'us-Sağir 2:145 Hadis No:1536

Razi, yemek yerken bile kitap okur; evinden binek sırtında mescide giderken yolda 300 öğrencisine ders verirdi. Lenin, Karl Marks'ın kitabını Sibirya soğuklarında defalarca okurdu.[73] Böyle insanların her bir dakikalarını değerlendirmelerinin sonucu ortada değil midir? **Kötülükleri yayanlar geceleri bile uyumuyorlar; iyiliklere inananların akşama kadar uyumaya ne hakları var?**

Mutluluk başarı yolculuğu boyunca yaşanır; hedefe ulaştığımızda mutluluk biter. Sınavı kazanıncaya kadar heyecanlar yaşarsınız; kazandığınızda, yeni hedefler bulamadığınızda her şey sıradanlaşır. **Kanaat bizi hedefe ulaştıran çabalara, hırs ise hedef sonrasındaki monotonluğa odaklandırır.** Kanaat mutluluk ve heyecan alanındadır; hırs ise monotonluk ve tatminsizlik alanındadır.

Mutluluk, sonuçları sorun yapmamakta; çalışabiliyor olmayı şükran vesilesi saymakta gizlidir. Belki dünyada tüm hedeflerimize ulaşabilecek uzunlukta yaşamayacağız; ama azimle çalışırsak, gayretlerimizin karşılığını göreceğimiz bir sınırsızlığa yolculuk yapıyoruz.

Mutluluk, sonuçları sorun yapmamakta; çalışabiliyor olmayı şükran vesilesi saymakta gizlidir.

c) Yaratıcı ve Kanaat

Evren, kanaat ve azim tecellisinden ibarettir. Evrendeki kanaati ve azmi modelleyebilen, büyük sonuçlara ulaşmayı başaracaktır. Bu özellikleri görelim:

İlahi Kanaat:

Her zerre evren kadar engin yaratılmıştır. Evren dışa doğru ne kadar zenginse, atom içe doğru o kadar engindir. **Evrenin dışına doğru galaksilerin enginliğine, atomun içine doğru ru-**

[73] Akit Gazetesi 17 Mart 1999

hun derinliğine ulaşırsınız. Bütün gönüller ne kadar zengin yaratılmışsa, bir tek gönül de o kadar zengin yaratılmıştır. Böyle bir yaratılışın içerisine yetersizliği, rızasızlığı, beğenmemeyi ifade eden hırs giremez.

Sınırsız Kudret'in her eserinde sonsuzluk okuyorsunuz. Bir insanı tüm insanlar kadar, tüm insanları bir insan kadar değerli kılan sır buradadır. Burada matematik işlemez; sonsuz tane sonsuzu toplarsanız hâlâ bir tane sonsuz eder.

Eğer insan, evrene hükmeden kanaate sahip çıkarsa, taşları delip geçen bitki kökleri kadar engelsiz; yiyeceklerini ayaklarının ucunda bulan kuşlar kadar rahat yaşayacaktır.

Azim, mümkün olan en fazla işi en iyi şekilde yapmaksa, evrende tam olarak bu oluyor.

Hırs gelişmeleri görünmez yapan kör noktadır. Hastalık yüzünden hayata küsenleri ölüm mü mutlu edecekti? Bugün sınavı kaybettikleri için üzülenler, hiçbir sınava giremez hâle mi gelmeliler? İlerliyorsunuz, gelişiyorsunuz, her gün yeni bilgiler ediniyor, yeni tecrübeler kazanıyorsunuz. **Mevcut imkânlarından mutlu olmayanlar, cumhurbaşkanı da olsalar mutsuzluğa mahkûmdurlar.**

Azim Tecellisi:

Sınırsız Kudret, milyarlarca türü bir defa yaratmakla bırakmamış, çizdiği bir tablonun arkasından hemen yeni bir tablo yaratmıştır. Eğer birkaç güzellikle yetinseydi, vadilere yazın başka, kışın başka bir görünüş kazandırmasına ne ihtiyacı olurdu? Eğer buğday insanın beslenmesine yetiyorsa, onun yanında, bir de patlıcanı, bir de elmayı yaratmasına; her birine binlerce farklı renk, koku ve tat yüklemesine ne gerek olurdu?

Azim,mümkün olan en fazla işi en iyi şekilde yapmaksa, evrende tam olarak bu oluyor.

Sınırsız Kudretin azmi, yarattığı türlerin çokluğu ve sınırsızlığıyla kalmaz; onların çoğunu tohumları aracılığıyla her yıl yeniden yaratır. Asırlar geçer, yeryüzüne yeni yaratık türleri gönderir; büyük dinozorlar gider, küçük kuşlar gelir. Adeta, dünya toprağı katrilyonlarca yaratığa yetmemiş; onları sırayla ve kafileler hâlinde göndererek yeryüzünde gezdirmiştir.

Modern bilimin tespit ettiği gibi, maddenin kendisini de her saniye yok edip var ediyor. Dev galaksilerden ibaret olan evreni, her saniye içinde binlerce kez yaratıp, kaldırıp yeniden yaratıyor.

Böylesine azimli bir Yaratıcının sanatı olan insan, hangi mantıkla azmi hırs olarak değerlendiriyor? Yırtınırcasına çalışan insanları hangi hırsla suçluyor? Sonsuzluğu kazanmak için çalışmak gerekiyorsa, dinlenme dışında, boş oturduğumuz her dakika, bizim için dehşetli bir kayıp değil midir?

"Ben" merkezli yaşayan insanlar, hırs bataklığına saplanmaya mahkûmdurlar.

2. HIRSIN NEDENLERİ

Bencillik, rekabetçilik, dış referanslar, acelecilik ve aşırı sorumluluk yüzünden hırsa saplanıyoruz:

a) Bencilce İstemek

"Kurada araba komşuma değil, bana çıksın. Bu sınavı okul arkadaşım değil, ben kazanayım." Bu tutumların adı kıskançlıktır, bencilliktir; ama, hemen ardından tatminsizliği, yani hırsı üretirler. "Ben" merkezli yaşayan insanlar, hırs bataklığına saplanmaya mahkûmdurlar.

Hırstan kurtulmanın yolu, kendi için istediğini aynı anda herkes için de istemektir.

b) Rekabet Etmek

"Benim şiirim onunkinden iyi olmalı. Benim konferansım daha kalabalık olmalı. O yapmadan önce veya ondan daha iyisini ben yapmak zorundayım." Bunlar yanlış. Zira her zaman daha güzel bir bayan, daha yakışıklı bir bey vardır.

Herkesi geçmek isteyen herkesin ardında kalır: Çözüm kimseyle yarışmamak, herkesin üstünlüğüne saygı duymak, kendimizle yalnızca kendimizi kıyaslamak ve sadece kendimizle rekabet etmektir.

c) Dış Referans

Dış referans, bir şeyin iyi olduğuna, başkaları öyle düşündüğü için inanmaktır. Eşinize gül almanızın nedeni Sevgililer Günü müdür? Annenize hediye almak için Anneler Gününü mü bekliyorsunuz? Hırs hastalığını yayan modaya düşkün müsünüz? Size ait eylem, herkesten bağımsız karar verdiğiniz eylemdir. **Tüm yönleriyle sizin olmayan eylem, size farklılık kazandırmaz.**

Önemli olan başarıya ulaşmak değil, yeni bir şey yapmayı başarmış olmaktır.

Dış referans zamanla i护ademizi yok eder; bizi sürünün sürünen bir parçası haline getirir. **Başkalarının kararlarıyla davranmaya devam edersek, kendi kararlarımızı veremez hale geliriz.** Çözüm: Eylemlerimizde başkalarının onayını ve taktirini beklemiyoruz; vicdanımızı dinliyoruz ve doğruluğuna inandığımız için yapıyoruz.

d) Acil Sonuç İsteği

Acele etmek gereklidir, bir işin peşinde sürekli koşuşturmak gerektiğini savunuyorum. Ama eğer **insan, çalışmaya devam etmekte aceleciliği, sonuca ulaşmakta aceleciliğe dönüştürürse, kaybeder.**

"Bir an önce zengin olayım" demek hırstır; "bir an önce zengin olmak için her gün çalışayım" demek kanaattir.

"Bu hastalık hemen bitsin. Bu aile baskısından hemen kurtulacağım. Hemen bir işe gireceğim. Hemen evleneceğim..." Durun. **Bugün diktiğiniz ağacın yarın meyve vermesi imkânsızdır.** Cennette değiliz.

Sonuçları hayal etmek bize sadece heyecan versin, sakin olalım. **Önemli olan, başarıya ulaşmak değil, başarı yolunda bugün yeni bir şey yapmayı başarmış olmaktır.**

e) Aşırı Sorumluluk

Ya eşiniz, ya çocuklarınız, ya arkadaşlarınız, ya da doğal iklim size acı çektiriyor. Herkesin kaderinin birbirini etkilediği ortak hayatlar yaşıyoruz. **Yaşadığımız her olaydan kendimizi sorumlu tutarsak, diğerlerinin hatalarıyla kendimizi cezalandırmış oluruz.**

Yaşadığımız her olaydan kendimizi sorumlu tutarsak, diğerlerinin hatalarıyla kendimizi cezalandırmış oluruz.

Başkalarının hatası yüzünden acı çekerseniz, ürettiğiniz psikolojik yükün altından kalkamazsınız. **Evrenin Hakimi, kimseye kaldıramayacağı yükü yüklemedi; ama, insan dünyayı sırtına almaya kalkıştı.**

Bizi bunaltan acılar fizyolojik değil, psikolojiktir. Ruhsal acılarımız dinmiyor; çünkü beden ölümlü; ama, ruh ölümsüzdür. Sheakespear, "Korkaklar bin kere ölür, cesurlar bir kere" demiştir.

Elinizden geleni yaptıktan sonra, herkesi yaptığının karşılığını görmeye terk edin. Herkes yaptığının bedelini ödemek zorundadır. **Evrensel adaletten acı çeken vicdan, zalimin tarafını tutan vicdandır.** Bizim elimize sadece kendi irademiz verilmiştir.

3. HIRSIN ZARARLARI

Hırs, ruhsal enerjiyi tüketir, bedeni güçsüzleştirir, engelleyici enerji yayar, vazgeçtirir ve yalnızlaştırır:

a) Ruhsal Enerjiyi Tüketir

Hırs şöyle düşündürür: "Çırpınıyorum, hak ettiğimi alamıyorum. Çalışıyorum, öğrenemiyorum. Bana haksızlık yapılıyor." Karşılığını alamadığını düşünen insan sevinemez, coşamaz, ümit edemez. Emeklerinin işe yaramadığını düşünen insan telâşa kapılır; daha da beter kaybeder.

Telâş bastırırsa, yorgunluk, yılgınlık, isteksizlik ve nihayet çaresizlik bizi kuşatır. **Zorluklara dayananların azimleri vardır, kanaatleri vardır; fakat hırsları yoktur.**

Zulüm ve sapkınlık dışındaki her hâli şükürle karşılamayı başaran insan durdurulamaz.

b) Bedeni Güçsüzleştirir

Hırs ruhumuzu gerdiği gibi, ruhsal gerginlik aracılığıyla bedenimizi de gerer. Bedensel gerginlik stres üretir ve stres kalp ile birlikte beynin zorlanmasına, sinirlerin yıpranmasına neden olur.

Beynimizdeki bilgi akışını sağlayan küçük kimyasal maddeler stres yüzünden ölür, azalır ve beynimiz hızla körelmeye başlar. Bu süreç vücudumuzun savunma sistemini de tahrip eder ve hastalıklar vücudumuzu kuşatır.

c) Engelleyici Güç Yayar

Hırstan kaynaklanan içsel gerginlik, ses tonuna, vücut diline ve yaydığımız tüm mesajlara sirayet eder. **Başkalarına çaresizlik dağıtanlara, başkaları çare sunamazlar.**

Sözleriniz zevk vermiyorsa, bir dahaki konuşmanızı dinlemek için gelmezler. Mutluluk yaymıyorsanız, dükkanınıza uğramazlar. Yanınızda ve tarafınızda diğer insanlar yoksa, Dünyada kalıcı eserler bırakamazsınız. **Zafer zaferi, yenilgi yenilgiyi besler.**

Defalarca duydum: "Gariban hep garibandır. Düşmeye gör, bir tekme de diğerleri vururlar." Garibanlık ruhsal bir olgudur. Asıl düşen, beden değil kalptir. Öyle fakirler vardır ki, ilimlerine hayran kalırsınız, onlara "gariban, zavallı" gibi sıfatlar yakıştıramazsınız. **Zulüm ve sapkınlık dışındaki her hâli şükürle karşılamayı başaran insan durdurulamaz.**

d) Vazgeçtirir

Aşamayacağınıza inandığınız engele direnmezsiniz. Hırs, engellerinizi ve düşmanlarınızı gözünüzde büyütür. Bütün insanları kötü ve bencil görürsünüz. Ruhlar kötülükten acı çeker; vicdanlar düşmanların arasında huzur bulamaz. Büyük acıların ucunda, vazgeçmek, görevden kaçmak vardır.

Aşamayacağınıza inandığınız engele direnmezsiniz.

Acı çektiren evliliğe bir yere kadar dayanabilirsiniz. Ders çalışmak acı çektiriyorsa, gün gelir artık asla kitap okuyamazsınız. Sonuç okuldan atılmak da olsa kabullenirsiniz. İntihar girişimlerinin altında genellikle böyle bir yıkılma ve bunalım vardır.

Bir bakan, bir tekstil şirketinin sahibi intihara kalkıştı. Başarılı sanılan bir profesör, bir sanatçı intihar etti. Hırslı yaşıyorsanız, statünüz ne olursa olsun, ister zengin, ister fakir olun, mutlaka acı çekersiniz ve sonucunuz kaçınılmazdır: Kurtulmak için vazgeçmek. Ama nasıl, nasıl olursa, yeter ki kurtulun.

e) Yalnızlaştırır

Hırs, insanı hem Şefkatli Sahibi'nden, hem de evrenden koparır. Evrenin her köşesini güzelliklerle cömertçe kuşatan Yaratıcımız, her şeyi vermek istiyor, istemeyi bilmiyoruz.

Bir dilenci düşünün ki, yoldan geçerken size, "Hemen bana yüz milyon ver!" diye emrediyor. **Sorun 1:** İtiraz edersiniz, "verme kararı bana aittir." **Sorun 2:** "Ayrıca ne kadar vermeyi taktir ettiğimi de ben bilirim. Bana, '100 milyona ihtiyacım var' diyebilirsin." Dersiniz. **Sorun 3:** İsterken sizi küçümsüyor. Alaycı bir tutum takınıyor. **Sorun 4:** Yine de veriyorsunuz; ama, vermediklerinizi de almaya kalkışıyor. Elinizdeki ekmeğe dadanırken, sanki çekip aldığı, sizin ondan gasp ettiğiniz kendi malıdır. **Sorun 5:** Yine de verdiniz; ama, "Neden daha fazla vermedi?" diye sizi sorguluyor. **Sorun 6:** Siz uzaklaştıktan sonra da aleyhinizde her türlü iftiraları yayıyor.

Kendisine tüm bunları yaptığımız hâlde, hâlâ bize güzel çocuklar hediye eden, her bahar bizim için harika meyveleri çamurlu sular arasından süzüp paketleyerek bize gönderen engin şefkatli bir Koruyucumuz var. Hırslı insanın Yaratıcısına yaptığı, bu örnekteki dilencinin size yaptığından da beterdir.

İnsan Yaratıcı kadar zengin ve onun kadar cömert değildir.

Kanaat diliyle isteyene yardım etmeden geçseydiniz, vicdanınız sızlayacaktı. "Çocuklarıma süt almaya ihtiyacım var" diyen bir anneyle karşılaşırsanız, çocukların ihtiyacı kalbinize ok gibi saplanır. Bu sevgi dilini dinleyin.

İnsan, Yaratıcı kadar zengin ve onun kadar cömert değildir. Eğer hırs insanı Evrenin Sahibi'nden bile koparabilmişse, tüm evrenin dostluğundan çoktan koparmıştır. Çünkü hiç kimse Yaratıcıdan daha sabırlı ve bağışlayıcı olamaz. Bahçemizdeki ağacın dalından elmayı çalarken, elmanın Yaratıcısı bize "hırsız!" demiyor. Ama, insanlar onların bahçelerine girdiğinizde, bu suçlamayı yapmak için bir saniye bile tereddüt etmezler.

f) Mutsuz Yapar

Kanaat mutluluğu, hırs mutsuzluğu besler. Sevinç ve üzüntü, kalbinizin derinlerinde yaşadıklarınızın eseridir. Mutluluğu başaran insan, ister fakir olsun ister zengin, ister yalnız kalsın, isterse dostlar tarafından kuşatılsın, her hâlükarda mutludur. Mutluluk özel bir başarı sanatıdır.

Fakirlikten kurtulmak için yola çıktığınızda, bugün bulduğunuz bir parça ekmek sizi sevindirmez mi? Kanaat bunu yaptırır. Mutsuz bir serçe göremezsiniz. Oysa onun evi, arabası, mutfağında biriktirdiği yiyeceği yoktur. Bir saat sonra nerede ne yiyeceğini bilmez. Doğrudan Güneşin altında, yağmurun, sıcağın, soğuğun içinde yaşar.

Hırslı insan, bir serçenin şartlarında yaşasaydı, endişeden intihar ederdi. **Hırs, imkânlarını ve ilerleyişini insandan gizler; onu taktirsiz bir nankör hâline getirir.**

Bitki, küçük bir tohumken de güzeldir, çiçek açtığında da, yaprakları solduğunda da güzeldir. Yemyeşil bahar bahçelerinde gezinirken, sararan sonbaharın serin rüzgarlarında dans etmeyi özlemiyor musunuz?

Kışı yaz kadar sevmediniz mi? İlk bahar, sonbahar kadar güzel değil miydi? Gelişmenizin her evresinde güzel olan bir şeyler bulabilirsiniz. **Bugün yapraklarınız ne kadar güzelse, yarın çiçekleriniz de o kadar güzel olacak.**

Hırs, imkânlarını ve ilerleyişini insandan gizler; onu taktirsiz bir nankör hâline getirir.

Hırs dünyayı ayaklarınızın altından kaldırıp sırtınıza yükler. Hırs hastalıkları diriltir. Birkaç günde iyileşebilecek hastalıklar hırs yüzünden yıllarca yok edilemez. Özellikle psikolojik hastalıklara yakalananların diyebiliriz ki tek ilaçları kanaattir.

Hırs yüzünden, küçük çirkinliklerde fırtına koparan, ama küçük güzelliklerdeki mutluluğu göremeyen insanlar hâline geliyoruz.

4. SOMUT DENEYİMLER

Hırs, çabalarınızı sonuçsuz bırakabilir. Başarıya çok yaklaştığınız anda hayallerinizi yok edebilir. Aşağıdaki örneklere bakın:

a) Sınav

Üniversitemizin üçüncü yılında yoğun sosyal faaliyetlerin içerisindeydim. Bir yandan vakıf faaliyetlerine katılıyor; diğer yandan çevremizdeki liselerden genç arkadaşlarla, hafta sonları, seminerler düzenliyorduk. Arkadaşlarımızın bitmek bilmeyen öğrenme çabaları, bize de heyecan veriyordu.

Bu akış içerisinde, derslerim de başarılı seyrediyor; sınav sonuçları ilân edildiğinde adımı listelerin başında görüyordum.

Gurura ve hırsa kapıldım. Yoğun baş ağrılarım yüzünden, evimde günde 15 dakika ders çalışabiliyordum; ama, tüm dersleri takip ediyor, dersi derste öğrenmek için elimden geleni yapıyordum. "Bu kadar az çalışmayla böyle bir başarı elde edebiliyorsam, daha sıkı çalışarak bölüm birincisi olabilirim" diye düşündüm. Böylece başarımla gururumu tatmin edecektim.

Hırs, tembelliğin öteki ucudur ve tüm uçlar insana zarar verir.

İkinci vizeler için şiddetli bir yoğunlukla çalışmaya başladım. Kitapları didik didik ediyor, bulduğum her dakikayı ders çalışmakla geçiriyordum. Ama, bunları yaparken diğer sorumluluklarımı terk ettim. Öğrenci arkadaşlardan uzaklaştım ve özel çalışma odama kapandım.

Bir ay sonraki ilk sınavım iktisat dersindendi ve bu sınavdan yüz puan almayı hedeflemiştim. Sınavda on tane soru soruldu. Çözüme başlayınca birden beynim durdu; ilk anda çok basit olduğunu sandığım soruların hiç birine cevap veremiyordum. Terledim, paniğe kapıldım, başaramayacağım korkusuyla titremeye başladım.

Sınav sonuna doğru aklım başıma gelmişti. Kendimi sorguladım. Anladım ki, hırsa kapılmışım ve başarıyı üstünlük nedeni görmek gibi bir düşünceye saplanmışım. Üstelik birinci olacağım diye, diğer hayatî görevlerimi terk etmişim.

Sonuç bana unutamayacağım bir ders verdi. Bu dersin ilk vizesinde sınıf ortalaması 60 iken, ben 90 puan almıştım. Bu defa sınıfın sınav ortalaması 80'di ve ben ne yazık ki sadece 15 puan alabildim.

Bu sınavdan sonra, eski çalışma programıma geri döndüm. Karşılığını da hemen görmüştüm, çünkü birinci olamasam bile, yüksek notları almaya devam ediyordum.

Hırs insanı kapasitesini birden aşmaya zorlar ve aniden yükselme çabaları, tökezleyerek düşmeyle son bulur.

b) Okumalar

Bir dönem kendimi geliştirmek için yoğun okumaların içerisine dalmıştım. Derya Kütüphanesinden her akşam 2-3 kitap alıyor; ertesi gün, iade ederek yeni kitaplar istiyordum.

Kanaat tam orta yolda, istikrarlı şekilde ilerlemenizi sağlar.

Arkadaşlar beni, kendini ispatlamaya çalışan bir çömez sanıyorlardı. Gerçekten de sabahlara kadar okuyordum, uykularımla savaşıyor, omuzlarımı masanın üzerinde zorla tutuyordum.

Birkaç ay sonra anî bir çöküş yaşadım. Okumaya karşı müthiş bir sıkıntı ve ardından nefret geliştirdim. Okuduğum hiçbir yazıyı anlamaz hâle gelmiştim. Kendime yaptığım aşırı baskı patlamış ve beni okumaktan mahrum etmişti.

Bu olaydan sonra eski okuma çabalarıma iki yıl boyunca geri dönemedim. Okuyamadığım için yazmayı da bırakmıştım. Çünkü kendimi geliştiremiyor, yazacak veya anlatacak yeni bilgiler ve yaklaşımlar yakalayamıyordum.

Merhum Mustafa Ruşen hocadan Hızlı Okuma dersleri alıncaya kadar geçmişimdeki bu hatanın izleri üzerimde devam etmiş-

tir. Hırs tembelliğin öteki ucudur ve tüm uçlar insana zarar verir. Kanaat tam orta yolda, istikrarlı şekilde ilerlemenizi sağlar.

c) Ekonomik Kayıplar

Bir borsacı, borsada çok kazanmanın sevimli hayallerine daldı. Çeşitli spekülasyonların içerisine giriyordu.

İstikrarlı şekilde ilerlemesi ve kaldırabileceği kadar risk üstlenmesi gerekirdi. Tüm sermayesini borsaya yatırmakla yetinmedi; çevresindeki arkadaşlardan milyarlarca lira borç alarak borsaya yatırdı ve hepsini batırdı. Kurtuluşu intihar etmekte buldu. Kaldırabileceğiniz risk, tüm varlığınız kadardır. Daha fazlasını üstlenirseniz, işin içerisine hırs girer ve kaybetme ihtimaliniz yükselir.

İstikrarlı ilerlemek istiyorsanız, kaldırabileceğiniz riskleri üstlenmelisiniz..

Bankerzedelerin hikayesini bilirsiniz. Çok yüksek faiz önerisinin cazibesine kapılan bazı kişiler, paralarını bankerlere yatırmakta tereddüt etmediler. Bankerler battı ve pek çoğu yatırdığı parasını kurtaramadı.

II- NASIL KANAAT GÜCÜ?

Kanaat gücünü nasıl kullanacaksınız?

1. KENDİNE YÖNELİK

Kendimize yönelik kanaatin geliştirilmesi şükür alışkanlığına ve görevimize odaklanmamıza bağlıdır:

a) Israrla Şükret

Teşekkür bizi bencillikten alıkoyar; böylece bizi hırstan da uzaklaştırır. Yaratıcımız, dileklerimizi dinlerken kalbimizin içtenliğini dikkate alır. Şükürle yoğrulmayan bir kalpten çıkan dua, saygısız duadır; bencil duadır, hırslı duadır.

Teşekkür etmeyenlerin ruhlarından şu anlam çıkar: "Değer vermiyorum, önemsemiyorum!" İsteksizliğin en basit ifadesi ilgisizlik; istemenin en açık ifadesi teşekkürdür. Meister Eckehart **"Tüm hayatınız boyunca ettiğiniz duanın 'teşekkür ederim' olması yeterlidir."** demiştir. Şükür, insanı aşağılık bir şeytan olmaktan kurtaracak ilk adımdır ve nankörlük şeytanı meleklerin hocalığından cehenneme sürükleyen ilk hastalıktır.

İslâm Peygamberi (asm) şöyle der: **"Nimetten dolayı şükretmek, nimetin gitmesine karşı bir garantidir.[74]"** Şükretmek hayranlık duymaktır.

[74] Hz. Muhammed (asm), Cami'us-Sağir 3:418 Hadis No:3836

İyilikler ve yardımlar görüyoruz. Geleceğimizde büyük etkileri olan insanların payını hemen unutuyoruz ve Karun gibi haykırıyoruz: "Ben yaptım!" Acaba bunu bir adada tek başına başarabilecek miydin?

Fikrimizin temelini başkası atmışsa, temelimizde onun etkisi vardır. **İnsanlara nankörlük eden, evrenin Sahibine de nankörlük etmekten kurtulamaz.** Unuttuğumuz en küçük borç, bir gün bize hatırlatılacak ve ödetilecektir.

Öğretmenlerimize servetimizi versek, üzerimizdeki haklarını ödeyemeyiz. İnsan, hayatında olumlu değişiklikler yapan her varlığa borçludur. Bu bir karınca bile olsa...

Damlayarak birikmiş her başarı denizinin yanında, onunla eşzamanlı birikmiş bir şükür okyanusu vardır.

Güneşten bunalarak gölgesine sığındığımız ağacın iyiliğine, hararetimizi gideren bir bardak suyun yardımına karşı, şükran duygularıyla dolmamız gereken kimse yok mu? Nankör olmayan insan, en büyük Vericiyi arayacak ve vicdanı, Ona teşekkür edilmesi gerektiğini hatırlatacaktır.

Bugün akşama kadar kaç defa şükrettiğinizi hatırlıyor musunuz? Ya geçmiş yıllarınız boyunca her gün? Kime ve ne için mi teşekkür edeceğiz?

Bugün bize sunduğu oksijen nedeniyle... Güneşi altında bizi ısıtıp aydınlattığı için... Bulutlarla serinlik yaptığı için... Çevremizdeki ağaçları estetik tasarladığı için... Gökyüzünü rahatlatıcı renkle donattığı için... Kuşların seslerini güzel yarattığı için... Leylakların kokusundan hoşlanmamızı sağladığı için... Daha ne isteyebiliriz? "**Aza şükretmeyen, çoğa da şükretmez. İnsanlara teşekkür etmeyen Allah'a da şükretmez.**"[75]

Sanat yıllarca sürdürülen çabalar sonucunda gelişir. Bir merdivenin basamakları gibi adım adım çıkacaksınız. Bir sonrakini

[75] Hz. Muhammed (asm), Cami'us-Sağir 3:279 Hadis No:3398

almanız, bir öncekinden memnun olmanıza bağlanmıştır. **Damlayarak birikmiş her başarı denizinin yanında, onunla eş zamanlı birikmiş bir şükür okyanusu vardır.**

Şimdiki küçük değerleriniz nedeniyle teşekkür edemiyorsanız, büyük değerleri hayal etmeyi unutun. **Hiçbir akıllı şirket, en basit işi iyi yapamayanın sırtına, en büyük işin sorumluluğunu yüklemez.**

Aşağıdaki üç alanı teşekkürle doldurmanızı öneriyorum:

Kişisel Varlığınız: Vücut organlarınız, duygularınız ve zihinsel yetenekleriniz vazgeçemeyeceğiniz kadar değerlidir. Onları kimden almışsanız, ona teşekkür edebilmelisiniz.

Aile bireyleri, akrabalar ve arkadaşlar, insanın en değerli varlıklarıdır.

Ellerimin değerini bilmiyordum. Onları bir bez parçasıyla bağladım ve işlerimi yapmaya çalıştım. Böyle yapmasaydım onları bu kadar sevemeyecek, aklıma geldiklerinde onları bana verene içtenlikle teşekkür edemeyecektim.

Koku duyusunun ne kadar değerli olduğunu bilmiyordum. Bir gün sinüzitten ameliyat oldum ve koku duyum kalıcı şekilde azaldı.

Hayattan ders almak istiyorum. Yüksek numaralı gözlüklerini çıkardığında beni hayal meyal gören İhsan Turgut'un gözleriyle bakmaya çalışıyorum. Ağır grip geçirdiğimde, yemeğin lezzetini algılamanın ne kadar değerli olduğunu fark ediyorum.

Sosyal çevreniz: Aile bireyleri, akrabalar ve arkadaşlar, insanın en değerli varlıklarıdır. Onlar sizinle oldukları için mutlu olmalısınız. Değerinizi taktir edemeseler de, onların mutlaka bir değeri vardır ve o değeri dünyadan ayrıldıklarında anlayacaksınız.

Eylemleriniz: Kendinizi gerçekleştirmek ve hayata tutunmak için çırpınırsınız. Zaman içerisinde yeni yetenekler ve imkânlar biriktirirsiniz. Penceresinden sokağı seyretmeye mahkûm insanların yaşadığı bir dünyada, parklarda gezinebilme becerisine sahip olduğumuz için şükretmeliyiz. Yazabilmeye, okuyabilmeye, çalışabilmeye... Akşama kadar yaptığımız her güzel şeyi yapabilmeye şükretmeliyiz.

Çocuklardan ders alırım. Akşam onlara alacağınız bir tek sakızdan bile mutlu olurlar. Öğrenciliğim sırasında, bir akşam, kapısının zilini çalan komşumla birlikte yürümüştüm. Kapıyı açan çocuğun, sevinçten gözleri parlamış, cennete kavuşmuşçasına "Anne, babam geldi!" diye çığlıklar atmıştı. Bizim de mutlu olmamız için, Kaderin Sahibinin bize her akşam bir araba hediye etmesini mi bekliyoruz? Her sabah hediye ettiği Güneş, her akşam üstümüze yaydığı yıldızlar yetmiyor mu?

Şükür başkalarına sunduğumuz bir hediye değil, kendimize sunduğumuz bir onurdur.

12 Ağustos 2000 saat 20.00'de komşumuz Müşerref Karaaslan'ı terminalden İstanbul'a yolcu etmiştik. Gece yarısı şok olmuş hâlde geri geldi. Otobüsleri, bir saat sonra, beton direk taşıyan kamyonla çarpışmış; kamyondan dökülen direkler otobüsü ezip parçalamıştı. Beş kişinin öldüğü ve 21 kişinin ağır yaralandığı o kazadan sağlam kurtulan üç kişiden biriydi. Şimdi, ölümlerin arasından sıyrılarak dün gecenin sabahına ulaşan bu komşumdan daha içtenlikle şükredebilecek olan kimdir?

Şükür önce kendimiz içindir, başkaları için değil. **Şükür başkalarına sunduğumuz bir hediye değil, kendimize sunduğumuz bir onurdur.** Şükürsüzlükler, problemlerin büyümesine, acıların artmasına neden olur.

Gün boyu bir hastalığa odaklanırsanız, onun vücudunuzu kuşatmasına neden olursunuz. Şükür, olayların iyi tarafına odaklanmanıza neden olur ve böylece iyi taraflarını besler.

"Hayat ne olursa olsun yaşamaya değer" diyen Kazım Kanat, yüksek moral ve sevgi çemberi sayesinde, kanseri nasıl yendiğini anlatıyordu.[76] Hâline şükredenden daha yüksek morale kim sahip olabilir?

Sevmediğiniz işi, gittikçe daha kötü yaparsınız; ya atılırsınız, ya da terk edersiniz. Sevmediğiniz dersten çok başarılı olamazsınız. Kendini çirkin sanan, bu inancı yüzünden gittikçe çirkinleştiğinin farkında değil. Güzelin güzelliğini arttıran, kendini güzel bularak hâline memnun olmasıdır.

b) Görevine Odaklan

Aşkı uğrunda dağa tünel kazan Ferhat, hırslı olsaydı şöyle düşünürdü: "Yıllardır kazdığım hâlde, öteki tarafa varamadım. Kıyamete kadar bu tünelde ilerlemeye dayanabilecek miyim?"

Güzelin güzelliğini artıran, kendini güzel bulup haline memnun olmasıdır.

Kanaatkar azmin ona söyleteceği şudur: "Ne mutlu bana ki, hâlâ kazıyabilecek güce, devam etmek isteyen iradeye sahibim. Çok şükür ki metrelerce yol aldım ve bugün bir santim daha ilerleyebildim."

Gücünüz bilincinizde saklıdır: En güçlü insan, bilincini işine odaklandıran insandır. Geçmişte yaptıklarınızı veya gelecekte yapacaklarınızı düşündüğünüz ve diğerlerinin yaptıklarıyla ilgilendiğiniz ölçüde gücünüzü kaybedersiniz.

Görevinize odaklanacaksınız. Eğer yarı yolda kalıp Dünyadan ayrılırsanız, yine siz kazanacaksınız. Çünkü size görev verenin huzuruna çıktığınızda, ödülünüzü nereye gittiğinize göre alacaksınız.

Varsayın ki bu dünyada tezkeresini bekleyen bir askersiniz. Sonuna kadar askerlik yapamadan ayrılırsanız çok mu üzülürsünüz? Gerektiğinde şehit olmak onur verici değil midir?

[76] Akşam Gazetesi, 22 Haziran 2000

Tamir ederken, zihnimiz yıkıcılarla uğraşmamalı. **Bilincimiz görevimizden koptuğunda önce görevimiz aksar.** Odağımızdan saptığımızda, herkesin yoldan çıktığını düşünürüz ve hırslanırız; sonra da bu hırs tüm mücadeleden bizi koparır.

İleriye bakmak şarttır: Çünkü 20 yıl boyunca ne yapacaklarını şimdiden hayal edenler, yolculuklarını başarıyla tamamlarlar. Ama ileriye bakmak tehlikelidir: Çünkü 20 yıl boyunca yaşayacaklarını bir araya toplayanların karşılarına aşılmaz bir dağ çıkacaktır.

Şimdiye kadar yaptıklarınızı bir daha yapmayı hayal etseniz korkarsınız; oysa onları yapabildiniz. Başarmayı hedeflediğiniz şey gerçekte çok büyüktür. Ama o büyüklüğü günlere, dakikalara bölerseniz, müthiş küçülürler. Yılda 525 bin defa gülümsemek zor gelir değil mi? Oysa bu, dakikada bir kez gülümsemekle aynı şeydir.

Kendini aşamayan rakibini aşamaz.

2. DİĞERLERİNE YÖNELİK

Çevremize ynelik kanaatimizi korumamız, sadece kendimizle yarışmamıza ve başkalarını içtenlikle taktir etmemize bağlıdır.

a) Kendinle Yarış

Başkalarıyla yarışanlar bir konuda başarılı bir eser vermek istediklerinde, bir başkasının o eseri çoktan verdiğini görürler. Başkalarını geçmek istedikleri her alan, şampiyonlarını çoktan ilan etmiştir.

Bazı büyüklerim bana, "Her şey yazılmış, çizilmiş; kitap yazmış olmak için mi uğraşıyorsun?" dediler. Bazı okuyucular, kitaplarımı raflarda gördüklerinde, "Kendisini yazar sanan yeni birisi daha çıkmış" diye düşünmüşler. Çok kişi, o raflarda farklı bir sayfanın bulunduğunu, okuduktan sonra fark etmiştir. **Kendinizle yarışır; taklitten uzak özel bir dünya kurarsanız; Kaderin Sahibi, insanların dünyasında sizin için özel bir sayfa açacaktır.**

Başkasıyla rekabet ettiğimizde sık sık geride kaldığımızı göreceğiz; moralimiz bozulacak. Moralsiz insanlardan mükemmel eserler bekleyemezsiniz.

Başkalarıyla rekabet, onları taklit etmeye çalışmamıza yol açacaktır. Hiçbir gerçek başarıya taklitle ulaşılmamıştır. **Sıra dışı olmak, farklı olmayı, yeni ve özgün olmayı gerektirir ki, bunun yolu insanın kendiyle rekabet etmesidir.**

Başkalarıyla rekabet yenilgiyi, kıskançlığı, başarısızlığı ve dışlanmayı doğurur.

Evren diğerleriyle rekabet esası üzerine yaratılmamıştır. Arı kendiyle, karınca kendiyle yarışır. Bir arı bal toplarken diğer arı umurunda bile değildir.

Kendimizle yarışırken elbette başkalarını da geçeceğiz; hem de şimşek hızıyla... Ama kimleri geçtiğimiz veya kimlerin gerisinde kaldığımız hiç umurumuzda olmayacak. **Kendini aşamayan rakibini aşamaz.**

Kendimizle yarışmadığımızda, kendimizi aşamayız. Bu defa rakiplerimizi yavaşlatma taktiklerine başvururuz: İftiraya, gıybete, aşağılamaya sığınırız. Onurumuzu kaybettiğimizde, elde edeceğimiz şeyin adı "zafer" olmayacaktır.

"En güzel surette yaratıldığını" bildiğimiz insanı haksız yere[77] aşağılamaya kimsenin hakkı olamaz. Allah, kendine meydan okumaya cüret eden Firavuna bile Musa(as) Peygamberini göndererek, onunla en iyi lisanla konuşmasını öğütlemişti.

[77] Cinayeti, terörü, zulmü, tecavüzü, onursuzluğu açıkça, kasten ve inatla yaymaya çalışanlar, bu prensibin dışında tutulmuştur. Bunun dışında, kişisel hatalarından utanarak onları gizlemeye çalışan insan aşağılanamaz; gizli "özel ve kişisel" kusurları açığa çıkarılamaz.

Başkalarıyla rekabet yenilgiyi, kıskançlığı, yorgunluğu, başarısızlığı ve dışlanmayı doğurur. Kendiyle rekabet edense, sürekli birincidir; dinlenmeye ve kendini dinlemeye vakit ayırabilir; kalbi rahattır, dışlanamaz ve kimse onu kıskanamaz. Üstünlüğünü ve başarısını kimseye ispat etmek zorunda değildir.

Başkalarıyla rekabet, çoğu zaman yanıltıcıdır. Hz. İsa'nın(as) dediği gibi, gün gelecek, "Birincilerin bir çoğu sonuncu, sonuncuların da bir çoğu birinci olacak." Bugün zirvede sandıklarınızı yarın çukurda görebilirsiniz.

"İki günü eşit olan zarardadır." Bugünü dünden daha iyi olmayan kaybediyor. Manevî mesajların özünde "çok iyi olmak için elinizden gelen gayreti gösterin" anlamını çıkarabilirsiniz; ama, "başkalarından iyi olmayan zarardadır, herkesten iyi olun" gibi bir ilâhi emir gösteremezsiniz.

İntikam ve öfke duygusu, önce sahibini cezalandırır.

Allah'ın kulu bir tane mi, neden herkesten iyi olayım; hepimizin en iyi olmamız için birlikte ve omuz omuza vererek çalışmamızın ne zararı var? Bugün bir adım daha ilerdeysem, yarışımın birincisi benim ve herkesin aynı anda birinci olmaya hakkı vardır.

Kendinizle yarışırsanız, kendi geçmişinizde kalan nefsinizi eleştirmekte hiçbir zarar yoktur. Eski hatalarınızı "yüzünüze" vurmakla gıybet yapmıyorsunuz; gelişiminizi sağlayacak bir kapı açıyorsunuz.

Varsın kimse birinci oluşunuzu taktir etmesin. İsterlerse ailenize ne kadar katkı sağladığınızı görmesinler. Sevginize ihanet etmeyi onurlarına yakıştırıyorlarsa, buyursunlar. Onların hataları yüzünden kendinizi niçin cezalandıracaksınız? **İntikam ve öfke duygusu, önce sahibini cezalandırır.**

Rekabet ederseniz, iyiliğinize karşılık beklersiniz. İnsanlardan karşılık beklerseniz, işin içerisine çıkarcılık ve ticaret girer. Kaderin Sahibi aradan çekilir ve sizi karşılık beklediğiniz nankör insanlarla karşı karşıya bırakır. **Kendiyle yarışan, yalnızca Yaratı-**

cısına dayanır; bu yüzden emeğinin karşılığının kefili Yaratıcıdır. Onun vereceği karşılık, hiçbir cömertin karşılığına benzemez.

Yine de, nankörlükler dayanamayacağınız kadar şiddetli ise, o zaman terk edin; öyle insanlardan kopun. Kaderin Sahibi bir peygamberi eşinden, bir diğer peygamberi çocuğundan koparmıştır.

b) Başarıları Taktir Et

Hırs, kıskançlığı, kıskançlık taktirsizliği doğurur. Başkalarını taktir edemeyen, kendini de taktir edemez. Kendini taktir edemeyen başarısız olacaktır.

Kendi önemini fark eden, başkasının da önemini fark eder. **Mazluma yardım etmenin önemini, zulme uğradığınızda anlıyorsunuz.** Bu karşılıklı etkileşim, değişik şekillerde gerçekleşir:

Gözünüzdeki en değerli insan, gözünde en değerli olduğunuz insandır.

Birincisi: Çevrenizdeki ve elinizdeki varlıkları ne kadar değerli görürseniz, kendinizi o kadar değerli görürsünüz. Bastığınız toprak altınsa, siz altın üzerinde yürüyen bir insansınız. Doğa bir hazine ise kendinizi hazinenin bir parçası gibi görürsünüz.

İkincisi: Tüm temiz çevreler, kendilerine akan ışığı yansıtırlar. İyiliğin karşılığı iyilik, sevginin cevabı sevgidir. **Sizin gözünüzdeki en değerli insan, gözünde en değerli olduğunuz insandır.** Sevmediklerinizin sizi sevmelerini boşuna beklersiniz.

İnandığınız güzellikleri,[78] taktir edin. Coşkunuz artacak, coşku dağıtacaksınız ve bir gün taktir ettiğiniz insanların destekleriyle karşılaşacaksınız.

[78] Etkili taktir şahıslara değil, yaptıklarına yöneltilir: "Sen harika bir şairsin" demek yanlış, "harika şiirler yazmışsın" demek doğrudur. Şahıslara taktirin iki tehlikesi vardır: Birisi, inandırıcılığı zayıftır. İnsanlar iyi iseler, bunun bir nedeni olmalıdır; onu iyi anlayıp anlamadığınızı sorarlar. Diğeri, şahıslara taktir insanları gurura sürükler ve gurur başarının düşmanıdır. Taktir, başarıyı körüklemek için kullanılmalıdır; köstekleme için değil.

Önce kendi başarılarınızı taktir edin. Her başarınız taktire layıktır. Bir öğrenci, üniversite sınavında çok yüksek not alamadı diye utancından evine gidemedi. Kimler daha iyi çalışır? Çırpınışlarının sonuçlarından her zaman memnun olanlar mı, olumlu çabalarının sonuçlarını utanç verici görenler mi?

Kendinizi taktir edin: Yemeğinizi kendiniz yiyebildiniz. Tırnaklarınızı kesebildiniz. Evinizin yolunu bugün de bulabildiniz. Saçlarınızı yıkayabildiniz. Sizin varlığınıza değer veren ve sizinle mutlu olan en az bir arkadaş kazanmayı başardınız. Bugün sizinle selâmlaşmak sayesinde bir kişi mutlu oldu.

Bize sunulan hizmetlerin gerçek değeri, parayla ölçülemez.

Yaratılışını ve doğasını değersiz ve çirkin gören insan, Evrenin Sahibi'nin çirkin ve değersiz bir eser tasarladığı ima ettiğinin farkında mıdır? Ben yaratılışımı sevmiyorsam, Yaratıcımı da sevmediğimi ima etmiş olurum. **Eserlerinizi sevdiğinizde yaşadığınız sevinç, Yaratıcınızla paylaştığınız sevinçtir.** Zira siz O'nun eseri olduğunuz gibi, sizin eserleriniz de O'nun eseridir.

Diğer insanları taktir edin: Orada çocuklarını un çorbasıyla da olsa besleyebilen, onların acılarına ortak olan bir anne var. Ötelerde bir öğrenci, başarılı olabilmek için geç saatlere kadar çalışıyor. Küçük çocuk, ailesine katkı olsun diye sokaklarda ayakkabı boyuyor.

Çevremizin temiz olmasına adanan birkaç genç, temizlik bilincinin yaygınlaşması için çalışıyor. Bir genç yaşlı amcaya otobüste yerini verdi. Göremeyen o adam, çiçek satarak geçimini sağlamak amacıyla sokaklarda yaşıyor.

Vatanı uğruna gurbete çıkan, eşinden dostundan ayrı asker, hafta sonu iznine çıkmış, bir sonraki haftanın yükünü omuzlamasını sağlayacak gücü biriktirmeye çalışıyor. Polis, trafiği düzenlemek için yakıcı Güneşin veya titretici soğuğun altında, arabanızdan çıkan zehirli gazları soluma pahasına kavşakta bekliyor.

Bir insanın kendi geleceği, akrabaları, eşi ve çocukları için çırpınması taktire değmez mi? Bebeğini sokağa terk eden vicdansız anneyi aşağılıyoruz da, çocuklarını canlarına katan vicdanlı anneleri neden taktir etmiyoruz?

Belki herkes işinin karşılığında bir maaş alıyor. Ama aldıkları ücret, çabalarının gerçek karşılığı olabilir mi? Ödediğimiz ücret maddi karşılıktır; ama, manevî karşılık taktirdir: Ücretlerini ödesek de, insanları, hizmetlerinden mutlu ederek ayrılmaktır.

Bize sunulan hizmetlerin gerçek değerini parayla ödeyemeyiz. Çünkü gerçek değer, hiç olmadığı zaman oluşan değerdir. Suyun gerçek değerini çölde anlarız. Biz bir takım elbiseye gerçek değerini ödüyor değiliz. Belki bizim hizmetlerimize de gerçek değer ödenmiyordur.

Taktir, maddi fakirliğin içerisindeki insanı manevi zenginlikle kuşatır.

Diğer yaratıkları taktir edin: Sevginize sevgiyle karşılık veren bir kediniz oldu mu? Bir kaşık bal yerken, arkasında ölümüne çalışan arıları görebiliyor musunuz? Bir elmayı ısırırken, dallarından yüzlerce elma uzatan ağaçları seyredebiliyor musunuz? Bir olayın perde ardını görmek, o olayı yaşamak gibi heyecan vericidir.

Taktir, hırsı parçalar, tatminsizliği mahveder. **Taktir, maddi fakirliğin içerisindeki insanı manevi zenginlikle kuşatır.** Kimsesizliğin en büyük düşmanı taktirdir. Taktir, sevginin yakıtıdır ve sevgi, evreni birbirine bağlayan ortak değerdir. **Sizin dünyanızda, kimse sizi taktir edenler kadar büyük bir yer tutamayacaktır.**

Taktir önce kalpte yaşanan bir hissediştir. Belki onu söylemeye fırsatınız olmayacak. Belki günde yirmi tanesini söyleyebileceksiniz. Ama bir günde binlerce taktir yapabilir, binlerce varlığın çalışmasının değerli olduğunu hissedebilirsiniz. Taktirin ilk ve asıl meyvesi, önce sizin kalbinizde yeşerecektir.

3. AKTİF EYLEM PLANI

Aşağıdaki tablodan hareketle kendi özel sorgulamalarınızı oluşturabilirsiniz: Bugün kanaat için ne yaptınız?

KANAAT GELİŞTİRME ÇALIŞMALARI		
Kendinize Yönelik	İyi sonuca şükret	Şimdi mutlu olmanızı gerektiren en küçük haber nedir? Şu andaki en küçük kazanımınız için teşekkür ettiniz mi?
	Görevine Odaklan	Şu andaki işinize odaklanıyor musunuz? Bir işi yaparken zihniniz başka konulara mı odaklanıyor?
Diğerlerine Yönelik	Kendinle Yarış	Bugün kendinizle hangi alanda yarışıyorsunuz? Bugün düne göre hangi konularda yeni şeyler öğrendiniz?
	Başarıları Taktir Et	Bugün hangi özelliklerinizi ve eylemlerinizi taktir edebilirsiniz? Bugün hangi insanları taktir edeceksiniz? Evrenin diğer varlıkları için hangi taktirleri keşfedeceksiniz?

Özetle Ne Yapmalı?

1. Kendinize Yönelik Eylemler:

Sonuçlarınız ne kadar küçük olursa olsun, onlar için şükredin. Kişisel imkânlarınız için, çevrenizin size sunduğu destekler için, eylemlerinizin sonuçları için şükran ve mutluluk duygularıyla dolun.

Görevinize odaklanın. Önemli olan, başkalarının yaptıkları değil sizin yaptıklarınızdır. Sizin dünyanızda kendi yaptıklarınız gerçek; diğerlerinin yaptıkları hayaldir.

2. Diğerlerine Yönelik Eylemler:

Diğer insanlarla değil, kendinizle rekabet edin. Aşmanız ve daha iyisi olmanız gereken tek kişi sizsiniz. Böylece kıskanmayacaksınız. Kendinizi kimseye ispat etmek zorunda kalmayacak; rahatça çalışacaksınız.

Sizin veya çevrenizdeki insanların işlerinde görebildiğiniz en küçük güzelliği cömertçe taktir ve tebrik edin. Onaylayın, yükseltin, sevin ve sevdirin. Kendinizi, diğer insanları ve tüm yaratıkları, tespit ettiğiniz her güzel yanlarını vurgulayarak hem zihinsel hem de sözel olarak taktir edin.

Her taktiri söylemek zorunda değilsiniz. Taktirin ilk faydası kendinizedir; başkalarına söyleyemiyorsanız kendinize söyleyin.

Özetleyen Sözler

◆ Kanaat, çılgınca istemek ve çalışmak; ama, elde edilen her sonuca razı olmaktır.

◆ Hırsla ilerlediğimizde, ya stres enerjimizi tüketir; ya acele yüzünden takılıp düşeriz; ya da dayanamayarak vazgeçeriz.

◆ Mevcut imkânlarından mutlu olmayanlar, cumhurbaşkanı da olsalar mutsuzluğa mahkûmdurlar.

◆ Hırstan kurtulmanın yolu, kendi için istediğini aynı anda herkes için de istemektir.

◆ Başkalarının kararlarıyla davranmaya devam edersek, kendi kararlarımızı veremez hale geliriz.

◆ Bugün diktiğiniz ağacın yarın meyve vermesi imkânsızdır.

◆ Önemli olan, başarıya ulaşmak değil, başarı yolunda bugün yeni bir şey yapmayı başarmış olmaktır.

◆ Yaşadığımız her olaydan kendimizi sorumlu tutarsak, diğerlerinin hatalarıyla kendimizi cezalandırmış oluruz.

◆ Evrensel adaletten acı çeken vicdan, zalimin tarafını tutan vicdandır.

◆ Başkalarına çaresizlik dağıtanlara, başkaları çare sunamazlar.

◆ Aşamayacağınıza inandığınız engele direnmezsiniz.

◆ Hırs insanı kapasitesini birden aşmaya zorlar ve aniden yükselme çabaları, tökezleyerek düşmeyle son bulur.

◆ Damlayarak birikmiş her başarı denizinin yanında, onunla eş zamanlı birikmiş bir şükür okyanusu vardır.

◆ Eserlerinizi sevdiğinizde yaşadığınız sevinç, Yaratıcınızla paylaştığınız sevinçtir.

RUHSAL ETKİLEŞİM GÜCÜ

Çevrenizin sizi ne tarafa ittiğine bakmayın, itme gücünü ne tarafa kullandığınıza bakın.

I- NEDEN RUHSAL İLETİŞİM GÜCÜ?

Ruhsal enerjilerden nasıl etkilenirsiniz?

GİRİŞ

İçindeki her şeyle birlikte evren, iki boyutlu (çift vücutlu) yaratılmıştır: Maddesel evren (mülk, eşya, galaksiler), ruhsal evren (Melekut, ruhlar, melekler).

Ruhsal evren, maddesel evrenin derinlerine yerleştirilen soyut evrendir. Somut evrende gözlemlenebilir her şey, soyut formlarıyla ruhsal evrende yaratılmıştır. Soyut evren, Güneşe bakan ayna gibi Evrenin Sahibine bakar; ayna Güneşin özelliklerini nasıl yansıtırsa, ruhsal evren de Yaratıcının özelliklerini öyle yansıtır.

Maddesel evren, tek kaynaktan doğarak farklılaşan ve iç enerjileriyle birbirini etkileyen eşyalardan oluşturulmuştur. **Maddesel evrendeki tüm etkileşimler, aynı anda ruhsal evrende meydana gelen etkileşimlerdir.**

Madde, yönetilendir, bilinçsizdir, güçsüzdür, ardındaki ruhsal güç tarafından tutulur ve yönetilir. Ruhsal zeka'nın ruhsal etkileşim boyutu, maddenin ardına inmenin yolunu gösterir.

Evrenin varlığını besleyen ruhsal güç, maddesel kabalığa yaklaştıkça küçülürken, ruhsal inceliğe yaklaştıkça büyür. Dolaysıyla, maddi evrende olan daha zayıftır; iş yapabilmek için daha fazla güce ihtiyaç duyar. Ruhsal evrende olan ise daha az güçle daha büyük sonuç üretecektir. Bu açıdan, **ruhsal evrende yaşayan ruhuyla hareket eden insan, maddeye meydan okuyabilir.**

1. RUHSAL ETKİLEŞİM NEDİR?

Fizik boyutun arkasında, ruhların kaynaştığı bir evrende yaşıyoruz. Maddesel fırtınalardan daha çok, asıl ruhsal fırtınalardan etkileniriz. Diğer deyişle, maddesel fırtınalar aslında ruhsal fırtınaların beş duyumuzla algılayabildiğimiz sınırlandırılmış tarafıdırlar.

Ruhsal evrende melekler, cinler, şeytanlar, insanların ruhları ve diğer ruhlar yaşarlar. Bu soyut yaratıklar arasındaki etkileşim somut evrene yansır ve yeryüzünü etkiler.

Fizik boyutun arkasında, ruhların kaynaştığı bir evrende yaşıyoruz.

Meleklerin ve sevinçli insanların ruhlarından destek alırız; karamsar insanlardan ve büyücülükte kullanıldıklarında cinlerden zarar görürüz. Tüm bunlar geleceğimizi etkilerler. Bu sürecin derinlerine girelim:

a) Ruhsal Harita

Evreni bir kuklaya benzetirseniz, kuklanın kendisini madde, onu yönlendirmekte kullanılan ipleri ruhsal yaratıklar, ipleri yaratıp tutan gücü ve bilinci de Yaratıcı olarak göreceksiniz. Evrenin Sahibi sınırsızdır; yarattığı en geniş daireye ruhsal evren,[79] ruhsal-

[79] Mantığımız bize, İslâm'daki "melekut" kavramının, bilimin sözünü ettiği "boşlük durumu-vacuum state" olduğunu düşündürüyor. Melekut, Güneşe bakan aynanın parlayan yüzü gibidir; orası meleklerin ve ruhanî yaratıkların yaşadığı boyuttur. Hind felsefelerine göre orası evrensel ruhtur; evrenin kaynağı olan tanrının kendisidir. Oysa, İslâm, evrenin, Yaratıcının vücudunun bir parçası değil, Yaratıcının eseri olduğunu bildirir. Diğer deyişle evreni Güneş ışığının yansımaları gibi görür, Güneşin kendisi gibi değil. Hangi ayna kendinde yansıyan Güneşe meydan okuyup, "ben de Güneşim" diyebilir? Hangi ışık, kendini besleyen Güneşe kafa tutup, kendini Güneş sanabilir? Elbette evrenin vücuduna kaynaklık eden enerji, Evrenin Sahibi'ne aittir; ama o, Sahibi'nin bir parçası olma iddiasında bulunamaz. Çizdiğiniz resim, fırçanızdan akan enerjiden oluşturulmuştur; o resim sizin yeteneklerinizi anlatabilir; ama sizin bir uzvunuz olduğunu iddia etmesi mantıksızdır.

lığın üzerine bina ettiği maddeye, maddesel evren diyoruz. Bu haritanın içine bakalım:

Melek, cin ve şeytan, melekut boyutunda yaşayan maddesiz, soyut yaratıklardır.

Bazı meleklerin maddeyle temasları yoktur. Bazıları, cansızların, bitkilerin ve hayvanların yönetiminde görevlidirler. Bu tür melekler, bazen doğa kanunları gibi algılanırlar; varlıklarını inkar edenler, hayali, vücutsuz ve anlamsız olan "doğa kanunu" kavramına sığınırlar.

Bunlar, bazen de hayvan sürülerini yönlendiren ilhamlardan ibarettirler ve onlara, yanılarak "içgüdü" demeyi tercih ederiz. Böylece, olağanüstü bilinçli ve planlı işleri tesadüfün eserleri olarak görmeye kalkışırız.

Cinler, meleklerin aksine, herhangi bir maddenin ruhu gibi davranamazlar; ama maddesel canlıların ruhsal boyutlarını etkileyebilirler.

İnsan kimliğinin bir kısmı soyut ruhtur, diğer kısmı ruhun yönettiği bedendir.

İnsan kimliğinin bir kısmı soyut ruhtur; diğer kısmı ruhun yönettiği fizik bedendir. Hayvanların kendi ruhsallıkları insanlara göre çok daha sınırlıdır. Bitkilerin kendi bilinçlerine teslim edilmiş özel bir ruhsallıkları yoktur.

Görünen tüm madde dairesinin kaynağı, son tahlilde tamamen ruhsaldır. Yaratılmışların dışında, ama yaratılmışları kapsayan Yaratıcının varlığı, önce ruhsal vücudu ve onun vücudu üzerinde fizik vücudu yaratmıştır.

Görünüşe göre yakıp kül eden ateştir; gerçekte ise ateşi temsil eden ruhsal kimliklerdir; kanun gibi algılanan meleklerdir. Eğer bu kanunlar/melekler, onlara hâkim olan kudret tarafından durdurulurlarsa, ateş yakamaz. Nitekim Hz. İbrahim Peygamberi (as) yakamamıştır. Taşları parçalayan bıçak, İsmail Peygamberi (as) kesememiştir.

İnsan, ruhsal enerji akımlarının dalgalandırdığı engin bir okyanusun parçasıdır. Okyanustaki her genel dalga insanı sarsacak, kendisine yönelen özel bir dalga, onu alıp sürükleyecektir.

Ağlayan insanın bizi ağlatmasının nedeninin, "gördüğümüz gözyaşları ve duyduğumuz inleyişler" olduğunu sanırız. Soğan doğrarken gözyaşı döken insan sizi ağlatır mı?[80] Bazı gözyaşlarının sahte olduğunu defalarca keşfetmişsinizdir. Anlaşılıyor ki, gerçek olan etkiler. **Gerçek olan ise, maddenin şekilsel boyutunda olup biten değil; içinde, arkasında, ruhunda olup bitendir.** Ne zaman eylemlerinizin anlamı ruhunuzdan çıkarsa, o zaman sarsıcı bir etki meydana getirirsiniz.

İnsan, ruhsal enerji akımlarının dalgalandırdığı engin bir okyanusun parçasıdır.

b) Etkileşim Okyanusu

Denizdeki bir teknenin iki farklı hareket kaynağı olabilir: Birisi kendi motorlarından aldığı güçtür; diğeri üzerinde yüzdüğü denizin dalgalarından ve havadan esen rüzgârın gücünden kaynaklanır. İçimizdeki enerji akımları kadar, dışımızdaki enerji akımlarından da etkileneceğiz.

Hayatta kullanacağımız en temel enerji, dualarımızdan ve gayretlerimizden sonra, ruhumuz aracılığıyla bedenimize gönderilir. Aynı anda, ikinci bir enerji alanı içerisindeyiz: Çevremizdeki insanların duaları veya beddualarını; sevgileri veya nefretleri; gıptaları veya kıskançlıkları... Bu dalgalar lehimize veya aleyhimize savrulurlar.

Bazen sakin bir sabah esintisidirler; bazen felaket fırtınasına dönüşürler. Şefkatten etkilenerek yardımlaşanları, hakaretten sarsılarak cinayet işleyenleri göreceksiniz. **Zayıf insan, yıkıcı çevre tarafından batırılmış; yapıcı çevre tarafından kurtarılmıştır.**

[80] Başarılı bir filmi seyrederken etkilenebilirsiniz; oysa filmdeki duygular gerçek ruhsal ortamdan çıkmıyorlar: Bu durumda, siz kendi ruhsallığınıza iner, kendinizi duygulandıracak bir etkileşim meydana getirirsiniz.

İstikrarlı bir hayat, çevresel değişim karşısında, bedensel ve ruhsal istikrarı birlikte gerektirir. Bedenimiz, değişen çevreden kendisini koruyan mekanizmalarla kuşatılmıştır. Soğuktan donmamamız, sıcaktan yanmamamız için vücudumuz tedbir alır.

Peki, ruhsal etkileşim süreçlerine karşı tedbirimiz nedir? **Katillerle arkadaşlığın, insanı cinayete sürüklediği; erdemlilerle dostluğun, erdemi sevdirdiği bir dünyada yaşıyoruz.** Hastalık yalnızca içimizdeki dengenin bozulmasının eseri değildir. Dışarıdan gelecek ruhsal saldırılar da iç dengemizi bozabilir ve çökebiliriz.

Bin kişinin size dua ettiği, yaptıklarınızı ruhsal olarak desteklediği bir ortamda, bin kişi kadar güçlü olacaksınız. Eğer bir gün adımlarınız çok büyürse, bunu sizden mânevi desteklerini esirgemeyen insanlara borçlu olacaksınız.

Kanla ve intikamla beslenen ideolojilerin yıkıldığı gün, arkalarındaki toplum desteğinin bittiği gündür.

Hindistanlı Gandi, fakir, silâhsız, fakat çok güçlüydü. Onun ruhsal gücünde, inancının yanı sıra, kendisini destekleyen Hindistan halkının çok büyük payı vardır. Yüzeysel destekten değil; severek, dua ederek, varlığını arzulayarak gerçekleşen ruhsal destekten söz ediyorum.

Bazı liderlerin ideolojileri, o liderlerden sonra da yaşamaya devam eder. Böyle liderlerin ideolojilerini yaşatan, kendilerini ölümüne destekleyen ordular değildir. Arkalarındaki halktan kaynaklanan ruhsal destek dağıldığında, tüm dünya orduları onları desteklese de, mağlup olurlar.

Ordu ve tüm bürokrasi Bulgaristan Devlet Başkanı Todor Jivkov'un emri altındaydı. Her şeyi hâkimiyeti altında gördüğü bir gün, ona desteğini terk eden halkına mağlup olmuştu. Eğer Almanlar, Hitler'e ruhsal desteklerini terk etmeselerdi, tüm Almanlar yok oluncaya kadar Hitler yıkılamazdı. **Kanla ve intikamla beslenen ideolojilerin yıkıldığı gün, arkalarındaki toplum desteğinin bittiği gündür.**

c) Pozitif ve Negatif

Tüm ruhsal etkileşimlerin iki yönü vardır: Pozitif ve negatif. Pozitif yön, evrene kaynaklık eden, evrenin varlığının temelini oluşturan yön; negatif yön ise, yaratıklar tarafından dönüştürülerek, bozularak yansıtılan yöndür.

Her insan yüksek bir doğa ile yaratılmıştır. Evrene yayılan doğa, temizdir, coşku doludur, aydınlıktır. **Dünyaya geldiklerindeki doğaları itibariyle her şey ya doğrudan ya da sonuçları açısından bir güzelliği temsil eder.**

Evrene yayılan doğa, temizdir, coşku doludur, aydınlıktır.

Sınırsız Kudretin evrene yaydığı pozitif enerji, tüm canlıları ve cansız yaratıkları coşturur. Denizin dalgalarındaki güzellik, nehirlerin kıvrımlarında, çağlayanlarda, dağların dizilişlerinde, bulutlarda, ormanlarda, rüzgârda ve her yerde dikkatinizi çekecektir.

İnsan neden farklıdır? İnsan neden bazen en yüksekte, bazen en alçaktadır? İki kedi bir balon için kavgaya tutuşup birbirlerini öldürürler mi? Bir kelebek insan kadar korkabilir mi? İnsan farklıdır, çünkü hürdür; diğer yaratıklar gibi, iyiliği tercih etmesi için üzerinde zor kullanılmamıştır.

İnsan üşür; ama, soğuğu gönderen Güneş değildir. Dünya karanlığa batar, oysa Güneş sürekli aydınlık gönderiyor. Maddenin doğası, Güneşten gelen aydınlatıcı enerjiyi dönüştürerek bozar.

Cansızların, ışığı kendi varlıklarına hapsetmeleri gibi; insan, Evrenin Sahibi'nin isimlerinden kopup kendisini kuşatan değerleri bencilce saklar: "Yalnızca bana ait olmalıdır" der. "Güzel olan, sevilmesi gereken sadece benim." der. Bu bencillik insanı kör bir kuyuya, karanlık bir mağaraya dönüştürüyor. Yansıtıcılıktan, şeffaflıktan uzaklaştırıyor; kendini Güneş sanan ateş böceğine benzetiyor.

Nefret fırtınası hangi kaynaktan doğuyorsa, sevgi yağmuru da, şefkat rüzgarı da o kaynaktan doğuyor. Yalnızca kendini seven[81], dışarıya nefret yayacaktır. Sevgi, her değeri sevenin tüm hücrelerine işleyecektir. İnsanın kendine fedakarlığı, nefsine kıyasıya hizmeti, dışarıya bencillik şeklinde taşacaktır. **Tüm güzellikleri bencilliğimizle kuşatarak çirkinleştiriyoruz.**

Elektrik hayattır, olumlu enerjidir; buzdolabı onunla soğuk üretirken, fırın ateş üretir. Elektrik, vantilatörde esintiye, lambada aydınlığa, arabada harekete dönüşür. Aynı kaynak bin bir çeşit sonuçlar üretmek için kullanılabiliyor; farklı sonuçlar üretmesinin nedeni elektriğin doğası değil, onu kullananların tercihidir.

Elektrik enerjidir; buzdolabı onunla soğuk üretirken, fırın ateş üretir.

İnsan coşkularla dolu bir hayat üretebilmesi için, geniş tercihlerle zenginleştirilmiştir. Dahası insanın hayat yolculuğu, evrenin coşkun temizliğiyle kuşatılmış bir bedenle başlatılmıştır. Melek, güzelliğin tek bir düzeyine mahkûmdur. Ama, **insan güzelliğin her boyutunu üretebilecek kadar serbest bir bilinç taşıyor.**

İyinin karşısında kötülüğü, taktirin karşısında kıskançlığı üreten, ne yazık ki insandır. Yapabilecekleri arasından, çoğu zaman kötüleri tercih etmiştir.

Evrendeki sevgiyi okumalı ve onu ruhumuza bağışlaşan Yaratıcımızdan aldığımız gibi bozmadan çevreye dağıtmalıyız. O zaman hem içimiz parlayacak, hem de dışımız aydınlanacaktır.

İnsan, "Seni seviyorum" diyerek saçlarını okşayan rüzgâra kahırla bakıyor. "Yaratıcımızın üzerimize yaydığı coşku yüzünden cıvıldaşıyoruz" diyen kuşları algılayamıyor. Bir kedi kadar sevgi-

[81] Bencilliğin bir diğer formu nankörlüktür. Bazen insan kendinden de nefret ettiğini sanır. Kendi vücudundaki güzellik nakışlarını görmezlikten gelir ve Yaratıcısını suçlar. Kendinden nefret eden insan da bencildir. Çünkü, kendini beğenmediğinde, aslında "neden daha güzel yaratılmadım?" diyerek, güzelliği kendisinde sınırlandırmak istiyor; "ben benim ölçülerime göre güzel olmalıydım" diyor.

yi yansıtamayan; bir arı kadar bile, tanımadığı yaratıklar için bal üretmeyen insan, kusurlarından ne zaman esef duyacak? Gözlerine gün boyu gülümseyen Güneşe somurtmaya devam edişinden utanması gerektiğini, ne zaman anlayacak?

2. ETKİLEŞİM KANALLARI

İnsanların ruhsallıklarından, meleklerden ve cinlerden etkilenebiliriz.[82] Bu tür ruhsal kimliklerden gelen enerji ruhsal vücudumuzu etkileyecek; bu etkiler ruhumuzda ve fiziğimizde kendini gösterecektir.

Zalim bir ruh pozitif enerjiden, fedakâr bir ruh da negatif enerjiden rahatsız olacaktır.

a) İnsanlar

İnsanlar, hayatın aynı boyutunda yaşadıkları için, ortak temas alanları daha geniştir. Bu yüzden insan en çok insan ruhsallığından etkilenir.

Ayrıca ruhsal enerji tüm çevreye rasgele yayılarak dağılmak suretiyle küçülmez. Tüm gücüyle hedefine odaklanır.

Örneğin güçlü rüzgâr, önüne gelen her maddi varlığı savurur. Yağmur temas ettiği her zemini ıslatır. Oysa ruhsallığa yakın olan radyo dalgaları maddenin en derin sınırındadır; radyo dalgalarını herkes değil, radyo alıcılarını o dalgalara ayarlayanlar dinleyebiliyor.

Bu açıdan bakıldığında, insanlar ruhsallıkları yüksek kişilerin değerlerine kendilerini yakın hissettiklerinde ruhsal alıcılarını

[82] Her ne kadar İslâm dışındaki bazı dinlerde, Şeytanın somut bir güce sahip olduğuna inanılsa da, hayatın pratikleri şeytanların somut güçlerinin varlığına ilişkin deliller sunmamaktadır. İslâm'a göre, insan Şeytanın yalnızca telkinlerinden etkilenebilir. İnsan ruhsallığını etkileyebilen, şeytanla aynı cinsiyetten olan ruhsal yaratıklara İslâm inancına göre cin denmekte ve Anadolu'da bu tür yaratıklarla iletişim kurabilen medyumlar yaşamaktadır. Bu kitapta cinlerle ilgili yaklaşımları tartışmayacağız.

onlara yönlendirmiş; bir anlamda onların yayınlarını dinliyor hale gelirler.

Bazen de ruhsal enerjinin hedefi bellidir. Siz oradasınız, radyonuzu açmadınız, ama bir gece rüyanızda görürsünüz, kalbinize doğar veya hissedersiniz. Burada sanki ruhunuzun telefonu çağrılmış ve ruhsal mesaj yığınlar arasından geçerek, kimseye değil size doğrudan ulaştırılmıştır.

Enerji ruhsallık düzeyine doğru derinleştikçe, yüzeydeki etkisi seçmeci olmaya, yalnızca hedeflediği kesimi etkilemeye başlar. Radyo dalgası yarı ruhsal, yarı maddesel düzeydedir. Bu düzeyde bile seçme faktörü bu kadar etkili olduğuna göre, tam ruhsal düzeyde tamamen seçimler etkili olacaktır.

Bir topluluk, çevreye ruhsal pozitif enerji yaydığında, bu enerjiden, olumlu mesajlara açılanlar, ve olumlu olanlar etkilenirler.

Her ruhsal mesaj, ruhsal ortama yayılır ve kendine açık olan ruhları arar.

Her ruhsal kimlik, kendine zıt bir enerjiyi -yeterince güçlü olması şartıyla- rahatsız edici bir parazit gibi algılayacaktır. **Zalim bir ruh pozitif enerjiden, fedakar bir ruh da negatif enerjiden rahatsız olacaktır.**

Her ruhsal mesaj, ruhsal ortama yayılır ve kendine açık olan ruhları arar. Bir ruhsal mesajı, o mesajın frekansına açık olan ruh algılayabilir. Örneğin, telepati birbirlerini hiç tanımayan insanlar arasında değil, aile, akrabalık ve arkadaşlık ilişkileriyle ruhlarını birbirlerine iyice açmış insanlar arasında gerçekleşir.

Ruhsallıkları güçlü insanların manevî ortama yaydıkları enerji, diğerlerininkine nazaran çok daha güçlüdür. Hatta bu enerji gecenin zifiri karanlığında bu tür insanların vücutlarından sızan parıltı seklinde görsel olarak dahi algılanabilir. Bu tür kişilerle ilgilenerek, onlardan ders almak istediğinizde, rüyalarınıza girebilirler; mesajlarını, sezgiler veya rüyalar aracılığıyla okuyabilirsiniz.

Birisi enerjisini bize yönlendirmişse, nazar örneğinde olduğu gibi, ondan etkileniriz. Bunun dışında, başkalarının enerjilerinden etkilenmemiz, bizim onlara yönelmemize bağlıdır.

b) Melekler

Melekler insanla dört şekilde iletişim kurabilirler: Soyut ruhsal mesajlarla, bitkiler, hayvanlar ve cansızlar aracılığıyla. İnsan, ruhunun derinlerindeki mesajları, (ilhamları) dinleyerek, doğayı inceleyerek ve doğayla iç içe yaşayarak melek ruhsallığını algılayabilir ve onlardan olumlu enerji yüklenebilir.

Ruhsal etkileşimde bazen mesaj, bazen duygu ve bazen de enerji iletilir.

Düşen her damla yağmurdan, süzülen her zerre ışığa ve alnınızı okşayan rüzgara bu bilinçle bakabilirsiniz. Evrenin nakış nakış dokunan her ince kıvrımının arkasında yüksek melek ruhsallığının hummalı çalışkanlığını okuyacaksınız. **Her KELİME'nin görüntüsünü gözlerinize ulaştıran ışığı, meleklerin taşıdığını hatırlatıyorum.**

Bazen melekler, çeşitli doğa olaylarını gerçekleştirmekle görevlendirilirler. Deprem, tayfun, yangın gibi şiddetli olaylar yaklaştığında, dünya semalarında bazen görünebilir şekilde dolaşırlar; ufuktaki ışıklara anlam veremediğimizde, bizi ziyarete gelen UFO'lar olduklarını sanırız. Bu tür şiddetli olaylarla insanlara önemli dersler verildiğinden, sonuçları itibariyle pozitiftirler.

3. ETKİLEŞİM TÜRLERİ

Ruhsal etkileşimde bazen mesaj, bazen duygu ve bazen de enerji iletilir. Tüm bunlar pozitif olabilecekleri gibi negatif de olabilirler:

a) Mesaj İletimi

Uzak mesafelerdeki insanlar, birbirleriyle ruhları aracılığıyla haberleşebilirler ki parapsikolojide bu yeteneğe telepati denmektedir.

Yazar Marlo Morgan, ilginç bir gözlemini anlatır: Aborjin kabilesinin avcısı, dağların arkasında bir kanguru avlamıştı. Morgan, kabilenin aniden durduğunu ve telepatik görüşme hâline geçtiklerini söyler. Kabile avcısı, avladığı kangurunun tümünü taşıyamayacağını belirterek, kuyruğunu kesmesine izin verilip verilmediğini sorar. Kabile izin vermiş; bir süre sonra, avcı, kuyruğu kesilmiş kanguruyla çıka gelmiştir.[83] Herhâlde, böyle bir kabile, bizim cep telefonlarımızı gülünç bulacaktır.

Liseden yıllar sonra, bir akşam, telefon rehberimi karıştırırken, iki arkadaşımı hatırladım: Sinoplu Yusuf Gökmen ve Urfalı Bahri Bal. Bu iki arkadaşımla görüşmeyeli iki yıl olmuş ve telefonlarını kaybetmiştim. Onlara en kısa sürede ulaşmaya söz verdim.

Bir arkadaşınız aklınıza geldiğinde, onun da aklından geçiyor olabileceğinizi dikkate alın.

Ertesi gün öğlen arasında bir telefonum çaldı. Yusuf, İstanbul'dan arıyor, beni rüyasında gördüğünü, hâlimi merak ettiğini söylüyordu. Kendisine akşam olanları anlattım ve Bahriyle de görüşmek istediğimi söyledim. O anda ikinci telefonum çaldı, arayan Bahri'ydi. **Bir arkadaşınız aklınıza geldiğinde, onun da aklından geçiyor olabileceğinizi dikkate alın.**

"Beni ara" diyerek ruhsal mesaj gönderdiğim bazı arkadaşların, beni aradıklarını bilirim. Hatta aramayan bazı arkadaşları arayıp da, hâllerini sorduğumda, "biraz önce beni akılarından geçirdiklerini" söyledikleri olmuştur. Bu konuda yaşadığım kişisel tecrübelerin çokluğu, ruhsal mesajların iletilebildiğinden emin olmama yetmiştir.

[83] Bu hikâyenin ayrıntısı için Marlo Morgan'ın Dharma Yayınları arasında çıkan "Bir Çift Yürek" isimli kitabını okuyabilirsiniz.

b) Duygu İletimi

Duygular iletilir. Bir yakınınıza sevginizi gönderirseniz onu algılayacaktır. Kalpten kalbe mesajınız iletiliyor. **Ruhsal uzayda, sevginiz sevdiğinizin kalbine iletiliyor.**

"Allah bir kulunu sevdiğinde, onun sevgisini meleklerin kalbine koyar. Bir kuluna da buğz ederse, nefretini meleklerin kalbine koyar. Sonra sevgisini de nefretini de insanların kalplerine atar.[84]"

Sıkıntılı insanların yanında sıkılırsınız; coşkulu insanların yanında kendinizi huzurlu ve güçlü hissedersiniz. Karşınızdaki insanın ruhsal durumunun etkisinden kurtulamazsınız.

Sıkıntılı insanların yanında sıkılır, coşkulu insanların yanında coşarsınız.

Asıl etkileyen söz değil, ruhtur. Komedyen konuştuğunda gülmekten kırılırsınız. Söylediklerini ezberleyerek tekrarlasam, etkilenmeyeceksiniz. Çünkü birisinde olan ruhsal içerik, diğerinde eksiktir.

c) Enerji İletimi

Ruhsal enerji, insanın bedensel ve ruhsal olarak güçlü, sağlıklı ve coşkulu olmasını sağlayan hayat enerjisidir. Pozitif formuyla güçlendirir, negatif formuyla tahrip eder. Çöküntü durumuyla coşku durumu arasındaki fark, ruhsal enerjinin iki ucu arasındaki farktır.

Her insan, ruhundaki enerjinin yoğunluğu oranında çevresine coşku yaymaktadır. Ortalama insanlardan sıradan, güçlü velilerden sarsıcı etkileniriz.

Bitkin müşterisiyle ilgilenen bir genç bayanın psikolojisindeki değişimi izledim. Tezgâhtar bayanın gözlerinden sıçrayan coşku-

[84] Hz. Muhammed (asm), Cami'us-Sağir 1:246 Hadis No:356

su ve ses tonu, kalbindeki sıkıntıyı gizleyen, gülerken sırıtmak zorunda kaldığı anlaşılan müşterinin yanında 3 dakika içerisinde değişmişti. Coşkulu bayan çabucak somurtma konumuna geçmişti.[85]

Üniversitemizin kütüphanesinde, beni saatlerce güldüren bir karikatür görmüştüm: Buzulların üzerinde dolaşırken uzaktaki arkadaşını gören penguen, ona kollarını açmış, heyecanla koşuyordu. Ama arkadaşının somurtkan vücut dilinde hiç bir kıpırdama olmadı. Penguen, yaklaştığı her karede biraz daha yavaşlıyor, yüzündeki coşku azalıyordu. Nihayet hayal kırıklığına uğradı ve somurttu.

Ruhsal dengemizi bozabilen cinlerin, bazı milletleri cezalandırmak için gönderilen meleklerin ellerine emanet edilen güç aynı ruhsal enerjidir. Maddeyi parçalayabilen, canlıları ölüme götürebilen nazar, aynı olguya dayanır. Kimi insanların doğaüstü pratikleri, bu gücün kullanılmasıyla gerçekleştirilmektedir.

İnsan ne kadar içtense, o kadar güçlüdür.

4. ETKİLEŞİMİN ÖZELLİKLERİ

Ruhsal etkileşimi, enerjinin şiddeti, etki alanı enerjinin kitleselleşmesi ve etkileyiciler açısından irdeleyeceğiz.

a) Enerjinin Şiddeti

Ruhsal okyanusa yayılan enerjinin şiddeti, içtenlik ölçüsünde artar. **İnsan ne kadar içtense, o kadar güçlüdür.**

[85] Bir okuyucu, "tezgahtarın müşteriye direnememesinin sebebini" sordu. Öncelikle, somurtmak olumsuzluktur ve olumsuzluk kolaylıkla baskın gelir. Çünkü olumsuzluk tahriptir ve tahrip çok kolaydır. İkinci olarak, tezgahtarın ruhsal enerji düzeyi gerçekten çok güçlü ve yüksek olsaydı, elbette tebessümünü sürdürebilir ve müşterinin tutumunu değiştirmeyi başarabilirdi.

Ruhsal enerjinin çekirdeği olan düşünce, enerjinin en zayıf formudur. Düşünceler duygu ürettikçe ve duygular güçlendikçe, ruhsal enerjinin gücü de artar. Düşünce çekirdeği büyük bir duygu ağacına dönüştürülür. **En güçlü ruhsal enerji, imana dönüşmüş düşünce üzerinde yeşerir.**

Düşünceden kanaate, oradan inanca ve imana uzanan yolculukta biriken enerji, şiddetlenir. **Duygulardan yansıyan inanç, düşüncelerden yansıyan kanaatten çok daha güçlüdür.**

Herkes herkesi etkiler; bazı zayıf enerjileri fark edemeyebiliriz; oysa biriktiklerinde günlük duygu ve tutumlarımızı şekillendirirler. Çoğu zaman da kimi duygularınızın nereden kaynaklandığını fark edemezsiniz. Küçük sıkıntılarınızın veya sevinçlerinizin hemen ardından çevrenizi gözlemleyin. Kimlerle selamlaştığınıza, kimlerin yanında bulunduğunuza, kimleri seyrettiğinize; otobüslerde, okulda, apartmanınızda veya işinizde, dakikalarınızı kimlerle paylaştığınıza dikkat etmenizi öneriyorum.

Her büyük olayın oluşturacağı ruhsal dalga çarpıcı olacak; sizi güçlendirecek veya zayıflatacaktır.

Dahası hangi toplumda yaşadığınıza bakın: Cumhurbaşkanı Turgut Özal veya uluslararası sanatçı Barış Manço aramızdan aniden ayrılır, sarsılırız. Galatasaray UEFA Kupasını kazanır. Şefkat tomurcuklarını çatlatan on binlerin vefat ettiği bir deprem yaşanır. İnsan onurunun yüceltildiği Avrupa Birliğine davet edildiğinizde, özgür yaşayacak olmanın heyecanına kapılırsınız.

Her büyük olayın oluşturacağı ruhsal dalga çarpıcı olacak; sizi güçlendirecek veya zayıflatacaktır.

b) Etki Alanı

Ruhsal enerji tüm yaratıkları etkiler. Örneğin insan, insanları, hayvanları, bitkileri ve cansızları nazar edebilir. Ruhsal enerji mekan engeli tanımaz; maddi noktalardan açığa çıkar gibi görünse de, madde aracılığıyla transfer edilmediği için çok uzaklardaki yaratıklara da yönlendirilebilir.

Bedir Ayvaz'dan dinlemiştim: Yıllar önce, Erzincan'da kazma kürekle araba yolu açan köylüler, karşılarına çıkan büyük bir taşı parçalayamazlar.Dinamit de bulamazlar. Nazarı kuvvetli bir köylüye amaçlarını söylemeden, onu olay yerine getirirler. Taşın büyüklüğünden hayretle etkilenen adamın nazarı, taşı parçalanabilecek ölçüde çatlatır.

Buna benzer pek çok psiko-kinetik deneyim örnekleri değişik kitaplarda yer almaktadır. İslâm Peygamberi(asm) "Nazar doğrudur, dağı bile yıkar[86]" sözüyle buna işaret eder.

c) Enerjinin Kitleselleşmesi

Bir toplumun gücünü belirleyen, sahip olduğu nüfusun çokluğu değil, ruhsal ortaklıkların çokluğudur.

İnsanlar cemaatleşerek aynı duyguları ve inançları birlikte yaydıklarında, ruhsal enerji çok güçlenir. Atomların çekim güçleri, İlahi yasayla birleştirilir. Ama insan ruhsallığının çekim gücünün birleştirmesi tercihi, insana bırakılmıştır. **Ruhlarıyla dayanışmış on kişi, birbirlerinden kopuk bir milyon kişiden daha güçlüdür.** Ortalıkta rasgele dağılmış bir milyon tuğla, en fazla bir tuğla kadar yüksektir.

Hiç bir çatışmacı toplum, kenetlenenler kadar güçlü olamaz. **Bir toplumun gücünü belirleyen, sahip olduğu nüfusun çokluğu değil, sahip olduğu ruhsal ortaklıkların çokluğudur.** Daha çok sayıda müttefik el, daha büyük iştir; daha çok sayıda müttefik ruh daha büyük güçtür. Tüm insanların ruhları bir araya gelip aynı şeyi dileseler, dünya ani değişimlere uğrardı. Milletlerin başına gelenler, kendi duaları, dilekleri, inançları ve yaşantıları yüzündendir.

[86] Hz. Muhammed (asm), Cami'us-Sağir 4:396 Hadis No: 5745

Bazı dini yorumlar, meleklerin iyi anlamları güzel kokular, kötü anlamları çirkin kokular şeklinde algıladıklarını belirtir. Ruhsal enerji, insan ruhu tarafından da algılanmakta, ancak insan bilinci maddi dünyaya odaklandığında, ruhsal ortamı çoğu zaman iyice hissedememektedir.

TM tekniğinin kurucusu Mahesh Yogi, asırlardır bilinen bu tezi ispat için çeşitli deneyler yapmıştır: Bir şehirde toplu meditasyonla sevgiyi yayan yogilerin oluşturduğu etki, o şehirde suç oranlarını fark edilir ölçüde düşürmüştür. Bir gurubun derin ruhsallığı diğer insanları etkilemiştir.

ABD'nin Florida Eyalet Üniversitesinden Prof. Thomas Joiner, araştırmalarına dayanarak, depresyonun bir tür psikolojik nezle olduğunu ve salgın hastalık gibi, insandan insana bulaştığını ileri sürmüştür.[87] Ruhlar arası etkileşim bu kadar açıktır.

Yaşlılar, dünyanın faniliğini fark etmiş, ebedi evrenin sınırsızlığını algılamıştır.

Bazı topluluklar kötülüklerde birleşerek, depremleri, selleri, yangınları, terörü üzerlerine çekerler. Büyük yanlışları bize büyük doğrular gibi gösteren, bu güne kadar ne yazık ki ideolojiler olmuştur. **Tüm insanlık yanlışlarda ittifak ettiğinde, kıyameti bekleyebilirsiniz.**

d) Güçlü Etkileyiciler

Kimi insanların ruhsallıkları derindir; bu yüzden yaydıkları enerji daha güçlüdür:

Çocuklar: Çocuklar çok samimi ve duygulu varlıklardır. Tüm ruhlarıyla severler, tüm içtenlikleriyle ağlarlar. Bir çocuğun babasına duası, bir babanın çocuğuna duası kadar etkileyici ve çarpıcıdır.

Muhtaçlar: Dünyevi zevklerden uzak kalmaları, muhtaçları

[87] Sabah Gazetesi, 4 Temmuz 2000

ruhlarına ve Yaratıcılarına daha yakın hâle getirmiştir. **Etkisi geçici olan fiziksel tatmine ulaşamayanlar, kaçınılmaz olarak kalıcı etki bırakan ruhsal tatmin yollarına başvururlar.** Muhtaç insanların dualarının ve arzularının çok keskin olduğuna dikkat edin.

Hastalar: İnsanlar bedensel acıların içerisinde ruhsal zevkleri ön plana çıkarırlar. Hasta bir insanın duası ve dileği sağlıklı binlerce insanınkinden daha keskindir. Hastalıklarınızı kaderinizin fırsatları olarak kullanıyor musunuz? **Ulaşacağınız pek çok başarı, hastalıktan inlerken yaptığınız içten dualarınız sırasında kaderinize yazılmış olacaktır.**

Yaşlılar: Yaşlılığın getirdiği güçsüzlük ve yorgunluk insana saf bir çocuksu içtenlik kazandırır. Yaşlılar dünyanın faniliğini fark etmiş; ebedi evrenin sınırsızlığını algılamıştır.

Anne/Babalar: Anne babaların annelik/babalık rolünde iken şefkatleri son derece keskindir. Tabii ki kalpsiz olanları istisna tutacağız.

Mazlumlar: Mazlumlar, zalimlere kırgındırlar. Evrenin Hakimi'ne yönelirler ve çok içten dilerler. Çaresizdirler, intikam alamazlar; gasp edilen haklarıyla Mutlak Adaletin Sahibine yönelirler. Onların duası bir ganimet olduğu gibi, bedduası tam bir felâkettir.

Başarı yolculuğunda dostlarınızın desteğine ihtiyaç duyacaksınız. **Yüzlerce ilgisiz ve samimiyetsiz dostun ruhsal desteği, bir tek can dostun ruhsal desteği kadar büyük olamaz.**

Kahredici lânetleri üzerinize çekerseniz, o kadar çökebilirsiniz ki, düştüğünüz yerden aşağıya inilemez. Her şeyin desteğini kazanırsanız, öylesine yükselirsiniz ki, oradan daha yukarıya çıkılamaz. İşte evreni, sevgisinin evrenselliğiyle kendine aşık eden Peygamberin (asm) çıktığı zirve! İşte kendisine tapınmayanları ateşe atan Nemrut'un düştüğü çukur!

Yüzlerce ilgisiz ve samimiyetsiz dostun ruhsal desteği, bir tek can dostun ruhsal desteği kadar büyük olamaz.

5. SOMUT DENEYİMLER

Somut deneyimler açısından ruhsal etkileşim örneklerine değinelim:

a) Coşturan İnsan

Emin Altaç'ın aktardığı bir tecrübesi şudur: Öğrenciler kubbe altında meditasyon pratiği yaparken, "yogi uçuşunu" hedeflemektedirler. Rutin pratiklerde, öğrencilerden sadece bazıları derin bilinçlerine inip yogi uçuşu adı verilen sıçramayı yapabilmektedirler. Oysa iyi yetişmiş; ruhsallıkları güçlü yogilerin de katıldığı pratiklerde, sonuçlar fark edilir şekilde değişmekte; salonda daha çok öğrenci yogi uçuşunu başarmaktadır. Bu örnekte, öğrencilerin kendi enerjileri, aralarına katılan usta yogilerin enerjilerinden beslenmiş ve onları harekete geçirmiştir.

Tüm yükselişlerin ardında dostların duaları ve destekleri vardır.

Safranbolu'da yaşayan yaşlı bir insanı ziyaret ettiğimizde, huzurunda, normal zamanlarda yaşamadığım, kendiliğinden içimi sarsan bir derinlik ve duygusal sarsıntı algıladım. Birisinin yanından ayrılırken kendinizi dinçleşmiş, güçlenmiş ve coşmuş hissediyorsanız, bilin ki o insanın ruhundan dış ortama coşku ve heyecan salınmaktadır.

Tüm yükselişlerin ardında, anne babanın, arkadaşların, çocukların, yetimlerin, mazlumların, fakirlerin, muhtaçların duaları ve destekleri vardır.

Size dua eden bir yol arkadaşı bulursanız, ona tüm ruhunuzla sarılmanızı öneririm. **İçi dışı aynı olan samimi bir dost, yeryüzünün en sevgili hazinelerinden biridir.**

b) Tahripkar İnsan

Olumsuz insan ruhsallığının en gözlemlenebilir biçimi nazardır. Ancak nazarın daha alt düzeylerinde, öfke, kıskançlık, nefret, lânet ve beddua, küçük boyutlarda da olsa insana zarar verebilir ve bunlar biriktiğinde insanı mahvedebilir.

İslâm Peygamberinin(asm) "Nazar insanı mezara, deveyi de kazana götürür[88]" sözüne dikkat edin. Nazarın ölümün eşiğine getirdiği, duanın yeniden canlandırdığı insanların varlığına şahidim.

Kamu görevlisi Bedir Ayvaz'ın hikayesini aktaracağım: İlerleyen yaşına rağmen Bedir Beyin saçları simsiyahtır. Karşılaştığı eski arkadaşı, "saçlarının hâlâ ağarmadığını, bu kadar genç kalmayı başarmasının ilginç olduğunu" şaşkınlıkla dile getirir. Bedir Bey, nazara uğramış, o akşamdan itibaren bir hafta, hastalığın pençesinde kıvranmış, zor kurtulmuştur.

İyi bir insansanız, nazara karşı korunmanız sağlanacaktır.

Kamu yöneticisi Cengiz Doğan'ın çocukluğunda yaşadığı hikaye: "Çok sevdiğim bir tayım vardı. Komşu bir kadın tayı otlarken gördü, 'ne kadar güzel tay' dediği anda, taya baktım. Hayvan olduğu yerde devrildi ve aşağıdaki uçurumdan yuvarlanarak yaralandı."

İnsanlarda heyecan uyandıran bir üstünlüğünüz varsa, tehlikeli nazarlar üzerinize yönelebilir. **Özel yanlarınızı gizlememenin, hele abartarak anlatmanın veya üstünlük nedeni görmenin bedelini, hayatınızla ödemek zorunda kalabilirsiniz.**

Almanya'nın Berlin şehrinde yaşayan bir arkadaşım, 1988 yılında beni köyümde ziyarete gelmişti. Tam otomatik otomobiline baktım. Nazar etmemek için dua ettim; ama bu arabayla köyde dolaşırsa, nazara uğrayabileceğinden korktum. Korkma-

[88] Hz. Muhammed (asm), Cami'us-Sağir 4:397 Hadis No:5748

mın nedeni, arabanın lüks olması değil, insanların henüz o ölçüde bir lüks araba görmemiş olmalarıydı.

Ankara'ya döndüm. Arkadaşım, iki ay sonra Trabzon'dan yola çıktı ve Samsun yakınlarında arabayı uçuruma yuvarladı. Paramparça olmuş arabadan, yanındaki ortaokul arkadaşımla birlikte çok şükür sapasağlam çıkmıştı.

Yaratıcımız, bazı büyük insanların acımasızca eleştirilmesine, haksız şekilde gıybetlerinin yapılmasına izin verir. **Gerçekten iyi bir insansanız, sizi kötüleyenlerin kötülükleri iyiliğe dönüştürülecek, nazara karşı korunmanız sağlanacaktır.**

Tarihteki büyüklerin çoğunun, neden ölümlerinden sonra keşfedildiğini çok merak ediyordum. Gördüm ki, yükseklikleri yaşadıklarında keşfedilseydi, nazar, ilerleyişlerini durduracak; ruhlarındaki derin hazinelerin insanlıkla paylaşılmasını engelleyecekti. Evrenin Sahibi, onların derinliğini gizlilik toprağı altında yeşertti. Diktikleri ağaç dal budak saldıktan, küçük darbelerle yıkılamaz hâle geldikten sonra, onların insanlığa açılmasına izin verdi.

İsterseniz yağmurla konuşabilir, rüzgârla kucaklaşabilirsiniz.

c) Melek Desteği

Melekleri algılamak için bitkilere odaklandım, tasarımlarındaki bilinci okumaya çalıştığımda, coşku durumuna geçiyordum. ODTÜ ormanlarında yaşadığım müthiş maceralar vardır. Bir yaz mevsimi kendimi başka bir gezegende, çizgi filmlerdeki hayallerden daha heyecan verici bir şehirde hissettim. zamanla derinleşiyorsunuz; yağmurla konuşuyorsunuz, rüzgârla kucaklaşıyorsunuz.

Hayvanların, bitkilerin hayatları ve doğanın işleyişi hakkındaki her bilgi, sizi melek ruhsallığının bir başka boyutuyla tanıştıracaktır. Bu gizemli dünyayla tanışmak için Bilim Teknik, Zafer gibi dergileri takip ettim; doğayı anlatan belgeselleri heyecanla ve not tutarak izledim.

II- NASIL RUHSAL ETKİLEŞİM GÜCÜ?

Ruhsal etkileşim alanlarından nasıl yararlanacaksınız?

Güçlendirici ruhsal enerjileri paratoner gibi üzerinize çekebilirsiniz; yıkıcı etkileri de engelleyebilirsiniz. Bu yolda, insanlardan ve meleklerden gelebilecek yapıcı; insanlardan ve cinlerden gelebilecek yıkıcı etkilere karşı konumunuzu belirlemelisiniz.

1. İNSAN VE POZİTİF

İnsanların olumlu ruhsal enerjileriyle güçlenmek istiyorsanız; olumlu guruplara ve çevrenizdeki pozitif insanlara destek verin; dostlarınızdan dua ve benzeri manevî destek isteyin.

a) Gruplara

Ruhumuz evreni radar gibi tarar; ilgi duyduğu mesajları yakalayarak bilincimize taşır. Çünkü ruhumuz, bilincimizin ilgilendiği radyo kanallarına benzetebileceğimiz tüm bilgi akış kanallarına açıktır.

Hangi kişilere, partilere, guruplara, inanışlara, felsefelere taraftarsınız? Desteklediğiniz ekiplerin ruhsal uzaya yaydıkları enerji size de bulaşacaktır.

Güzel bir çevreyi amaçlayan Tema Vakfının faaliyetlerine "Yaptıklarını onaylıyorum" demeniz bile etkilidir. Sadece bu tutum bile, zamanla çevreye duyarlılığınızın besleyicisi olacaktır. Desteklediğiniz toplulukların baskın özelliği, üzerinizdeki etkilerinin de baskın özelliğini belirler.

Ruhsal iletişim, bizi sevdiğimiz topluluğu kopyalamaya zorlar. Sevgi fanatizme dönüşürse, kopyalama hızı ve etkilenme yoğunluğu artar. Samimi dostların çok benzeştiklerini göreceksiniz. Bu benzeyişlerin çoğu, birbirlerine ruhsal yollarla transfer edilmiştir.

Ya kimseyi desteklemeyin; ya da desteklediklerinizin kimler olduğunu çok iyi araştırın. Ülkenizde tam özgürlük yoksa, medya çoğunlukla yalan söylüyordur. Yanlışlıkla katil bir örgüte sempati duyabilirsiniz. Melek ruhlu gurupları cehennem zebanileri sanabilirsiniz. Yanılmış olmaya sığınamayız. **Üzerine yürüdüğümüz uçurumu görmemek, bizi oradan yuvarlanmaktan kurtaramaz.**

Üzerine yürüdüğümüz uçurumu görmemek, bizi oradan yuvarlanmaktan kurtaramaz.

Maddede zıtlıklar birleşir; ruhlarda ise benzerlikler yakınlaştırır. Maddenin pozitif yükü negatif yükünü çeker; aynı yüklerse birbirlerini iterler. Oysa ruhsal pozitif enerji, ruhsal negatif enerjiyi iter. Bir kalpte sevginin yanında şefkatin, özverinin yeri vardır; ama bunlarla birlikte nefretin, kıskançlığın yeri yoktur. **Ruhsal olarak benzeşmeyenler ya birbirlerinden uzaklaşırlar, ya da dönüşerek birbirlerini kopyalarlar.**

Birinci ve İkinci Dünya Savaşındaki canavarlaştırıcı liderlikleri hatırlayalım: Almanlar, Londralı çocukların bombalarla parçalanışını çığlıklarla kutlamışlardı. İngilizler, Hamburg'u cayır cayır yakan uçakların altında, altı çocuğunu alevlerden kurtarmaya çırpınan anne Elizabeth Zettle'ı intikam duygularıyla seyretmişlerdi. Şimdi herkes pişman; ama, gerçek değişmiyor: **Tarih, acıyı acıdan, sevgiyi sevgiden kopyalamıştır.** Biz hala ders almıyoruz.

Öteki insanın, şeyhimizin, önderimizin elini öpmemesinin bedeli, "sapıklık veya ajanlıkla" suçlanması olamaz. Dilimizi konuşamıyorsa, vatan haini değildir. Okudukları gazeteye, mensup oldukları harekete bakarak insanları değerlendiremeyiz. Zira, yanılırsak, en fazla biz zarar göreceğiz. **Pek çok toplumun aşağılık bir geleceğe mahkûm edilmelerinin nedeni, kendilerini yüceltmek uğrunda başkalarını aşağılamaları olmuştur.**

b) Bireylere

Evrene yaydığımız dualar, dağlardan yankılanan ses gibi, geri döner. Kendimiz için yeterince içten istemeyebiliriz; ama başkaları için dilediklerimize bencillik karışmaz. **En güçlü dua başkası için yaptığımız duadır.**

Dualarınızın katlanarak sizi kuşatmasını istiyorsanız, önce başkaları için isteyin.

Dualarınızın katlanarak sizi kuşatmasını istiyorsanız, önce başkaları için isteyin veya kendiniz için istediğinizi aynı anda herkes için de dileyin. **Kendinize yönelttiğiniz dualar, tek bir gönülden çıkmıştır; oysa diğerleri için de isterseniz, binlerce gönüle dönüşürsünüz.** Bu yol, tankların ezdiği evlerinin altında babasını arayan Filistinli çocuğun çığlığının, radyoyla dünyaya ulaştırılmasına benzer. Neden?

❑ **Yansıma:** Bugün en az altı milyar insan için dua edebilirsiniz. Ne kadar sayıda insanın ebedi mutluluğunu dilerseniz, o kadar sayıda iyilik yapmış olursunuz.

Her iyiliğiniz ruhsal evrenin çeperlerinden yansıyarak size döner. **İyilik, kaynağından sürekli beslenen ışık gibidir; yansıdıkça şiddetlenir.** Ruhsaldır, bölündüğünde azalmaz; ruhsalın bölünmesi çoğalması demektir.

Ruhsal evrendeki bu yansımayı ve kopyalanmayı meleklerin temsil ettiğini öğreniyoruz: İslâm Peygamberi(asm), "Kişi kardeşi için hayırla dua ettiğinde, (görevli bir) mele(ğin), 'amin, kardeşin için istediğinin bir misli de sana verilsin' dediğini bildirir.[89]

❑ **Karşılık:** Kimileri duyarsız olacaktır; ama dualarınızı algılayanların çoğu size karşılık verirler. Kimi insanlar da kendilerine dua edenleri bilmez; Herşeyi Bilen'in bilgisine dayanarak o meçhul kişilere cevaben dua ederler.

❑ **Sebep olma:** Dualarınız insanların iyiliklerini destekler. İyiliklere vesile olmak ayrı bir iyiliktir ve her insan sebep olduğu iyilikleri işlemiş gibidir.

❑ **İçtenlik:** Kendimiz için bencilce isteyebiliriz; oysa bir insan, dostunun hastalıktan kurtulmasını isterse, bunu içtenlikle ister. Kendimize desteğimiz zayıf kalabilir; başkasına desteğimizse içtenliğimizin gelişmesine ve engin bir hazineye dönüşmemize neden olacaktır.

Kötülerden zarar göreceğiniz an, nefrete sarıldığınız andır.

❑ **Güçlenme:** Başkalarına dua, bizi geleceğe yönelik olarak da güçlendirecektir. Başkalarına dua eden zamanla bencillikten uzaklaşır; fedakarlığını geliştirir. Kaderin Sahibi en büyük yardımı en fedakar insana yapıyor.

Kısaca; sevgi, dua, taktir, teşvik namına her şeyi dostlarınıza dağıtın. Sizi geçmelerinden korktuklarınızı geçemezsiniz. Başkalarından esirgediğiniz, sizden de esirgenir. **En büyük insanlar en çok sevilen insanlar oldular. En çok sevilmelerinin nedeni, en çok sevenler olmalarıydı.**

Sadece insanlara dua etmekle yetinmemelisiniz: Hayvanlar, bitkiler, taşlar ve toprak, okul yolunda soğuktan titreyen köylü çocuk kadar şefkatinizi hak ediyorlar. Açlığının balkonunuza sürüklediği güvercine sunacağınız bir tane buğdayın karşılığını görmeyeceğinizi sanıyorsanız, yanılıyorsunuz.

Eğer bu sistemi olumsuz yönde kullanırsanız, hayatınızı kahredersiniz. İnsanlar bilirim, beddualarının kurbanı oldular. **Lânetinizin ilk düşmanı siz olacaksınız.**

[89] Hz. Muhammed (asm), Müslim Zikir: 88; Tirmizi Birr: 50

Sizden nefret edenlere nefretle karşılık vermeyin. Nefret ve öfke ruhsallığın en zayıf durumudur. Size beddua edenler haksız iseler, küfürler savurmadığınız sürece size zarar veremezler. **Kötülerden zarar göreceğiniz an, nefrete sarıldığınız andır.**

Kimseyi sevmek zorunda değiliz. Sevmememiz gerekenler vardır. **Kötülerden kurtulmanın birinci yolu, onları terk etmek; varlıklarını bilinçten çıkarmaktır.** Eğer yanımızda çığlıklar atıyorlarsa, kulaklarımızı tıkayabiliriz. Sözlerini bir kedinin miyavlamasına benzetebiliriz; ama, nefret ederek gücümüzü tüketmemeliyiz.

Size beddua eden bir kişi için nefret etmek yerine "Ezelî Hakim'e sığınıyorsanız," ruhsal olarak çok güçlü konumdasınız. Laneti ruhunuzun koruyucu kalkanına çarpıp kendisine geri döner ve onu mahveder.

Haklarını koruyamayanları koruyan Kaderin Adaleti inanılmazdır.

Karşılıklı lanetleşenler -haksız olmaları kaydıyla- birlikte zarar görürler. Taraflardan biri haksızsa, zararlı enerji onun üzerinde kalacaktır.

Birisi size zarar verip kaçtığında lânetlerseniz, intikam alırsınız; başka hakkınız kalmaz. Ama, hakkınızı alamadığınız yerde Ezelî Adalete havale eder de unutursanız, Sınırsız Kudrete dayanırsınız. **Haklarını koruyamayanları koruyan Kaderin Adaleti inanılmazdır.** Beklemeyenler göremiyorlar. Tarihten bu dersi almış olmalısınız.

Birisi parkımızdaki arabamıza çarpmış, hasar bırakıp kaybolmuştu. komşularıma sordum; kimse üstlenmedi. Nedense komşularımdan birinin arabasını o günden itibaren bir hafta göremedim. Tüm arabaları kontrol edemediğimden, kimin yaptığını ispat edemedim. Üzüntümü kaderin adaletine teslim ettim ve her şeyi unuttum. Ertesi hafta, komşumun arabasını, arabama verilenden 10 kat hasarlı şekilde aynı parkta gördüm. Muhtemelen çarpışmış ve yuvarlanmıştı.

Verirken göstereceğiniz cömertlik, alırken hak edeceğiniz cömertliğin ölçüsünü belirleyecektir. Ailenizden başlayarak, tüm dostlarınıza dua edin. Adandıkları hedeflerinde ilerlemelerini, evrene harika birer hayat bırakmalarını dileyin.

Hepimize tebessüm etmeye, dertlerimizi dinlemeye vaktiniz olmayacaktır. Borçlarımızı ödemeye de imkân bulamayacaksınız. İş arıyorsak, sınav kazanmak istiyorsak, ruhunuzdaki hazineden bize de ikram edin. Biz başarmak için çırpınıyoruz; kimimiz depresyonlarda bunalmış halde gözyaşı döküyoruz.

Ruhsal kamuoyunu, bazen tek bir çocuğun çığlığı belirler. Mazlum çocuğun çaresizliğine sessiz kalması, bir milletin yok edilmeyi hak etmesine yetebilir. Bir tek kalbin sabahlayan göz yaşları, bir şehrin dağlar altında ezilmesini engelleyebilir. Kalbinizi küçümsemeyin: **Aciz olduğunuzu bildiğiniz kadar aziz olacaksınız. Dualarınız tarihin akışını değiştirebilir.**

Aciz olduğunuzu bildiğiniz kadar aziz olacaksınız. Dualarınız tarihin akışını değiştirebilir.

c) Bireylerden

Dostlarınızdan dua ve destek istemekten çekinmeyin. Hatta ekipler bir araya gelebilirler ve birbirlerine gıyaplarında dua etmek için sözleşebilirler.

ABD'nin Maryland Üniversitesi uzmanları, 23 klinikte yaptıkları araştırmalarında, dua edenlerden yayılan pozitif enerjiyle hastaların iyileşme süreçlerinin hızlandığı tespit edilmiştir.[90]

Daha da etkili yöntem, bu arkadaşların hangi günler ve saatlerde dua edeceklerini kararlaştırmalarıdır. **Aynı gün ve dakikaya odaklanan az dua, rasgele zamanlara yayılan çok duadan daha etkilidir.**

[90] Akşam Gazetesi, 9 Haziran 2000

Yaşlılara, hastalara ve muhtaçlara yardım ederseniz, dualarını üzerinize yağdırırlar. İhtiyaçlarını karşılayın; kanatlarınızı yükseltecek rüzgarları göndersinler. **Her sabah, o gün yardım edecek birini bulmayı dilemenizi öneriyorum.**

2. İNSAN VE NEGATİF

Hak ettiğimiz nefret ve öfke gibi duygulardan dolaylı, nazardan da doğrudan etkilenebiliriz. Eğer doğru yoldaysanız, sizi küçümseyenleri önemsememelisiniz. Kedi, yiyemediği ciğere "murdardı" demiş. "Murdarmışım" diyerek üzülürseniz, kıskanlardan zarar görürsünüz.

Arabanızın nereye gideceğini, lastiklerin dönüş yönü değil, direksiyonu çevirdiğiniz yön belirler. **Çevrenizin sizi ne taraftan ittiğine bakmayın, itme gücünü ne tarafa yönlendirdiğinize bakın.** İste iki yol:

Yıkıcı sorun borcu ödeyememek değil, borca duyarsız kalmaktır.

a) Dolaylı Negatif

Haksızlık yaptığımız insanlar bizi yıkıcı duygularla hatırlarlar. Yıkıcı duygular, ilerleyiş çırpınışlarımızı engeller; ayaklarımız çukura çakılır; ruhumuzun derinlerinden yakalanıp hapsediliriz. Yaparız yıkılır; kazanırız kaybolur; üretiriz, çürür.

Talihsizliğin peşimizi bırakmadığını sanırız; oysa talihsizlik yoktur. Virüslerin kaderimize gizlendiğini düşünürüz; oysa onları biz üretiyoruz. İşte onlar:

Borçlar: Borcumuzun vadesi geçtiğinde, alacaklı, bizi teessüf duygularıyla hatırlar. Hakkımızdaki her teessüf, ruhsal bedenimize saldırır. Bir tanıdığım, borçlarını önemsemiyor; aldıklarını unutuyor, hatta inkar ediyordu. Kaderin ona neler yaptığına bakıyorum: Tüm hırsının içinde fakirleşiyor, girdiği işlerde tutunamıyor, inatçı kazalardan kurtulamıyor.

Unutulmuş borç, vücudunuzun bir köşesinde büyüyen enfeksiyon gibidir; temizlenmedikçe ölümü yaklaştırır. **Yıkıcı sorun, borcu ödeyememek değil, borca duyarsız olmaktır.** Çaresizseniz alacaklıdan kaçmayın; derdinizi anlatın, yeni bir ödeme planıyla anlaşın. **Kasada parası kalmadığı için borcunu ödemeyen, satmaya kıyamadığı arabasına binemez.**

Dargınlıklar: Gergin anınızda, arkadaşınızın kalbini kırabilirsiniz. Kırdığınız kalbin sizi hatırladığında duyacağı üzüntü, ruhunuza asit serpintisi gibi yağar. **Ya gönül kırmayın ya da iletişim kurmayın.** Gönül kırmamanın en emin yolu, dilinize hâkim olmaktır.

Gıybet, belanın ve nefretin çekirdeğidir; mantar gibi çoğalan salgın bir hastalıktır.

Maddi Zarar: Bahçesini kirlettiniz, arabasını çizdiniz. İnsanlar küçük zararları affedecek kadar hoşgörülüdürler; ama özür dilemeyen, affedilmeyi hak etmiyor. Zarar iğne kadar da olsa, gerekiyorsa tazmin edin. İğnesini kaybetmişseniz yenisiyle değiştirin; mutlaka kalpleri kendinizden hoşnut bırakın.

Gıybet: İnsanlardan hoşlanmayacakları şekilde söz etmek gıybettir. Sizden nasıl söz edilmesini istiyorsanız, başkalarından öyle söz etmelisiniz. **Gıybet, belanın ve nefretin çekirdeğidir; mantar gibi çoğalan salgın bir hastalıktır.** Önemli işleri olanlar başkalarını çekiştirmeye vakit bulamazlar.

Gururlananlar, alaycılıktan çok hoşlanırlar; oysa alay etmek, kendi ölüm fermanını imzalamaktır. Alaycı bedenleri toz gibi dağıtmaya hazırlanan ilk onur, alay edilenleri de şerefli yaratan İlahi Onurdur. **Haksız eleştirenler kadar eleştirilen, haksız aşağılayanlar kadar aşağılanan kimse görmedim.**

Haksız Nefret: Eğer birisinden nefret etmekte haksızsanız ve nefretiniz yanlış bilgiye dayanıyorsa, bedelini mutlaka ödersiniz. Hele nefreti haksız lanete dönüştürdüğünüzde geleceğiniz kararır.

Peygamber(asm), şöyle der: "Kul bir şeye lânet ettiğinde, o lânet göğe çıkar da gök kapıları kapanır, giremez, geri döner. Yerin kapıları da kapanır, giremez. Sağa sola gider gelir. Bir yer bulamayınca lânet edilen şeye gider. Eğer lânete layıksa ona gider, değilse söyleyene döner.[91]"

Nefretin kalbinize hâkim olmasına izin vermeyin. Zalimlerden nefret zararsızdır; ama faydalı da değildir.[92]

Filmlerde ve sokaklarda "lânet olsun" sözlerini duydukça, söyleme alışkanlığını kazandık. Ayağınızın çarptığı taşa lânet ettiğiniz için, lânetinize uğramak ister misiniz? Gazeteler, "Ne oluyor bize, çıldırıyor muyuz?" diye manşet atıyorlar. Türkiye halkına ne olduğunu anlamak için insanların sokak ortasında nasıl küfürleştiklerine bakın.

Nazarın zararlı enerjisi, kurbanın ruhu üzerine doğrudan odaklanır.

b) Doğrudan Negatif

Doğrudan yıkıcı etki meydana getiren tehlikeli ruhsal enerjinin adı nazardır.

Nazar, nazarcının ruhundan doğrudan çıkarak hedefindeki ruha saldıran bir ruhsal enerji odaklanmasıdır. Maddesel bir varlık değildir ve insanları bedenlerinden değil, ruhlarından etkiler.

Gıpta, kıskançlık, haset ve hayranlık duyguları bir kalpte birleştiğinde, "nazar" adını verdiğimiz tehlikeli enerji yayılır. Na-

[91] Hz. Muhammed (asm), Cami'us-Sağir 2:370 Hadis No:2069

[92] Kötülükten nefret ederseniz, kötü insanlara acırsınız. Nefret acımaya dönüşür, kötülükten kurtulmasını arzularsınız. Nefreti, kötü insana yönlendirirseniz, "Cehenneme gitsin!" diyeceksiniz; nefreti kötülüğe yönlendirirseniz "Cehennemden kurtulması için" aklını başına almasına, yanlıştan kurtulmasına yardım edeceksiniz. Dini açıdan bakarsanız, katil için taktir edilen idam cezası, onu sonsuza dek sürecek olan cehennemden kurtarmaktadır. İki nefret faydalıdır: Nefretten ve kötülük fiilinden nefret. İyiliği işleyenden ve iyilik fiilinden nefret zararlı; kötülük failinden nefret ise faydasızdır. Bununla birlikte, kötülükte aşırıya kaçanlara lânet edilmiştir.

zar, bu kitapta sözünü ettiğimiz ruhsal enerjinin deforme olmuş formudur. Nazarda bu enerji zararlı bir forma bürünür. Herkesin nazarı vardır; bazı insanlarda çok güçlendiği için, etkisi hemen hissedilir.

Nazarın hedefi, nazarcının bilincindeki maddenin ruhsal boyutudur. Zararlı enerji, kurbanın ruhu üzerine doğrudan odaklanır.

İnebolulu Adem Tunoğlu'nun 1996 yılında yaşadığını anlatacağım: Adem, Bayındır Köyüne kestane dokumaya[93] gidiyor. Bir komşusu, kendi ağacını da dokumasını rica ediyor. Kabul eden Adem, sabah erkenden işe başlıyor. Sabah 10.30 civarında yanına gelen komşusu, Adem'in performansına hayranlıkla bakıyor ve şu sözler dökülüyor dilinden: "Bizim adamlar olsa ağacına bile çıkamazlar. Daha şimdiden yarısına kadar dokumuş."

Olağanüstü iyi olan insanların hayatı zor geçer.

Bu sözlerin hemen ardından yaşadıklarını, şöyle anlatıyor Adem: "Gözlerim birden kararmaya başladı, gücüm tükendi, sırığı elimde tutamaz oldum. Hatta bacaklarım titremeye başlayınca, olduğum yere çöktüm ve düşmemek için ağaca tutundum. Kendime gelebilmek için yaklaşık 20 dakika orada bekledim. Ardından aşağıya doğru sıyrılarak, güçlükle inebildim. Saatlerce kendimi şiddetli hasta hissettim."

Adem bu olaydan sonra, iki yıl boyunca ağaca çıkamamıştır. Her deneyişinde korkuya kapılmış, gözlerinin önünde uçuşan görüntüler, başarmasına engel olmuştur. Onu okudular, üzerindeki zararlı enerjinin temizlenmesi için ona yardımcı oldular. Şimdi ağaca çıkabiliyor çok şükür; ama, eski performansına kavuşamadı.

Dikkat çekici bir özelliğiniz varsa, tehlikedesiniz. **Olağanüstü iyi olanların hayatları zor geçer.** Çok güzel, çok akıllı, çok

[93] Kestane ağacına çıkarak sırıklar aracılığıyla kestaneleri yere indirmeye, bölgede "dokumak" deniyor.

zeki olmak tehlikedir, tedbir almalısınız. Nazara karşı hemen tedbir almazsanız, zamanla üzerinizdeki tahribatı gelişir.

Nazar adı verilen ruhsal enerjiden korunmak için çeşitli tedbirler alabilirsiniz. İşte önerilerimiz:

❑ **Kıskanmayın:** Arkadaşınızda[94] hayranlık uyandıracak bir özellik görmüşseniz, ondan memnun olmaya çalışın, onun için dua edin. Kıskananlar, haset etmeye zorlanırlar. Kıskanç ruhlardan tahripkar enerji çıkar; kendisine vereceği zarar kıskandığına vereceğinden daha büyük olacaktır. Keskin sirke önce küpünü çürütür.[95]

❑ **Kıskandırmayın:** Çok güzel, zeki, çalışkan veya başarılı iseniz, bunu insanlara büyüklenmek için kullanmayın.[96] Üstün özelliklerinizi ve sanatsal derinliklerinizi gıpta ve kıskançlık duygusunu şiddetle tahrik edecek üslupla anlatmayın. Herkes sizi taktir edemez; herkes evlatlarının kendilerini geçmesine sevinen anne babalar kadar fedakar değildir.

Doğal olun; bırakın sizi kendileri keşfetsinler.

Çok özel yanlarınızı kökleşinceye kadar gizlilik toprağında saklayın; güçlenip dal budak salacaklardır. Yeteneklerinizi açığa çıkardığınızda, ruhsal saldırıya uğrayacaklarını, acele ettiğinizde parçalanacaklarını bilin. Elbette şairseniz şiiriniz, hatipseniz hitabetiniz eninde sonunda açığa çıkacaktır. **Bir ağacın, daha fidanken saldırıya uğraması nerede, dal budak saldıktan sonra saldırıya uğraması nerede!**

[94] İnsanlar yabancılardan çok, yakınlarındaki kişileri, akrabalarını, arkadaşlarını rakip görerek kıskanıyorlar. Kıskançlık zulmün en aşağılık biçimlerinden biridir; insana düşman olarak en yakın dostunu sunar.

[95] Başkasının mutsuzluğunu istiyorsanız, ruhunuz sizin için de mutsuzluk isteyecektir. Ruh bir şeyi kötü bilirse, onu her zaman ve herkes için kötü değerlendirecektir.

[96] Eğer bir insana çok güzel bir özellik verilmişse, o hârika özelliğin biraz da olsa gizlenmesi için, yanında bir engel veya sorun yaratılmıştır. Genç bayan çok güzeldir; ama, ses tonu güzelliğine yakıştırılmaz. Delikanlının hafızası müthiştir; ama, kulakları duyamaz. Parlayan temizliğin kenarındaki küçük lekelerin ne kadar faydalı olduklarını hissedebiliyor musunuz?

Doğal olun; bırakın sizi kendileri keşfetsinler. Tevazuunuzu hissederlerse sizi kıskanamayacaklar; başarınızı samimiyetle kabulleneceklerdir.

Coşkunluk: Coşkulu ruhun enerji düzeyi yüksektir. Saldırılara karşı daha dayanıklıdır. Çöküntü durumuyla mücadele edin. Ruhsal heyecanınız, nazar etkisini yenmenize katkı sağlayacaktır.

Dualar: Bazı dualara kodlanmış anlamlara ve şifrelere bağlanan ruhanî yaratıklar, ruhunuzun çevresini enerji kitlesiyle kaplayacaktır. İslâm dininde "Ayet-el Kürsi, Felak ve Nas sureleri" nazara karşı çok etkilidir. Kendiniz her gün okuyabileceğiniz gibi, dostlarınız da sizin için okuyarak sizi destekleyebilirler.

Melekler, coşkun mesajlar içeren ilhamlarını ruhsal radyo kanallarında akıştırırlar.

Cinsiyet: Bayanların nazarına bayanların duası; erkeklerin nazarına erkeklerin duası daha etkilidir.[97] Bir bayanın nazarına uğramışsanız, annenizin veya (evli bir erkekseniz) eşinizin ruhsal desteğini isteyebilirsiniz.

3. MELEK VE POZİTİF

Işığa bakan aydınlandığı gibi, nurani meleklere yakınlaşan da ruhsal destek alacaktır. Melekler madde değildirler; onlarla doğrudan temas kuramayız. Evrenin ruhsal boyutunda yaşayan meleklerin görev aldıkları maddesel boyutlarla kuracağımız iletişimler, son tahlilde perde ardındaki meleklerle kuracağımız iletişimlerdir. Şunları yapabiliriz:

a) İlhamlar

Melekler, coşkun mesajlar içeren ilhamlarını ruhsal radyo kanallarından akıştırırlar. Sessiz ve karanlık bir köşede gevşe-

[97] Bu bilginin kaynağı olan değerli Nizamettin Akar'ın bu konudaki tezini doğrulayıcı örneklerle karşılaştığımdan, bu düşünceyi benimsiyorum.

yin; ruhsal radyoları dinleyin. Olumsuz mesajları şeytan konuşmakta, olumlu anlamları melekler ilham etmektedir. Dinledikçe duyma yeteneğiniz gelişecektir. İçinizden geçişen olumlu hisleri, düşünceleri, ilhamları, sezgileri yakalamaya çalışın.

Melek ruhsallığı, tüm insanlara açıktır. Ünlü kaşiflerin duydukları ilhamlar, aslında herkesin ruhuna söyleniyor. Ama dünyanın gürültüsünden kurtularak ruhsal radyoları dinlemeye fırsat bulamıyoruz.

Eskiden dervişler, bu sırrı bildiklerinden karanlık ve sessiz mağaralara çekilir; melekût evreninden uzanan zaman ve mekan tanımaz televizyon yayınlarını izlemeyi öğrenirlerdi.

Dünyanın gürültüsünden kurtularak ruhsal radyoları dinlemeye fırsat bulamıyoruz.

b) Hayvanlar

Hayvanların hayatlarını inceledikçe, hayvanları yöneten melekleri hissetmeye, onlardan yaşama sevinci almaya başlayacaksınız.

Harward Üniversitesinden Prof. Robert Sheldrake, hayvanlarla sahipleri arasında yaşanan ruhsal içerikli olayları incelemiştir: Örneklerin birinde Melinda Willis, kedisinin sabahleyin anormal hareketlerle kendisini engellemesi yüzünden otobüsü kaçırdığını ve kaçırdığı otobüsün büyük bir kaza yaptığını anlatmıştır.

Diğer örnekte, Jennifer Berton'un Walter isimli kedisi, bir gece TV seti önünde aşırı hareketler yapmış; bu durumu anlamlandırmaya çalışan Berton televizyonu açınca, bölgesinde büyük bir hortumun yaklaşmakta olduğunu öğrenmiştir. Hemen evin bodrumuna girmişler, yirmi dakika sonra evlerini yerle bir eden hortumdan kedinin uyarıları sayesinde kurtulmuşlardır.[98]

[98] Hürriyet Gazetesi, 29 Temmuz 2000

İngiliz asıllı bilimciler Richard Heal ve Alan Parsons'un bulgularına göre, bakteriler, öteki bakterilere ''biofilm'' adı verilen bakteri kolonilerine yönelmeleri için uyarı mesajı gönderiyorlar.

Mikroplardan kelebeklere ve gergedanlara kadar tüm hayvanlar aleminde, olağanüstü bir kavramanın ve zekanın ancak gerçekleştirebileceği düzenliliklerden etkileneceksiniz. Aklınız, bunların tekinin bile hayvanlar tarafından örgütlenemeyeceğini bilecektir.

c) Bitkiler

Bitkiler, sevimli meleklerin evrene tebessüm eden simalarıdır.

Aynı durum bitkiler aleminde de geçerlidir. Yaprakların, dalların dizilimini, kabuğun, çiçeğin yapısını irdeleyebilirsiniz. Sırlar detaylarda gizlidir. Yüzeyde yansıyanlar, detaylarda yapılanlardır.

Bitkiler meleklerin yönlendirmesiyle kitlesel eylemlerle bulunurlar. Ekolojik denge açısından inanılmaz teknikler kullanırlar. Bazen öylesine tepkiler gösterirler ki, kimi bilimciler bitkilerin bilinçli olduklarını düşünmüşlerdir. Hatta araştırmalar, salon bitkilerinin sahiplerinin değişen psikolojilerine tepki verdiklerini göstermiştir.

Japonya'nın Kyoto Üniversitesi araştırmacıları, Lima fasulyesinin zararlı böceklere karşı savunma genleri çalıştırdığını; bu genlerin diğer bitkileri uyararak, böcek saldırısına karşı tedbir almalarını sağladığını belirlediler.[99] **Ayaklarınızla ezdiğiniz bitkileri küçümsememelisiniz: Bitkiler sevimli meleklerin evrene tebessüm eden simalarıdır.**

[99] Radikal Gazetesi 4 Ağustos 2000

d) Cansızlar

Cansız doğanın sistematiği, canlı doğanın sistematiğinden daha açık ve kolay anlaşılır. Evren rasgelelik görüntüsü ardına gizlenmiş olağanüstü bir dengedir. Evreni anlatan fizik, kimya ve matematik formülleri, evrenin akıl almaz bir sanatsal belirlenmişliğin, estetiğin ve simetrinin eseri olduğunu gösteriyor.

Maddenin tasarımındaki geometri hayranlık üretiyor. Tüm eller, tüm güller, tüm gözler birbirinin aynı gibi durur. Oysa her parmak izi özgündür. Birbirinin kopyası iki gül, birbirinin aynısı üç göz gösteremezsiniz. **Cansızları kuşatan sanatsal meydan okuyuşun ilk hayran seyircileri olan meleklerle tanışmak istiyorsanız, siz de bilimcilerin dünyasına girerek maddeyi inceleyebilirsiniz.**

Olumlu insanlarla ve doğayla temas kurduğunuzda enerji alanlarından etkilenirsiniz.

e) Dokunsallık

Kirliang Fotoğrafçılığı tekniği, bedenleri kuşatan ve bedenlerden taşan elektromanyetik alanlar tespit etmiştir. Bu enerji alanları melekler tarafından temsil edilirler. Olumlu insanlarla, hayvanlarla, bitkilerle ve doğayla temas kurduğunuzda, bedenlerinin enerji alanlarından etkilenirsiniz.

Japon kaynaklı reiki öğretisinde, dokunma yoluyla hastaların iyileşmesine katkı sağlanmaktadır. Öğretiye göre, kişinin ellerinden "evrensel hayat enerjisi" (reiki) akmakta, dokunulan kişinin ihtiyacına göre bu enerji ona verilmektedir.

İddia edilen enerjinin ellerden aktığına inanmıyorum; bazıları aynı işi uzaktan ve hatta telefondan yapabiliyorlar. Buradaki akışma, nazarda olduğu gibi ruhsaldır; dokunma ancak hedefe odaklanmaya katkı sağlayabilir.

4. AKTİF EYLEM PLANI

Aşağıdaki tabloya bakarak teknikleri hatırlayabilir; zaman zaman bu teknikleri çalışabilirsiniz.

RUHSAL ETKİLEŞİM AKTİF EYLEM PLANI		
İnsan ve Pozitif	Gruplara	Ruhsal desteğinizi, olumlu amaçlar için çalışan hangi topluluklara gönderebilirsiniz?
	Bireylere	Çevrenizde taktir ve duanızla kimlere destek olabilirsiniz?
	Bireylerden	Hangi bireylerden dua ve destek isteyebilirsiniz?
İnsan ve Negatif	Dolaylı Negatif	Borçlar, dargınlıklar, gıybet ve haksız nefret gibi negatif enerji kaynaklarını temizliyor musunuz?
	Doğrudan Negatif	Coşkunuzu koruyor ve nazara karşı tedbir alıyor musunuz?
Melek ve Pozitif	İlhamlar	Sessizlikler yakalayarak meleklerden gelen ilhamları dinleyebiliyor musunuz?
	Hayvanlar	Hayvanların harikalıklarını irdeleyerek melek ruhsallığına yakınlaşıyor musunuz?
	Bitkiler	Bitkiler dünyasını inceleyerek meleklerle yakınlığınızı geliştiriyor musunuz?
	Cansızlar	Cansızların iç işleyişlerine ilişkin araştırmalarınız ve tefekkürünüz var mı?
	Dokunsallık	Dokunma duyunuzu ruhsal enerji akımı için kullanıyor musunuz?

Özetle Ne Yapmalı?

1. İnsandan Yapıcı Etki alın:

Olumlu topluluklara ruhsal destek vererek olumlu enerjilerini üzerinize çekin. Olumlu bireyleri destekleyerek, ruhsallıklarından yansıyacak olumlu enerjiyle güçlenmenizi sağlayın. Ruhsallıkları yüksek insanlar öncelikli olmak üzere, insanlardan dua isteyin.

2. İnsanların Yıkıcı Etkilerinden kaçının:

Borçlarınızı temizleyin, dargınlıklardan kurtulun, barışık yaşayamıyorsanız iletişiminizi azaltın, maddi zarar vermeyin, gıybetten uzak durun, kimseden haksız yere nefret etmediğinizden emin olun.

Nazara karşı, kıskançlık, haset ve rekabetten arının; özel yeteneklerinizi iyice geliştirinceye kadar, kötü niyetli insanlardan gizleyin. Büyük hedeflerinizi saklı tutun. Ruhunuzun coşkusunu arttırarak, savunmanızı güçlendirin. Çevrenizin dualarına başvurun.

3. Meleklerin Yapıcı Etkisine Başvurun:

Meleklerin ruhsal desteklerinden yararlanmak için, ilhamlarını algılamaya çalışın; temsilcisi oldukları doğa kanunlarının cansızlar, bitkiler ve hayvanlar üzerindeki etkilerini tefekkür edin. Doğaya dokunun.

Özetleyen Sözler

◆ Aciz olduğunuzu bildiğiniz kadar aziz olacaksınız.

◆ Bir toplumun gücünü belirleyen, sahip olduğu nüfusun çokluğu değil, buluşturduğu ruhsal ortaklıkların çokluğudur.

◆ Haksız eleştirenler kadar eleştirilen, haksız aşağılayanlar kadar aşağılanan kimse görmedim.

◆ İyilik, kaynağından sürekli beslenen ışık gibidir; yansıdıkça şiddetlenir.

◆ Kanla ve intikamla beslenen ideolojilerin yıkıldığı gün, arkalarındaki toplum desteğinin bittiği gündür.

◆ Lânetinizin ilk düşmanı siz olacaksınız.

◆ Maddesel evrendeki tüm etkileşimler, aynı anda ruhsal evrende meydana gelen etkileşimlerdir.

◆ Olağanüstü iyi olanların hayatları zor geçer.

◆ Ruhsal uzayda, sevginiz sevdiğinizin kalbine iletiliyor.

◆ Ulaşacağınız pek çok başarı, hastalıktan inlerken yaptığınız içten dualarınız sırasında kaderinize yazılmış olacaktır.

◆ Verirken göstereceğiniz cömertlik, alırken hak edeceğiniz cömertliğin ölçüsünü belirleyecektir.

◆ Zalim bir ruh pozitif enerjiden, fedakar bir ruh da negatif enerjiden rahatsız olacaktır.

◆ Zayıf insan, yıkıcı çevre tarafından batırılmış; yapıcı çevre tarafından kurtarılmıştır.

İLAHİ İRADE GÜCÜ

Eseflendiğimiz kimi engeller bizi kuşatan koruyucu meleklerden ibarettir.

I- NEDEN İLAHİ İRADE GÜCÜ?

İlahi İradeye neden dayanacaksınız?

GİRİŞ

Hiçbir şey yoktu ve yalnızca Evrenin Sahibi vardı. Sınırsız kudreti, bilgisi ve iradesiyle evren projesini taktir etti ve ilmindeki projeye vücut verdi. Tasarladığı proje, sabit ve statik değil, her an yokluktan varlığa akışan olağanüstü dinamik bir sanat eseriydi.

O, ilmindeki projesini yaratmakta; ezelde bildiğine, sürekli vücut vermektedir. İnsanı bu müthiş projenin en değerli meyvesi kıldı. **Nesneler ezelî okyanustan vücuda akan, kalıpları, kıvrımları belirlenmiş birer nehir gibidir; akarlar ve öteki evrene dolarlar.**

Yaratıcı bu projede insana özel davranmış; insanı evrende, "insanın arzularını dikkate alarak" yerleştirmiş ve yürütmüştür.[100]

Her oluşun mutlak ve nihai iradesi (külli irade) Evrenin Sahibi'nindir. Evrenin Sultanı şimdi vücudumuzu varlığa akıştır-

[100] "Küçük irade" cinlere, şeytana ve çok sınırlı da olsa çoğu hayvanlara verilmiş; diğer yaratıklara seçme/tercih özgürlüğü tanınmamış ve hayatları/kaderleri doğa kanunlarıyla programlanmıştır.

masa, yok oluruz. Bir tozun uçuşması, O'nun tozu varlıkta tutmasıyla ve uçuşturmasıyla mümkündür. Şu KELİMEYİ okuyabilmeniz, sırasıyla (a) "okumak istemeyi istemenize", (b) "O'nun istemenizi yaratmasına", (c) "istemenizi kabul etmesine" ve sonra da (d) "istediğiniz eylemi yaratmasına" bağlıdır.

İlahi irade niçin yapıyor? İsteklerimizin kimini yaratıp kimini yaratmamasının sebebi nedir? Kimi olayları bize zorla yaşatmasını nasıl açıklayabiliriz? Bizi tercihlerimizde kısmen hür bıraktığını anlıyoruz; öyleyse seçimlerimize neden ve nasıl müdahale ediyor?

İlahi iradeyi çözümlemek, ilahi gerekçeleri keşfetmektir.

Bu soruların sırrını çözmek, yaratılışın sırrını çözmektir. İlahi iradeyi çözümlemek, ilahi gerekçeleri keşfetmektir. Hızır(as)'a sunulan bilgi alanına girme teşebbüsüdür ve bu alana girmek korkutucudur.[101]

Birinci soru: Yaratıcımız evrenin ve insanın tüm hayat akışını nasıl taktir etmiştir? Kader nasıl çizilmiştir? İkinci soru: Ezelî kader bilgisi vücuda nasıl getiriliyor? Bu soruların cevapları, "nedensellik" anlayışımızı kökten yenileyecektir:

1. GELECEĞİN BELİRLENİŞİ

Sınırsız Kudret bize tercih özgürlüğü vermiş; ama sınırlamıştır: İstersek kuş olamayız. Bize "kuş olmayı isteyebilme" iradesi vermiş; ama "kuş olabilmemizi" kabullenmediğinden, istediğimizde bizi kuşa dönüştürmeyecektir.[102] **Yapabildiklerimiz,**

[101] Kıyametin kopuşunu rüyanızda seyretseniz, ertesi gün, bir bilim adamının kıyametin tarihiyle ilgili ilginç bir tespitte bulunduğunu yazan gazete haberini gözlerinizin önünde bulsanız; sonra da meraktan araştırarak bazı dini kaynaklarda benzeri bir tarihe işaret edildiğini öğrenseniz, ne hissederdiniz? Bu benim hikâyemdir.

[102] Oysa O, sürüngen bir tırtılın güzel bir kelebeğe dönüşme dileğini kabul etmiş ve bu kabulü sayısız metamorfozlarda icra etmiştir.

yapmaya kalkıştığımızda, Yaratıcımızın yarattığıdır. Yürütmezse yürüyemeyiz.

Öncelikle, bu evrende neler olacağı nasıl belirlendi? Bu soruyu cevaplandırmak için dört olguyu çok iyi anlamalıyız:

❑ **İrade-Yaratma:** İrade, "seçebilme gücü;" "yaratma" seçilene vücut verebilme gücüdür. Yaratıcımız hem mutlak seçme gücüne (külli irade), hem de mutlak yaratma kudretine sahiptir. Yarattığı, "yaratmak istediği veya yaratmaya razı olduğudur." Kimse Ona zorla "yarattıramaz."

Evrenin Sahibi, bize "sınırlı seçebilme gücü" vermiştir; O'nun izin verdiği kadarını seçebiliriz. Ancak, yaratma, yani yokluktan varlık düzeyine çıkarma gücü, Ona aittir.

Yaratıcımız bize "sınırlı seçebilme gücü" vermiştir. İzin verdiği kadarını seçebiliriz.

Yaratabilmek için, kendinden kaynaklanan ve sonsuza dek kendinin olacak asgari üç vasıf gerekir: "Sınırsız ilim, irade ve kudret." İnsan cahil doğdu, dolaysıyla ilmi zati değildir; insan aciz doğdu ve aciz ölecek, dolaysıyla kudreti kendine ait değildir; her şeyi isteyemez ve istemeyi zamanla öğrenir; dolaysıyla iradesi mutlak değildir. Bu yüzden insan "ben yarattım" diyemez.

Yürüyen biziz, çünkü biz istedik; ama, yürüten O'dur. Seven biziz; ama, kalbimizin sevmesini sağlayan biz değiliz. **Olup bitenler, fark edilmeyecek kadar "şah damarımıza yakın", "kendimiz olduğunu sanacağımız kadar varlığımıza nüfuz etmiş bir kudret" tarafından yaratılır.**

❑ **Ezelî bilgi:** Evreni tasarlayan Sınırsız Kudret'in varlığı, tüm geçmişlerden önceye ve geleceklerden sonraya uzanır. Zamanı ve mekanı o yarattı; O'nu zamanın veya mekanın içinden bakarak göremeyiz. O geçmişten baktığında geleceği ve gelecekten baktığında geçmişi görüyor. Her şeyi biliyor ve öğrenemez; öğrenmek, kendinden doğmayan bilgilerin varlığını gerektirir. Oysa, Yaratıcımız her şeyin tek var edicisidir; tüm bilgiler ondan doğar; kaynağı O olmayan toz kadar bilgi yoktur.

O, kararını değiştiremez; çünkü kararı o kadar hakimdir ki, eğer "değiştirme kararı verecekse"; o zaten en başta verdiği karardır. Çünkü Onun ilmi en sonda ne yapacağını en başta bilecek ölçekte sınırsızdır; O bir şeyi sonradan düşünmez. Burada bu ön bilgileri ispat etmekle uğraşarak zamanınızı almayacağım.

Ezelî bilginin sahibi Sınırsız İrade, sonsuz geçmişte, hangi sineğin ne zaman, nerede, nasıl uçacağına kadar tüm detayları, elektronlarına kadar "bilmiş," "tercih/taktir etmiş," ve "yaratmaktadır." Buradaki taktir, yani "ilahi irade" üç boyut içeriyor:

❑ **Şartsız ilahi irade:** Evren projesinin bir bölümünü mutlak surette kendisi belirliyor. Kanunlarını koyuyor ve icra ediyor. Allah, Everest dağına nerede ne kadar yüksek olmak istediğini sormamıştır. Vücudumuzun tasarımını yaparken görüşümüzü almamıştır.

Güneş, toprak, rüzgar gibi doğa olguları, ilahi kanunlarla çizilmiştir.

❑ **İradelere bağlı ilahi irade:** Nereye gitmek istediğimizi bize -veya kimi hayvanlarına- sorar ve istediklerimizi yaratır. Bize patates yedirdiyse, bunu istediğimiz için yedirdi. Kedinin istediği sütü ona bizim elimizle verdi. Evrenin Hakimi, kendi iradesini, yarattığı iradelere bağlar. Evren tablosunun bazı boyalarını yaratıkların isteklerine göre yerleştirir.

❑ **Şartlı ilahi irade:** Bazı durumlar "ruhsal yasaların" gerekleri olarak gerçekleşir. İnsanlar onları hak ederler. Ayağınız kaydı, düşüp belinizi incittiniz; eviniz yandı, piyango kazandınız... Son üç başlığı açalım:

a) Şartsız İlahi İrade

Şartsız ilahi tercihleri evrende doğa kanunları olarak buluruz: Her bir kanun sınırsız İlahi bilincin eseridir; bir karardır.

❑ Fiziksel Yaratılış:

Güneş, toprak, rüzgar, bahar gibi doğa olguları ilahi kanunlarla çizilmiştir. Yaratıcımız, ateşin yakmasına karar vermiştir; özel olaylarda tercihini değiştirmediği sürece, ateş hep yakacaktır.[103]

Planladığı evren projesinin bir köşesine Güneş sistemini ve Dünyayı yerleştirmiştir. Yıldızların nasıl doğup öleceklerini, bitkilerin nasıl çiçek açıp solacaklarını belirlemiştir. Sonra da kanunlarını icra etmiştir.

Evrenin Sahibi'nin kanunlarında zerre kadar rasgelelik, hikmetsizlik veya gereksizlik yoktur. Her şeyi Yaratıcısının şanına layık ve yüceliğini tasdik edici bir kimlikle şekillendirmiştir.

Hikmet, amaç ve faydalılık, evrenin tüm ayrıntılarında saklıdır.

İsteseydi, mavi gökyüzünü kırmızıya boyayabilirdi. Suya leş kokusu verebilir; çiçeği çürümüş et, çürümüş eti de çiçek gibi kokutabilirdi. İsteseydi, vücudumuza kuyruk takabilir ve bizi dört ayak üzerinde yürütebilirdi.[104]

Nasıl ki ben, şehir meydanında kuşlar gibi "cik cik" ötemem; buna gücüm var, ama bunu yaparsam onurumla oynarım. Onurlu insan hırsızlık yapamaz; şefkatli anne bebeğini öldüremez. Şefkatli Yaratıcımız da, Sınırsız Onuruna aykırı hiçbir tercihte bulunmaz ve bulunamaz.

Sınırsız merhametli olduğu için, her şeyi doğrudan ve dolaylı merhametlerle kuşatmıştır. Dünyadaki ısı dengesini koruyarak

[103] Yaratıcımız, İbrahim Peygamberin(as) içine atıldığı ateşe, "Ey ateş, (İbrahim için) serin ve selametli ol" demiş; evrensel bir yasasının hükmünü bu özel olayda iptal etmiştir. (Bkz. Kur'an; Enbiya Suresi:69)

[104] Yaratıklar arasında kendimize insandan daha güzel bir tasarım yakıştıramıyoruz.

yaratıkların yazın ateşler arasında, kışın buzlar içerisinde boğuşmasını önlemiştir.[105]

Hikmet, amaç, faydalılık ve kasıt, evrenin tüm ayrıntılarında saklıdır. Başarmak istiyorsak, evrenin yönetiminde geçerli olan yasalara uymalıyız. **Doğa yasalarına uymak, Sınırsız İradeye dayanmaktır.**

❑ Ruhsal Yaratılış:

Canlılar, özgün ruhsal doğalarla doğarlar. İnsanı farklılaştıran, bedensel kimliğinden çok ruhsal kimliğidir ve insana bu kimlik doğuştan verilmiştir.

Ruhlarını kimliksel değişime zorlayanlar, hayatlarını iç çatışmalarla zehire dönüştüreceklerdir.

İlahi irade, ruhsal kimliklerimiz aracılığıyla, tercih alanımızın ana sınırlarını çizer: Kedinin fareye, köpeğin kediye düşmanlığı, erkeğin kadına eğilimi, annenin çocuğuna şefkati gibi ruhsal temeller doğuştandır. Bunları ruhumuzla getiririz; karşılıklarını genetiğimizde taşırız ve "içgüdü" adını verdiğimiz iç telkinler olarak kendilerini hissettirirler.

Kadın, doğasını yok ederek erkek kimliğine dönüşemez; fare kendini kedi gibi hissedemez. Kimlikler genetikle oynamak yoluyla veya telkinlerle geçici olarak bastırılıp saptırılabilir. Ama ruhlarını kimliksel değişime zorlayanlar, hayatlarını iç çatışmalarla zehire dönüştüreceklerdir.

b) İradelere Bağlı İrade

Yaratıcımız yapmak istediğimizi yaratır. Gülmek isteriz, güldürür; yürümek isteriz yürütür. Sınırlı özgürlük alanımızda,

[105] Ne zaman insanlar nankörlüklerinde çok aşırıya kaçarlar, artık ağır cezayı hak ederler, o zaman, kurduğu sistemin bozulmasına izin verir ve insanlar kıyamete kadar büyüyerek birbirini takip edecek sellere, yangınlara, depremlere, yakıcı sıcaklara ve dondurucu soğuklara mahkûm olurlar.

seçtiğimizde gerçekleşen her şey, Onun yaratışıdır. İradesini iradelerimize bağlamıştır.

O yaratmasa, gücümüz bir sineğe üflemeye yetmez. Beynimizde gerekli kimyasal işlemleri yaratarak kaslarımıza emir gönderir ve hareket ederiz.

Yaratıcımız bizi, sosyal birer varlık olarak yaşatmakta; birimizin kaderini diğerinin kaderiyle ilişkilendirmektedir. Bazen kendi isteklerimiz, bazen de diğer insanların hakkımızdaki istekleri yaratılır. **İsteklerimiz kitleselleştiği ölçüde diğerlerinin tercihleri de dikkate alınmaktadır:**

Kişisel Tercihlerimiz: Nerede uyuyacağımızı, ne yiyeceğimizi biz seçeriz, yaratılır. Tercihlerimiz, imkanlarımızla ve çevresel şartlarımızla sınırlıdır. Bulutların üzerinde uyuyamayız; taş yiyemeyiz. Tercihlerimizi geliştirmek için bilgimizi, yeteneklerimizi ve imkanlarımızı geliştirmeliyiz.

İrade alanı en dar insan, en bilgisiz insandır.

Cehaletimiz, fakirliğimiz ve tembelliğimiz arttıkça, çevrenin sürüklediği sürülere dönüşürüz. **İrade alanı en dar insan, en bilgisiz insandır.** Çünkü bilmeyen düşünemez ve düşünemeyen tercih edemez.

Diğer insanların tercihi: Kaderimizin kimi bölümleri diğer insanların hakkımızdaki tercihlerinin kabul edilmesiyle şekillenir: Sizinle evlenmek istedi; isteği kabul edildi; evlendirildiniz. Bunlar bazen size rağmen, bazen de sizin rızanız alınarak gerçekleşir.

Evinizi ateşe verdi... vakfınıza apartmanını bağışladı... Anne babanızdan komşularınıza kadar, hayatınızla ilişkili herkesin tercihi sizi etkileyecektir. Tabii ki sizin diğerleri hakkındaki tercihleriniz de onları etkileyecektir.

Kader başkasının benim hakkımdaki talebiyle hayatımı nasıl değiştirir? Masum bir çocuğun kaçırılıp dilencilik yaptırılmasına nasıl izin verilir?

Başkasının tercihlerinin üzerimizdeki etkisi, mutlak ve sınırsız değildir: "Şarta bağlı irade" bölümünde değineceğimiz gizli hikmetlere dayandırılmış ve sınırlandırılmıştır. Örneğin, her aşık sevdiğiyle evlendirilmiyor. Her katilin pişmanlığına vesile olamıyorsunuz. Nuh peygamberin (as) oğlu, ısrarla asilerin saflarında yer aldı; Lut peygamberin(as) eşi, sapıklarla işbirliği yaptı.

Tüm insanların tercihi: İlahi irade bireysel hayatımızı şekillendirirken, insanlığın genel tercihlerini de dikkate alır: Körfezde savaş isteyen biz değildik; ama o savaştan etkilendik. Televizyonu biz keşfetmedik, ama hepimiz izleyebiliyoruz.

c) Şartlara Bağlı İrade

Hayata ruhsal yasalardan kaynaklanan müdahaleler olur.

Doğa yasaları ruhsal varlıkları etkilemez. Ruhumuzun da aralarında bulunduğu ruhsal varlıklar, ruhsal yasalara tabidirler.

Bilinçli özgür ruhlar, "ruhsal yasalara-ilahi emirlere" göre tercihlerini yaparlar: "Akrabalarını ziyaret etmeyenin ömrü kısalacak, iftira atanın onuru lekelenecek..."

Hayatımıza, ruhsal yasalardan kaynaklanan müdahaleler olur. Onları doğa yasalarıyla açıklayamayanlar, "şans, kaza, tesadüf, içgüdü, metafizik" gibi kavramlara başvururlar. Zihinsel zeka, bu müdahaleleri öngöremez, önleyemez; oysa ruhsal zeka, hem öngörmenin ve hem de değiştirmenin yolunu gösteriyor.

Bu tür olaylar, bir anlık kararınıza değil, günlere ve hatta yıllara yayılan "geçmişte yaşanmış" veya "gelecekte yaşanacak" eylemlerinize dayanır. **Ezelî Kudret tüm geçmişleri geleceğinden ve gelecekleri geçmişinden bilen ilmiyle, hayatımıza iki yönden de müdahale eder.**

Gelecekte başarıları hak edecek olan kişinin çocukluğuna zorluklar yerleştirilir. Zorluklar o kişinin ruhunu güçlendirir;

ona yüksek bir kişilik ve ısrarcı mücadele azmi kazandırır: Çocukluğunda kıskanç kardeşleri tarafından kuyuya atılan Yusuf Peygamberin (as) hikayesini hatırlayın.

Bazen de geleceğini karartır; yaptığını yıkar, ürettiğini çürütür: Bir sabah uyandığında, ömrünü verdiği evinin veya ailesinin depreme kurban gittiğini görür.

Hiç kimse garantilerine ve güvenlik sistemine bakarak pervasız davranmamalıdır. En bükülmez bilek parçalanabilir; en çaresiz çocuk cumhurbaşkanı seçilebilir. İnsanlık tarihi bu tür olayların binlerce örnekleriyle doludur.

Yaratıcımız, her eyleme bir anlam ve karşılık verdiği gibi, eylem birikimlerine de daha farklı anlamlar ve karşılıklar verir. Bir defa ağlamanın sonucu, bin defa ağlamanın sonucuyla aynı değildir.

Biz eylemlerimizi tekrarladıkça, geleceğimize yeni sonuçlar eklenir.

Biz eylemlerimizi tekrarladıkça, geleceğimize yeni boyutlar ve sonuçlar eklenir: Komşusuna bir defa haksızlık yaparsa kalbine üzüntü verilir; ama beş yıl süren haksızlığın karşılığı, bir cinayete kurban gitmek olabilir.

İlahi irade, "ısrarlı eylemlerin" dünyadaki ve sonsuzluktaki karşılıklarını belirlemiş; uyarıcılar aracığıyla insanlara bildirmiştir. "Cennete veya cehenneme" uzanan süreçteki dünya sonrası karşılıklara değil; salt bu dünyada yaşanacak karşılıklara değineceğiz. Şarta bağlı iradenin belirlediği şartlara, "Ruhsal Yasalar" diyeceğiz:[106]

[106] "İlahi emirlerden" ibaret olan ruhsal yasaları, dini kaynakların yanı sıra, "tarih, istatistik, sosyoloji, psikoloji" gibi bilim disiplinlerden yararlanarak öğrenebiliriz. Tüm ilgili disiplinleri tek çatı altında toplayacak "Kader Bilimi" disiplinine ihtiyacımız var.

RUHSAL YASALAR	
Şunu Yapanlara	**Şunlar Yapılacak**
Anne babaya iyilik	Ömrü uzatacak.[107]
Zulmü Engellemeyenler	Cezalandırılacak.[108]
Yalana devam edenin	Kazancı azalacak.[109]
Akrabalarıyla görüşenlerin	Malları çoğalacak.[110]
Tövbe edenin	Musibeti kaldırılacak.[111]

Melekler, evrene serpiştirilen doğa kanunlarıdırlar.

2. GELECEĞİN YARATILIŞI

Yüce Kudret, önce meleklerini yaratmış;[112] meleklerle perdelediği kudretiyle, meleklerin üzerinde fiziksel evreni ve içindekileri yaratmıştır.

Bu sistem içinde Evrenin Sahibi'ni, meleklerini ve aradaki ilişkilenme biçimini doğru kavrayamayan akıl, yüzeydeki bilgilerden hareketle binlerce farklı evren tasavvur ederek gerçeği kaybedecektir.

[107] "Anne babasına yaptığı iyilik sebebiyle Allah kişinin ömrünü uzatır." Hz. Muhammed (asm), Cami'us-Sağir 2:302 Hadis No:1910

[108] "İnsanlar zalimi görüp zulmüne engel olmazlarsa, Allah'tan hepsini kaplayan bir azabın gelmesi yakındır." Hz. Muhammed (asm), İbni Mace, Fiten:20

[109] "Yalan, rızkı azaltır." Hz. Muhammed (asm), Cami'us-Sağir 3:199 Hadis No:3137

[110] "Akrabalarla iyi ilişkiler içinde bulunma malı çoğaltır." Hz. Muhammed (asm), Cami'us-Sağir 4:196 Hadis No:5004

[111] "Dua kazayı geri çevirir. Allah'ın yaratıkları hakkında iki kazası vardır; biri değişmez; diğeri ise değişir." Hz. Muhammed (asm), Cami'us-Sağir 3:199 Hadis No:3137

[112] İslâm, önce "Nur-u Muhammedi'nin" yaratıldığını belirtmektedir. Yukarıdaki bilgiyi bu ayrıntıyla birlikte değerlendirmeliyiz.

İşte bu evrende, melekler Yaratıcımızın "kudretleri gibi" algılanırlar; onlar evrene serpiştirilen doğa kanunlarıdırlar. **Meleklerin bildikleri, Yaratıcının onlara öğrettiğidir; yaptıkları, O'nun emrettiğidir.** İlahi emre mutlak itaatleri nedeniyle sabit davrandıklarından, yüzeysel baktığımızda özel bilinçlerini fark etmiyoruz.

Aşağıda, yaratış kudretinden yaratış planına uzanan bir dizi başlık altında "yaratma eyleminin" konumuzla ilgili boyutunu açacağız:

a) Yaratış Kudreti

Sürekli kopyalanarak yokluktan varlığa akan evrende, sonsuza dek sayamayacağımız bir çoklukla karşılaşırız. Bunca zerreden coşturucu bir çift göz, sevimli bir çift el yaratan Kudretin sınırsızlığı bu yüzden hayal edilemez.

Doğa yasaları, Kendini Gizleyen Ressamın, fırçasını kullanma biçimidir.

❑ Yaratma eylemi, yaratılanın en zerre detaylarına nüfuz eden sınırsız ilim, irade ve kudretin varlığını gerektirir. Bunlara zati varlığıyla sınırsız surette sahip olmayan, tek toz zerresini yaratamaz.

❑ **Hiç bir şey kendini yokluktan yaratamaz.** Ya ezelî ve ebedidir; kendi kendine vardır ve var edilmemiştir; varlığının başlangıcı yoktur; ya da sonradan var olmuşsa, başkası tarafından yapılmıştır.

❑ Bilim gösteriyor ki evren sonradan var oldu. Hatta kuantum fiziğine göre, yokluktan varlığa sürekli akıyor. Dolaysıyla evreni sürekli var eden, evren dışı bir kudret vardır.

❑ Evreni doğa yasaları da yaratmıyor. Yasalar kendi bilinç ve kararlarıyla yapmıyorlar. **Doğa yasaları, Kendini Gizleyen Ressamın, fırçasını kullanma biçimidir.**

❑ Birbiriyle bağlantılı sistem, ancak tek bir Kudretin eseri olabilir. Güneşin sahibi kimse, dünyayı onunla dengeleyen de odur. Güneş ışığını yaratan, ışığı algılayabilen gözü de yaratandır.

❑ Kimse kendi özüne ait olmayan bir kudretle yaratamaz. Kendi özüne dayanan ölümsüzdür; değişmezdir. Oysa evrendeki her şey ama her şey- yok olup giden, akılsız, bilinçsiz, kudretsiz, kendi başına kalsa rasgele dağılacak enerji paketçiklerinden ibarettir.

Şu halde hepimiz aynı Ezelî Sanatkâr'ın eserleriyiz. O evreni oluşturan tüm enerji paketçiklerine hakim olarak her şeyi her şeyle ilişkilendirmiş ve emrettiği gibi sevk etmektedir.

Evrene bir yüzünden bakınca maddeleri, diğer yüzünden bakınca melekleri görürsünüz.

Evrene hükmeden sınırsız kudreti neden kolaylıkla algılayamıyoruz?

Büyük melek Azrail(as) Rabbine şöyle demiş: "Ruhların alınması görevim nedeniyle Senin kulların benden şikayet edip bana küsecekler." Şu cevabı almış: "Seninle kullarımın arasında musibetler, hastalıklar perdesini bırakacağım; ta ki onlara şikayet etsinler ve sana küsmesinler."[113]

Bu olay, olağanüstü bir sırrı açıklar: "Tek ve Sınırsız Kudret" kendini, yarattığı iki perde ardına gizlemiştir: Doğa perdesi ve ruhsal perde...

❑ **Doğa perdesi:** Hastalıkları, fırtınaları, mevsimleri yaratmış ve yaratıklarını bu sistemin içerisinde yönlendirmiştir. **Evrenin Sahibi'nin kudretini, alnımızı okşayan rüzgar esintisinde, gözlerimizle saklambaç oynayan ışık serpintisinde bulabiliriz.**

Ezelî Hakim, "doğa yasaları" suretindeki kudretini eşyanın ardından sürüklemekte, O'nun yaratışı, bazen ciğerlerimizin oksijeni, bazen yanaklarımızın tebessümü oluvermektedir. Bazen de Onun kudreti gözlerimizden damlacıklar halinde akmaktadır.

[113] Sözler, 22. Söz, s.265

❑ **Melekut perdesi:** Yaratıcımız, doğa perdesinin hemen ardına "ruhsal yasaların" geçerli olduğu melekut perdesini koymuştur. Azrail(as) ruhları alan kudret değil, Yaratıcısı tarafından ruhları almakla -alır gibi görünerek ezelî kudreti perdelemekle— görevlendirilen melektir.

Melekut perdesi, rüzgarın esmesinden Güneşin dönmesine kadar, evrenin her noktasını kuşatır. **Evren bir aynadır; ona bir yüzünden baktığınızda maddeleri, diğer yüzünden baktığınızda melekleri göreceksiniz.**

Sıradan insanlar, baktıkları gökyüzünde kül rengi bulutlarla buluşurlar. Oysa yüksek bilinçler, ovalardaki çiçeklere yetişmek üzere uçuşan yağmur meleklerini izlemektedirler. Kimine göre ayağına tesadüfen çarpan taştır; kimine göre bir melek onu uyarmıştır. **Kimine göre bahçedeki bilinçsiz güldür; kimine göre gülün ardından tebessüm eden melektir.**

Düzensiz yaratmalarında Yaratıcıyı hatırlıyoruz da, düzenli yaratışında aklımıza getirmiyoruz.

Bu iki yaklaşım arasındaki ayrımı şu örnekle göstereceğim: Bardağa bir çekiçle vurduğunuzda, parçalanmasını sağlayan, "doğa yasaları" gibi görünür. Bardağı kıran enerji ona fizik evrenden yaklaşmıştır.

Psikokinezik gücü yüksek bir medyum, ruhsal enerjisini bardağa odaklandırarak onu parçalayabilir. Fiziksel enerji kullandığına dair hiçbir delil gösteremezsiniz. Burada parçalayan enerji, bardağa ruhsal evrenden yaklaşmıştır.

İslâm Peygamberinin(asm) mucizelerini hatırlayın: Ağaçlar köklerini söküp yanına gider, onunla konuşurlardı; avuçlarındaki taşların duaları duyulurdu; on parmağından on çeşme su akardı; savaşta sahabesinin kopan kolunu yerine taktığında eskisinden sağlam tutunurdu[114]... Böyle olaylar doğa yasalarıyla açıklanamaz.

Bir ağacın dalında bebek yaratılması ne kadar mucize ise, bir anne rahminde bebek yaratılması o kadar mucizedir. **Güneşin batı-**

[114] Detaylar için Bkz. Mektubat, 19. Mektup, ss.89-210

dan doğuşu, doğudan doğuşu kadar olağanüstüdür. Aşağıda, "Yaratış Kudretini" gizleyen bu iki perdeyi açacağız:

b) Doğal Yasalar

Doğa yasaları "Yaratan İradeyi" gizlerler. Eylem düzenli ve yasa biçiminde gerçekleştiğinden, onu yapanı göremiyoruz. Eğer evreni kanunsuz ve düzensiz yaratsaydı, o zaman akıllarımız her şeyi kolay algılayacaktı. Gülünçleşiyoruz: **Düzensiz yaratmalarında yaratıcıyı hatırlıyoruz da, düzenli yaratışında aklımıza getirmiyoruz.**

Olayları olağan gördüğümüzde, melek ruhsallığını keşfetmek zordur.

Yeryüzünde bir olayın meydana gelmesinde, tesadüf ihtimali sıfırdır. Doğa pasiftir; yapan değil, yapılandır; sanatkar değil, sanattır; şair değil, şiirdir. Doğanın tüm olağanüstü iç döngüleri doğa ötesinden yönetilir:

Bir mikroskopik canlıcık, büyüyor ve larva oluyor. Bir yaprağa tutunuyor, değişiyor. Kozasının içindeki vücudu yumurta sıvısı gibi anlamsızlaşıyor ve sonra bu sıvı renkli bir yaratığa dönüşüyor: Metamorfoz, kısa süre sonra dünya güzeli bir kelebeği evrenle buluşturuyor. Kim yaptı? Larva mı? Yaprak mı? Koza mı? Kelebek mi?

İncecik bir tohum toprağa düşüyor: Güneş onu ısıtıyor; yağmur onu ıslatıyor; toprak ona sarılıyor. Yıllar, dallarıyla köklerini örgülediği tek çekirdekten binlerce çekirdek çıkarıyor. Çamuru incire dönüştürüp daldan uzatan kim? Toz gibi tohumun dallarını semaya kim yükseltiyor? Bu müthiş tasarımın aklı kimin, kudreti kimin, eylemi kimin?

Evrendeki en özgür yaratık insandır. Sorsanız, "ben yaptım" demeye en fazla kendisinin hakkı olduğunu düşünür. Oysa, insan bile hiç bir şeyi kendisi yapamaz.

Sadece bir adım atabilmek için beynimizde binlerce kimyasal işlem yaratılır. Kaslarımıza binlerce talimat gönderilir. Bacak kasları ve hücreler bu talimatları anlamlaştırarak eyleme aktarır... Bunları kim kontrol edebiliyor?

Tercih ediyoruz, kalkışıyoruz ve kontrol edemediğimiz bir sistem, görünüşe göre kendiliğinden, gerçekte Yaratıcının kanunu ve kudretiyle, emrettiğimizi yerine getiriyor. **Yapan başka, yaratan başkadır.**

İki şeyin ardışık olması, birinin diğerinin sebebi olduğunu ispat edemez. Eskimiş bilime göre, suyu buharlaştıran Güneştir. Oysa gerçekte, Yaratıcımız, Güneşi suya ve suyu semaya ayrı ayrı taşımaktadır. Güneşi suya baktırmadan da suyu semaya taşıyabilirdi. Kendi icraatını Güneşle nasıl da perdeliyor?

c) Ruhsal Yasalar

Meleklerin enerjileri azaldığında ışık formunda algılanabilirler.

Olayları olağan gördüğümüzde, melek ruhsallığını keşfetmemiz zordur. Çünkü doğal nedenler ve perdeler ufkumuzu karartmaktadır.

Oysa şans ve kaza gibi sıra dışı durumlarda, olayların ardındaki ruhsal müdahaleleri kolay keşfediyoruz. Bir dizi örnek üzerinde düşünelim:

Veroni adlı iki yaşındaki kız çocuğu, Rusya'nın Viladivostok kentinde apartmanın 10'uncu katından düştü; vücudunda sadece birkaç morluk oluştu.[115] Belçika'nın Molenbeek bölgesinde yaşayan 32 yaşındaki Corine isimli kadın 27'nci kattan düştü; düşüşten hemen önce apartmanın altında park eden araç sayesinde kurtuldu.[116]

Gazeteci Cenk Koray, Akşam Gazetesinden ayrılmış, Güneş Gazetesine geçmişti. O gün yayınlanmak üzere bilgisayarında bekleyen son yazısında şöyle diyordu: "Akşam'dan Güneş'e transfer edildim. Akşam'da kalarak, öldüğüm gün gazetedeki

[115] Radikal Gazetesi, 21.06.2000
[116] Radikal Gazetesi, 20.07.2000

köşemin boş olarak çıkmasını isterdim. Ama olmadı." Koray bu yazısının yayınlandığını göremeden, o gün ölmüştür.[117]

Bu olay, gerçek nedenleri perde ardında aramamız gerektiğini düşünmemize yetmelidir. Söylediklerimizden emin olmalıyız. "Biriniz bir şey dilediğinde, ne istediğine dikkat etsin. Çünkü hangi dileklerinin kabul edileceğini bilmez[118]" şeklindeki uyarıyı unutmamalıyız.

Bir sabah büromuzdaki tartışmaları dinledim: Gazetenin "UFO Polise yakalandı" başlığıyla duyurduğu haberde, 26 ocak 2002 günü saat 23.00 civarında Adıyaman ve ilçelerinde UFO'ların göründüğü, polisin kamerayla tespit ettiği bu görüntülerin incelemeye alındığı yazıyordu.[119]

Ruhsallıkları yüksek insanlar, Melekleri çoğu zaman görebilirler.

Arkadaşlara, Lut Peygamberin(as) kavmini yok etmek üzere gönderilen üç meleğin hikayesini hatırlattım. Yaratıklara veya belirgin cisimlere benzeyen UFO görüntüleri çoğunlukla uydurulmuştur veya cin ve benzeri ruhanilerin yanıltıcı görünümlerinden ibarettirler. Ancak, doğa yasalarından bağımsız olarak, dairesel, sinüzoidal ve bilinçli hareket ederek aniden görünüp kaybolan sıra dışı ışıklarla karşılaşabiliriz. **Onlar, enerjilerini azalttıklarında, ışık ve benzeri formlarda cisimleşebilecek kimlikte yaratılan meleklerdir.**

Yer yüzünde olağanüstü bir doğum veya sıra dışı bir ölüm gerçekleşeceğinde, dünya hayatında iklimsel ve her türlü köklü değişikliklerin arefesinde, olağanüstü olayların icrasını izlemekle görevlendirilen melekler her zaman ufkumuzda bulunurlar.

Ruhsallıkları yüksek insanlar, Melekleri çoğu zaman görebilirler. Ancak, maddi gözler onları ancak enerjilerini cisim

[117] Radikal Gazetesi, 24 Temmuz 2000. Koray, 23 Temmuz 2000 tarihinde ölmüştür.
[118] Hz. Muhammed (asm); Cami'us-Sağir 1:319 Hadis No:531
[119] Star Gazetesi, 29.01.2002

düzeyine indirgendiklerinde algılayabilirler. Bu meleklerin göründükleri mekanlarla, izledikleri olayların mekanları ilgisizdir.[120] Bununla birlikte onların göründükleri zamanların yakınlarında mutlaka önemli olaylar cereyan etmektedir.

Arkadaşlara, "Dikkat edin ve zamanı izleyin" dedim. Bir kaç gün sonra, en az 40 kişinin öldüğü Afyon depreminin haberleriyle[121] irkildik.

Geçmişimizi değiştirmediğimiz sürece, geleceğimizden kaçamayız: "**Allah kader ve kazasını gerçekleştirmek istediğinde, onlar hakkında kader ve kazası yerini buluncaya kadar, akıl sahiplerinin akıllarını alır. Hükmü gerçekleşince geri iade eder. Onlar da pişmanlık duyarlar.**[122]" Olay budur.

Yaratıcımız, üstlenecekleri görevler hakkında meleklere geleceğin planlarını göstermektedir.

d) Yaratış Planı

Kader literatüründe, "Yapma-Bozma Levhası"[123] şeklinde bir terim vardır. Bu ilahi bilgi alanında, vücuda gelmeye hazırlanan her şey kayıtlıdır. "Yaratış planı" diyeceğimiz bu alanı, bir gökdelenin inşa edilmeden önce mimari planlarının çizilmesine benzetebiliriz.

Buradaki nispeten somutlaşmış bilgiler, Kudretli Yaratıcımızın "değişmez-ezelî kader bilgisini" kapsamaz; "bilgilendirme" amacını taşırlar. Mutlak gelecekleri sadece O bilir. Melekler, cinler ve insanlar, sadece Onun bildirdiği kadarını öğrenebilirler.

Evrenin Sahibi, evrendeki olaylarda melekleri görevlendirdiği için, üstlenecekleri görevler hakkında meleklere geleceğin planlarını göstermektedir.

[120] Zira ruhsal soyutluktaki varlıklar, dünyanın her yerinde aynı anda bulunabilirler; Amerika'da görünürken Avrupa'da görev yapıyor olabilirler.
[121] Cumhuriyet Gazetesi, 4.02.2002
[122] Hz. Muhammed (asm), Cami'us-Sağir 1:267 Hadis No:406
[123] Terimin orijinal adı "levh-i mahv-ı ispat" şeklinde geçmektedir.

Melekler bir "muhasebe defteri" gibi olan bu bilgi alanında, geçmişle geleceğin dengesinin kaydedilmesinde görev yaparlar. Herkesin her şeyi kaydedilir. Sesler, görüntüler, duyular, niyetler, içimizden geçen veya dışa vurduğumuz her şeyi kuşatan her yönden bir kayıttan söz ediyoruz.

Her günün mesai bitiminde, muhasebe yeniden dengelenir: Defterdeki geçmiş değiştikçe gelecek de "ruhsal yasalara-ilahi emirlere göre" değiştirilir. Buradaki bilgileri okuyan melekler, gelecekte neler olacağını görebilmekte, buna göre ilahi emirlere yönelmektedirler.

Bizim derin bilincimiz de bu alana yükselebilir ve oradan, yaklaşmakta olan gelecek hakkında sezgi veya rüya gibi yollarla bilgi edinebiliriz:

Kader, geçmişle sonsuz gelecek arasındaki mutlak dengenin ifadesidir.

1999 yılı yazında, bir rüyada, Ankara'nın semasından Anadolu'yu seyrediyordum. Batı'ya baktım. Marmara Denizinin dalgaları bulutlara yükselmiş; doğuya doğru şehirleri yerle bir ederek ilerliyordu. Dehşetli bir korku yaşadım.

Kurtulmak umuduyla, Akçaabat'taki köyümüzün yakınlarındaki Hıdırnebi dağına tırmandığımı gördüm. Çocuklarımı ve ailemi hatırladım: Onları yüksek dağların ardındaki Gümüşhane tarafına bırakmıştım ve güvenlikte olmalıydılar.

Bir yandan Karadeniz'e bakarak denizi gözlemliyor, diğer yandan da önümdeki yolu hesaplıyordum. Bir an, dağın zirvesinden denizin taşmaya başladığını, Hıdırnebi'nin kökünden çatırdadığını, ayağımın altındaki toprakla birlikte kayarak ölüp gitmeye hazırlandığımı fark ettim.

Tırmanmayı bırakarak toprağa kapandım: "Allah'ım senin gücünden ve evreninden kaçabileceğimi nasıl da sanmışım." diyerek ölümü bekledim. Korkuyla uyandığımda, gördüğümün bir rüya oluşuna yarım saat şükrettim.

Bir felakete hazırlandığımızın hissi içerisinde tatile çıktım. 16 Ağustos günü çocukları Gümüşhane'nin Torul ilçesinde bırakarak Köyümüze ve oradan, Hayri Bey, Kahraman Bey ve Mustafa Beyle birlikte Hıdırnebi yaylasına çıktım. O gece uyuduğum ev, rüyamda tırmandığım yerin hemen aşağısındaki Bayram amcamın eviydi.

Amcamın sabah erkenden verdiği haberle irkildim: "Kalkın, Türkiye yıkıldı" demişti. 17 Ağustos 1999 tarihinde yaşanan deprem 30 binden fazla insanımızı dünyadan almıştı. Kaderin sırrını anlasaydık bu felaketi yaşamayabilirdik.

Yaratış planının kayıtlı olduğu "Yapma-Bozma Levhası" nasıl değişir? Şimdi anlayacağız:

e) Yaratış Muhasebesi

Kader, geçmişle sonsuz gelecek arasındaki mutlak dengenin ifadesidir. Sonsuz gelecekten kastımız, bundan sonraki dünya yılları ve ahiret hayatıdır. Herkes temiz doğar; doğasını kirletmeden ölenler için sonsuza dek sürecek bir temiz hayat vardır.

Bir zalim af dilemiş, iyiliklere adanmış ve affedilmişse, geçmişi temizlendiğinden, geleceği değişecektir.

"ŞU AN" çizgisinden tüm öncesi geçmiş ve tüm sonrası gelecektir. Bütün "ŞU AN"larda, herkesin tüm geçmişi ve tüm geleceği bellidir. **Hafızası güçlü olanlar geçmişlerini hatırlarlar ve ruhsallıkları güçlenenler, geleceklerini rüyalarında görebilirler.**

Ancak dikkat edelim: Geçmiş değiştikçe gelecek değişmek zorundadır. Çünkü denge olağanüstüdür: **Geleceği değiştirmenin tek yolu, şu anı ve geçmişi değiştirmektir.**

"ŞU AN," sürekli geçmişe akan bir nehirdir. Şu andaki tüm eylemlerimiz "kader terazimizin" geçmiş kefesine doluşur. İyilik yapıp geçmişe terk edenin gelecek kefesi, bir iyilikle dengelenir.

Bir zalim af dilemiş, iyiliklere adanmış ve affedilmişse, geçmişi temizlendiğinden, geleceği değişecektir.

Bir Peygamber, "Yapma-Bozma Levhasına" baktığında, yolda karşılaştığı adamın gün batmadan öleceğini görmüştür. Akşam olunca adam sırtında odun yüküyle dönmüştür. Bu duruma şaşıran Peygamber, adama, "o gün ne yaptığını" sorar. Adam, karşılaştığı fakire sadaka verdiğini, sonra da odunları sırtına yüklenip geri döndüğünü anlatır.

Yoluna devam eden adamın ardından bakan Peygamber, odun yükünde gizlenen öldürücü yılanı fark eder. Yılan adamın sırtından sessizce kayıp gitmiştir. Adamın yaptığı iyilik, ölümü için gönderilen yılandan kurtulmasının sebebi olmuştur.

Yeryüzü ibretli dersler veren hayatlarla doldurulmuştur.

Bir insan, ömür sermayesini tüketmiştir. Tam uçurumun kenarında bir iyilik yapmış; onu ahirete götürmeye gelen melek, emri icra edemeden geri çağrılmıştır.[124]

Yeryüzü ibretli dersler veren hayatlarla doldurulmuştur: Zengin olurlar ve sonra da fakir bırakılırlar. Zekalarıyla hava atıyorlardı; şimdi beyinleri dumura uğramıştır. Yetim diye aşağılanıyordu; şimdi ona gıpta ediyorlar.

[124] İslâm, kaderî emrin yaratılmasına "kaza", değiştirilmesine "ata" adını vermiştir. Gelecekten doğru haberler alabiliriz; ancak gerçekleşmeyebilirler. Bazen çok harika bir sonucu hak edersiniz, tam başınıza gelecekken büyük bir hata yaparsınız ve "muhasebe defteriniz-geleceğiniz" oracıkta değişir.

Aşağıdaki tablo bu denge hakkında size önemli bir izlenim kazandıracaktır:

Ruhsal Yasalar	DÜNYEVİ GEÇMİŞ-GELECEK DENGESİ [125]			
Sebep-Sonuç	Eski Söylemler	Gelecek	Yeni Eylemler	Değişen Gelecek
Israrlı gıybetin karşılığı aşağılanmaktır.	Bir yıldır gıybet yapıyor, insanları küçümsüyor.	Yarınki toplantıda aşağılanacak ve kimsesiz kalacak.	Gıybetin kötülüğünü öğrendi ve onunla savaşmaya adandı	Gıybetini yapmaya hazırlananlar, toplantıyı kaçıracaklar.
İsrafın karşılığı, kaza geçirmesidir.	İki senedir, kazancını gereksiz yere harcıyor.	Yarın kaza yapması kararlaştırılan otobüse bindirilecek.	Bugün bir fakirle karşılaştırıldı; pişman oldu ve ona yardım etti.	Otobüse binerken cep telefonu düşürülecek; otobüsü kaçıracak.
Şükrün ve taktirin karşılığı daha iyinin verilmesidir.	Sürekli şükrediyor ve taktir ediyor.	Yakında bir patron ona yardım edecek.	İyiliğin ahmaklık olduğunu; artık iyilik yapmayacağını düşündü.	Patronun kalbi değiştirilecek, vazgeçirilecek.

[125] Bu tablonun devamında, "Cennete-Cehenneme" uzanan "Uhrevi Gelecek Dengesi" yer alıyor. Salt dini içerikle açıklanabilecek bu boyutu burada göz ardı ediyoruz. Dolaysıyla annesi tarafından terk edildiği parkta donarak ölen çaresiz çocuğu kuşatacak adaleti bu tabloda bulamazsınız.

3. SOMUT DENEYİMLER

Aşağıdaki örnekler, yaşadığınız olayların ardında gizlenen nedenleri keşfetmenize yarayacaktır:

a) Bilet

1988 yılında Almanya'dan ziyaretime gelen dostum Osman Üçüncü'yü Belediye otobüsüyle uğurlarken, onun adına, indirimli öğrenci bileti kullandım. Akşam evime dönerken şoför, öğrenci pasomu sordu. Pasoyu asla üzerimden ayırmazdım ve üstelik o güne kadar bana hiç paso sorulmamıştı.

Hatayı derhal düzeltmek, onursuzluktan kurtulmak demektir.

"Öğrenciyim" dedim; tüm belgelerimi taradım; ama bir türlü pasomu gösteremiyordum. Şoför beni yalancılıkla suçladı, tartıştık. Yolcular bağırdı: "Uzatma delikanlı, at şuraya bir öğrenci bileti daha ve otur yerine." Utancım beni bitirmişti; ikinci bileti attım, son durakta şoförle kozlarımızı paylaşmaya sözleştik.

Oturdum, düşündüm: Bu utanç bana niçin yaşatıldı? Sabahleyin Osman Üçüncü adına yaptığım yanlışı hatırladım. Kaderin üzerimdeki gizli elini görünce, tövbe ettim ve otobüsten gizlice indim. **Suçluysam, çare nefsimi savunarak daha büyük uyarılara kapı açmak değil, hatayı derhâl düzelterek onursuzluktan kurtulmak olmalıydı.**

Arkadaşım için ondan habersiz öğrenci bileti kullanırken, amacım daha az para harcamaktı. Yanlış yolla tasarruf etmeye çalıştığım para zorla elimden alındı.

O gün hangi yanlışı yapacağımı önceden bilen Kaderin Sahibi, oracıkta cezalandırılmam için pasomu çalışma masama bir gece önceden bıraktırmış; sonra da sürücüye, bana pasomu sorması gerektiğini hatırlatmıştı.

b) Kaza

Değerli Evren Teke, emanet arabayla garajdan çıkıyorken, yanındaki arabayı çizdi. Çevreye baktı, endişelendi; kimseyi görmeyince, hemen oradan uzaklaşmak istedi. Araçtan inip verdiği zararı kontrol etmesi ve arabanın sahibini bulup en azından helalleşmesi gerekirdi.

Kaçmak niyetiyle geriye çıktığı anda, arkadan bir kamyon arabasına şiddetle çarptı. Kamyonun altında ezilmekten kıl payı kurtulmuştu.[126] Birisine hak etmediği zararı verirsek, o bize mutlaka ödetilecektir.

c) Rüşvet

Birisine hak etmediği zararı verirsek, zarar bize mutlaka ödetilir.

1988 yılında, bir yakınım böbrek taşlarını kırdırmak için Ankara Dışkapı SSK hastanesine sevk almıştı.

Çevreden, bazı çalışanların rüşvet karşılığında işleri hızlandırdıklarını duyunca gözlemledim: Bir hizmetlinin eline para tutuşturulduğunu gördüm.

Rüşvetin suç olduğunu bildiğim hâlde, vicdanımı hapsettim, yüzüm kızardı, o hizmetliyle çelik dolabın arkasında yüzleştim: "Şu bizim işi de hızlandırır mısın?" diyerek, evrakımızı ve 20 bin lirayı eline tutuşturdum.

Bir saat sonra adam beni buldu: "Karşıdaki bakkaldan iki bin getir" dedi. "Anlamadım, iki bin lira mı?" diye sordum. "Sigara, sigara!". "Yaa!" Bakkala koştum, adama sigarasını yetiştirdim ve saatlerce bekledim. Adam her dışarı çıktığında, ona ulaşıp bizim evrakı sormaya çalışıyordum; ama, kayboluyordu.

Mesai bittiğinde herkesin işi bitmiş, ben ve hastam orada yalnız kalmıştık. Öfkeden kendimi kaybettim ve yasak büroya dal-

[126] Evren, hikâyesini bu kitabın ilk çıktısını incelerken aktardı. Kendi rızasıyla hatırasını buraya ekliyorum.

dım. Çöpleri süpüren temizlikçilere, "Nerede benim evrakım?" diye bağırdım.

"Ne evrakı, memurlar çıktı, evrak kalmadı" dediler. Çöplere saldırdım; kâğıtların arasında evrakımı arıyordum. Çaresizce durdum, kusurumu ve zavallılığımı gördüm. Sakinleştim, manevi tokat yediğimi fark ettim ve bir daha bu hatayı yapmamak için söz verdim.

Dalgın şekilde masalardan birinin üstündeki sümeni öteye ittim, altında bir evrakın ucu gözüküyordu ve benim evrakımdı. Koştum, çıkmakta olan bir görevliyi kolundan tutup geri çevirdim ve binler rica ile evrakımı tasdik ettirdim.

Bize yönelen sorun, bizi yükseltmek isteyen neden olabilir.

II- NASIL İLAHİ İRADE GÜCÜ?

İlahi iradeye nasıl dayanacaksınız?

İlahi iradenin kaderi nasıl belirlediğini ve nasıl yarattığını ana hatlarıyla gördük. Bu bilgiye dayanarak, "İlahi iradenin desteğine" sığınmayı nasıl başaracağız?

Ruhsal Zeka, Yaratıcı Kudretin özel korumasına dayanma ve yönlendirmesini algılama becerisi sağlar.[127] Bize yaşattığı olaylarda Yaratıcımız bizden ne yapmamızı istiyor? Bizi nereye yönlendirmeyi amaçlıyor? Hayatımıza yaptığı özel müdahalelerin anlamını kavrayabiliyor muyuz? Geleceğimizi değiştirmesi için ne yapmalıyız?

Bu soruları cevaplayabilirsek, akıntıya karşı kürek çekmeyeceğiz. Cevaplayamazsak emeklerimizin çoğu boşa gidecektir.

1. ANLAM ANALİZLERİ

Evrenin Sahibi'nin bizden ne istediğini anlam analizleriyle çözümleyebiliriz. Şans neden yüzünüze gülüyor veya neden hep kaybediyorsunuz?

[127] Goleman'ın Duygusal Zeka'sı, diğer insanların amaç ve niyetlerini, duygu içeriklerini hissederek algılamaya yönelik çözümler içerir. Oysa biz Ruhsal Zeka ile Yaratıcımızın bize özel mesajlarını algılayabilir bir bilinç geliştirmenin yolunu tartışıyoruz.

Başımıza gelenler ya bizi korumayı ya da yükseltmeyi amaçlamakta; yaşadıklarımız bazen uyarı, bazen de ceza amacını taşımaktadır. Onları analiz edebilmeliyiz.

a) Koruyucular

Bazı amaçlarımıza ulaşamamamız korunmamızdan kaynaklanabilir. Başarsaydık çok aleyhimize olacaktı: Satın aldığımız ev başımıza yıkılacaktı, seçilseydik milletimize ihanet edecektik. **Eseflendiğimiz kimi engeller bizi kuşatan koruyucu meleklerden ibarettir.**

İyi olmayı hak eden insanın içindeki kötülük eğiliminin açığa çıkması, gerekirse zorla engellenir.

Musa Peygamber (as) Tur dağına ibadete giderken, vücudunu kumlarla gizleyen bir adamla karşılaşır. Fakir adam, Musa(as)'dan Allah'ın kendisine elbise vermesi için dua etmesini ister. Peygamber(as) geri döndüğünde aldığı ilahi cevabı aktarır: "Haline şükret."

Adam, iyilik isteyen bir kişidir; ama aynı anda bozgunculuğa eğilimli bir kişilik geliştirmiştir. Kendini tanıyıp bozgunculuğuyla savaşsaydı, toplum içine çıkacak elbise alabilirdi. Kaderinin onu elbisesiz bırakarak bozgunculuktan alıkoyduğunun farkında değil...

Cevaba öfkelenen adam, "Allah bana elbise vermiş mi de şükredeyim!" der. Oracıkta şiddetli bir fırtına kopar; kumlar savrulur ve uzak tepelerdeki kayaların ardına kaçmak zorunda kalır.

Bazıları kaderin amacını anlayamıyorlar; meydan okumaya kalkıyorlar. İntikam almak uğrunda öldürüp intihar ediyorlar. Onlar ruhlarını sonsuza kadar kahretmeyi seçtiler. Onların ruhsal zekaları sıfırdır.

İyi olmayı hak eden insanın içindeki kötülük eğiliminin açığa çıkması, gerekirse zorla engellenir. Kaderin bileğini bükemeyiz. Anlamak yerine isyan edenler kendi başlarını kırarlar.

Ruhsal zekası yüksek, yakışıklı bir genç tanırım. Karşı cinse eğilimi kendisini evlilik dışı ilişkilere zorluyor; fiziği bu tuzağa düşüşünü kolaylaştırıyordu. Zayıf yönünü fark eden genç, iradesini kaybetme korkusu içerisinde dua ediyordu.

Bir sabah cildinin estetiğinin sivilcelere kurban gittiğini gördü. Beş yıl mücadele ettiği bir hastalık, cildini ve psikolojisini mahvetmişti.

Artık eskisi gibi çekici değildi; güzel bayanlar kendisinden hoşlanmaz olmuşlardı. Kendisi de durumu kabullenmiş; böyle şeyleri düşünmekten kurtulmuştu.

Şöyle anlatıyor: "Kaderin sırrını ve ilahi hikmeti öğrendim. Tehlikeli bir zaafıma karşı bu şekilde korunduğumu fark ettim. Hastalığımla uğraşmayı terk ettim; asıl düşmanım olan zaafımla mücadeleye giriştim. İlginç şekilde kısa sürede hastalığımdan kurtuldum."

Ruhsal zeka, hangi sorunun yükselmemiz için gönderildiğini keşfetmemizi sağlar.

Pahalı ayakkabısıyla komşusunu kıskandırmaya çalışan kadının ayak bileği, bastığı çukurda kırıldı. Babasının otosuyla caka satmak için Bağdat caddesinde hız yapan genç kaza yaptı. **Herkes, niyetinin karşılığını yaşayacaktır.**

Bu seçimi hep kaybediyorum: Kazansaydım, neyi kötüye kullanabilirdim? Fakirlikten çıkamıyorum: Çıkabilseydim, neleri yanlış yapabilirdim? Sürekli hastayım: İyileşseydim neleri ihmal ederdim? Keşfedin ve asıl onunla savaşın. Geleceğinizi değiştirecek ruhsal zeka budur.

b) Yükselticiler

Ruhsal Zeka hangi sorunun yükselmemiz için gönderildiğini keşfetmemizi sağlar; böylece üzerinden geçerek yükseliriz.

"Başarı" zihninizde neleri çağrıştırır: İnsanlığı değiştirenler... Her zaman hatırlananlar... **Ortalamanın üzerinde bir gelecek**

yaşamak istiyorsanız, yolculuğunuz da ortalamanın üzerinde olmalıdır. Tarihteki izler, savaşılan problemlerin büyüklüğüyle orantılıdır.

Kaderinizin Sahibi yer yüzünde unutulmaz izler bırakmanız için sizi destekleyebilir: Yetim kalabilirsiniz, eşinizi, çocuğunuzu kaybedebilirsiniz. Depresyona kapılabilir, yıllarınızı hastalıklarla yoğurabilirsiniz. Terk edilebilir, esir düşebilir, aç kalabilirsiniz.

Kural şudur: **"Hoşlanmadığınız bir şey sizin iyiliğinize olabilir veya hoşlandığınız şey sizin kötülüğünüze olabilir. Bunu bilmezsiniz; ama, Allah bilir."**[128]

Hoşlanmadığınız bir şey, sizin iyiliğinize olabilir.

Musa Peygamber(as) ile Hızır(as) arasında geçen yolculuğu hatırlayalım: Hızır (as), denizde çalışan birkaç yoksula ait bir gemiyi görünür bir gerekçe olmaksızın delmişti. Musa Peygamber(as) buna "Gemiyi içindekileri boğmak için mi deldin? Doğrusu şaşılacak bir şey yaptın." diye itiraz etmişti.

Oysa o geminin peşinde, her sağlam gemiye zorla el koyan bir hükümder vardı. Birazdan gemileriyle yetişen askerler Hızır'ın (as) zarar verdiği gemiye el koymaktan hasarlı olduğu gerekçesiyle vazgeçtiler.[129] **İyi sonuçlar bazen kötü olayların ardına gizlenir.**

İnsan bazen bile bile yanlışta ısrar eder. Aklı bilir; kalbi anlar; ama hayatını kahreden kötü alışkanlıklarından kurtulamaz. O zaman ensesinde hissedeceği bir tokat, ciğerlerinde keşfedilecek bir hastalık, onun kurtarıcı meleği haline gelecektir.

Engel yoksa, engel aşılmaz. Kartal serçeyi tehdit etmeseydi, serçe hârika bir akrobat olamayacaktı. Hızlanmak zorunda kalmasaydık otomobiller üretilmeyecekti.

İhtilaller aklımızı, ahlâkımızı ve ekonomimizi bu kadar tahrip

[128] Kur'an; 2;216
[129] Kur'an; 18; 66-82

etmeseydi,[130] varlıklarını ihtilallere borçlu olan cinayet çetelerinden bu kadar nefret etmezdik ve hürriyeti bu kadar arzulamazdık.

Yolumuza bir dağ çıktı: Kimimiz dağın tabanında çöktü; kimimiz zirvelerine tırmandı. Aynı merdiven herkesin önündedir: İsteyen çöker, isteyen çıkar. Ruhsal zekanız size yükselticiyle karşılaştığınızı söylerse sevinmelisiniz: Yeni bir zafer çok yakınınızda... Coşun ve sorunların üzerinden koşun.

c) Uyarıcılar

Yaşayacağımız bazı sorunlar Yaratıcımızın uyarıcılarıdır; bizi korumak istemesi nedeniyle vurduğu "şefkat tokatlarıdır." Hedefe meşru olmayan bir yolla kestirmeden varmaya çalışanlar... temel hedeflerini unutanlar "şefkat tokadı" yiyebilirler.

Yaşanan bazı sorunlar Yaratıcımızın uyarıcılarıdır.

"Şefkat tokadı" yerseniz, amacınızdan mahrum kalırsınız, ama telafi etme fırsatına da sahipsiniz: Adam tatil yolculuğunda, doğduğu şehirden geçerken, zaman kaybetmemek için annesini ziyaret etmeyi ihmal ediyor; şehrin çıkışında aracının lastikleri patlıyor. Hatasını anlıyor ve geri dönüp annesini ziyaret ediyor.

Okul arkadaşı bilmediği konuda yardım ister; aşırı işleri olduğunu uydurarak kabul etmez; oysa uzanıp TV izleyecektir. Gece su kesilir ve evi sular basar. **Üşendiği için yardım etmemenin bedeli, uydurduğu gerekçeye uygun bir problem olmuştur.**

Kurtulmanın yolu, uyarıcıyı anlamak ve "ilahi iradenin reddettiği hatayı" düzeltmektir. Ruhsal zekamız "şefkat tokadını"

[130] Kurtuluş sanılarak alkışlanan silahlı ihtilaller, toplumsal ahlâkı, barışı ve refahı baltalamıştır. İhtilalciler, gizli kolları aracılığıyla önce terörü, ayrımcılığı, karışıklığı kışkırtırlar; sonra da "ey millet, işte sizi kurtarmaya geldik" derler.

çözümlememize yetmezse, tokat şiddetlenerek felakete dönüşecektir:

Adamın arabasına çarpıp kayboldular. Sonra evine hırsız girdi. Sonra da dükkanı yandı. Ardından boşandı ve sonra da intihar etti.

Radikal gazetesinde bir yüzbaşının 1999 yılında yaşadığı dramı okudum. Ailesini şiddetle rencide edecek bir yanlışa girişti. Ukraynalı bir revü kadınıyla birlikte oldu ve onun uğrunda ailesini terk etmeye hazırlandı:

Önce askeri lojmandan atıldı. Vazgeçmedi, ardından ordudan atıldı. Yine vazgeçmedi, başka musibetler takip etti. Ukrayna'ya gidip o kadınla evlendi. İki ay sonra birlikte Türkiye'ye dönerken, son darbeye takıldı: Trafik kazası geçirdiler ve ikisi de ölümün soğuk yüzüyle yüzleşti.[131]

Değerini bilmediğimiz veya kötüye kullandığımız her şeyden mahrum kalabiliriz.

Doğru hedefe yanlış yöntemlerle gidemezsiniz. Ruhsal zekanızla bakarsanız, tüm tarihin ardında, Kaderin Sahibinden gelen uyarıcılar okuyacaksınız.

d) Cezalar

Değerini bilmediğimiz veya kötüye kullandığımız her şeyden mahrum kalabiliriz. Telafisi imkansız bireysel zararların bir kısmı bize özel ilahi cezalardır.

Şu örneğe bakın: Lise birinci sınıfta okuyoruz. Üçüncü sınıftan bir arkadaşımız bayanlara sarkıntılık yapmasıyla tanınıyor. Bir gün okulun bahçesinde bayan öğrencilerin çığlıklarını duydum. "Ne oldu" diye koşturduk.

Arkadaşımız bir bayan öğrenciye sarkıntılık yapmış; öğrenci-

[131] Yüzbaşının ailesi böyle bir zulmü hak etseydi; cezası ebedi hayata ertelenebilirdi. Zalimlere zulmün karşılığı ertelenebilir; ama mazlumlara zulmedenlerin cezalandırılmaları yakındır.

nin kardeşi olayı öğrenince, askerden kaçarak gelmiş. Birlikte ilçenin futbol sahasına gitmişler, iki şişe rakı içmişler, sonra da arkadaşımızı vahşi şekilde katletmiş.

Boş şişeler ve akan kanlar hala gözlerimin önünde. Kaderin Sahibi böyle bir cinayete kurban gitmesine neden izin verdi?

Bir çocuk sahibi olmak için hastane kapılarında on yıl mücadele ettiler. Nihayet sağlam bir bebekleri doğdu. Anne, baba ve akrabalar Evrenin Sahibi'nin bağışladığı bu güzelliğe şükretmeliydiler. Ne yazık ki doğum müjdesini sarhoş oluncaya kadar içerek kutladılar. Hastaneden şarkılar söyleyerek evlerine giderken, o gün bir trafik kazası bebeklerini ellerinden aldı.

Yaratıcı Kudret müddet verir; insanları eğitir ve sorumluluk yükler. Sorumsuzluk sonsuza dek süremez. Görevlerini ihmal edenler, ilahi emanetleri iade etmek zorundadırlar.

Yaratıcı Kudret müddet verir; insanları eğitir ve sorumluluk yükler.

2. KARŞILIKLILIK

Yaşadıklarımızı ikiye ayırabiliriz: Bizim yaptıklarımız ve bize yaptıkları... Bize gelecekte yapılacakların çoğu, bizim geçmişimizde başkalarına yaptıklarımızın karşılıkları olacak. **Adaletin hükmettiği evrende, göreceğimiz iyilikleri artırmanın yollarından biri, yapacağımız iyilikleri arttırmaktır.**

Akıl kalbinizde gizlenen iyiliğinizin yıllar sonra size eylemler biçiminde döneceğini algılamaz; ama ruhsal zeka bunu algılar.

a) Kişisel İyilik

Yanlışlarımız ve doğrularımız "muhasebe defterinde" kayıtlıdır: Yanlışlar ruhumuzu aşağıdaki karanlıklara, doğrularsa yukarıdaki aydınlıklara çekmektedirler.

Yaptıkları	Yaşayacakları
Muhtaçlara yardım etti	İhtiyaçları karşılanacak
Bildiklerini öğretti	Ona yeni ilimler öğretilecek
Sevdi, merhamet etti	Sevilecek, merhamet edilecek

Gelecekte harcayacağımız hayat, geçmişte biriktirdiğimiz hayattır. Geleceğimizi geçmişimizle üretiyoruz.

Şu hâlde geçmişimizi ne kadar kişisel iyilikle doldurduğumuza bakalım. Şimdiden kimlere ne tür iyilikler yapabileceğimizi düşünelim:

İyilik yapmak çok kolay ve basittir.

İyilik yapmak çok kolay ve basittir. Tebessüm etmek, bir iyi özelliği taktir etmek, ihtiyacı olana bir bilgi vermek, birine yol göstermek. Sizi tanımayan birisine dua etmek...

Bir genç, başarı yolunda ilerlerken, heyecanını baltalayan bir söz söyleriz[132], umursamayarak umutlarını söndürürüz. Sonra biz yükselmeye kalkarız ve Kaderin Sahibi bize engelimizi gönderir. İşte karşılığımız:

Yaptıkları	Yaşayacakları
Üzdü, alay etti	Üzülüp alay edilecek
Mazlumu yalnız bıraktı	Mazlumken yalnız kalacak
İki yüzlü davrandı	Ona iki yüzlü davranılacak

[132] İşte masum örnekler: "Böyle gülünç kitapları mı okuyorsun? Kendini dâhi sanıyor? Uğraşacak başka iş bulamadın mı?"

İlkokula yeni başlamıştım: Bir bahar mevsimi ağaçların arasında dolaşırken bir kuş yuvası gördüm. Ağaca çıktım; anne kuş uzaklaştı. Yuvadaki iki yumurtayla oynadım; sonra düşüp kırıldılar. tepemde ve civarımda çığlıklar atan kuşun Israrlı sesinden ürktüm, ağaçtan inip uzaklaştım.

Ertesi gün aynı yerden geçiyorken, bir kuşun ısrarlı çığlıklarını dinledim. Kuş yuvanın etrafında daldan dala atlıyor, aralıksız ötüyordu. Uzaklaştım, ama vicdanım sızlamaya başlamıştı.

Sonraki ve sonraki günler o çığlık hep oradaydı; kaçamıyordum, çünkü o ağaç evimizin yolunun üzerindeydi. Oturup kuşun saatlerce feryat edişini dinlerken, sanki bir annenin hıçkırıklarını duyuyordum. Bir kadının sözleri kulaklarımda çınladı: "Yuva yıkanın yuvası yıkılır."

Tüm çiçekleri sevmek, bir tek çiçeği sevmekten daha zor değildir.

Bir kuşun yuvasını yıkmıştım. Ağacın altında oturup ağlamaya başladım. Kusurumu nasıl düzeltebilirdim? Otların ve dalların arasında bir çift yumurta bulabilmek umuduyla her noktayı taradım. Geride birkaç kabuk parçası kalmıştı; bir çift hayatı geri getirmem de imkansızdı. Kuştan özür de dileyemiyordum.

Bu olay öylesine zihnime çakıldı ki, günlerce oradan üzüntüyle geçtim, bir daha bir kuşun yuvasına yaklaşamadım. Yıllar sonra oradan geçerken o kuşun feryadını hatırladım.

Bazı avcılar, bir tavşan vurduklarında, yuvada annelerinin dönüşünü bekleyen iki yavrunun çektiği açlıkları umursamazlar. Acımasız insanlar ne yüzle umursanmayı bekliyorlar?

b) Evrensel iyilik

Tüm çiçekleri sevmek, bir tek çiçeği sevmekten daha zor değildir; hatta coşturduğu için daha kolaydır. **Niyetinizi evrenselleştirerek, eylemlerinizin sonuçlarını evrenselleştirebilirsiniz.**

İyiliğinizin büyük olmasını istiyorsanız, tüm insanlar için gıyaplarında iyilik dileyin. Aynısı size yapılacak; gıyabınızda sizi sevecekler ve sizin için iyilik dileyeceklerdir.

Haşir meydanında, insanlar çaresizliklerin içerisinde bir kurtarıcı ararken, Yaratıcımızın mesajı duyulur: "Sırf benim rızam için birbirlerini sevenler neredeler? Gölgemden başka gölgenin bulunmadığı bu günde, onları gölgelendireceğim[133]"

Kötü insandan nefret etmek kişisel, kötülükten nefret etmek evrenseldir. Hedefine insanları koyduğunuz nefretin ilk savaştığı düşman, kendi kalbiniz olacaktır. **Kötülerden değil, kötülüklerden nefret etmelisiniz.** Kötülükleri kötülerden ayırın; o zaman nefretiniz acımaya dönüşecektir. Nefrete ve lânete uğrayanlar, sadece zulmün bilinçli başkanları olmalıdır; bilinçsiz taklitçileri değil.

Kötü insandan nefret kişisel, kötülükten nefret evrenseldir.

3. PİŞMANLIK

Geçmişimizde bıraktığımız her kötülük, karşılığını ödeyeceğimiz bir borçtur. Temizlenmediği sürece geleceğimizi tahrip edecektir. İyiliklerle dolu bir geçmiş ise ilerleyişimizi hızlandıracaktır.

Geçmişteki mânevi borçların ve kirlerin temizlenmesi için ruhsal ve eylemsel pişmanlığa dayanacağız:

a) Ruhsal

Ruhsal pişmanlık, bir hatayı yapmamış olmayı dilemek, bir daha o hatayı işlememeye söz vermektir. Pişmanlık ne kadar içtense, etkisi o kadar güçlü olacaktır. Yüzeysel pişmanlığın üzeri-

[133] Hz. Muhammed (asm), Müslim Birr:38, Tirmizi, Zühd,53

mizde hiçbir etkisi yokken, bizi gözyaşlarına boğacak pişmanlığın, hayatımızı inanılmaz şekilde değiştirebileceğini görebiliriz.

Eğer geçmişinizde hatalar varsa, onları temizlemeksizin unutmaya çalışmayın. Zira eninde sonunda kendilerini size hatırlatacaklardır. Eğer tövbe etmemişseniz, üzerinizdeki yıkıcılıkları şiddetli olacak, hastalıklara ve musibetlere yol açacaklardır.

Hatırlayabildikleriniz üzerinde düşünün, onları yaptığınıza pişmanlık duyduğunuzu itiraf edin. Bundan sonra aynı davranışları bir daha yapmayacağınıza dair kendinize içtenlikle söz verin. Ondan sonra da bırakın, unutulsun gitsinler. **Kesin pişmanlık düzeyine geldiğinizde, hatanızı hem siz, hem de ona şahitlik edenler unutacaklardır.**

İslâm Peygamberi(asm) bu süreci şöyle anlatır: "Kul tövbe ettiğinde, Allah onun günahlarını (bilgileri koruyan) hafaza meleklerine unutturur. Aynı şekilde onun organlarınaunutturur. İşlediği yerdeki izlerini[134] de yok eder. Ta ki Allah'ın huzuruna vardığında günah işlediğine dair aleyhinde şahitlik edecek bir şey bulunmasın."[135]

İnsan hayatı, hücrelerine kaydedilir.

Çok ilginçtir; insanın yediği her şey kanından anlaşılır. Yıllar süren davranışları genetiğine kodlanır. Yani, hayatınız hücrelerinize kaydediliyor. Ama, bir alışkanlığınızı terk ettiğinizde, zaman içinde onun izlerinin hücrelerinizden de silindiğini biliyor muydunuz?

"**Günahından tövbe eden, günah işlememiş gibidir.** Günah işlemeye devam ettiği hâlde dil ucuyla Allah'tan af dileyen kimse de, Rabbiyle alay eden kimse gibidir."[136]

Olabilir ki, insan bazı hatalarla iradesini iyice zayıflaştırmış, hıçkırıklar içerisinde bir daha aynı kusuru yapmamaya söz ver-

[134] Geçtiğimiz yerlere izlerimizi bırakıyoruz. Olayların fiziksel ve ruhsal kayıtlarının kendilerine şahit olan her yerde tutulduğunu görüyoruz. Gizli kusurlarımız için şahitlik gerekirse, taşlar bile konuşabilecektir.

[135] Hz. Muhammed (asm), Cami'us-Sağir 1:313 Hadis No:513

[136] Hz. Muhammed (asm), Camu'us-Sağir 3:276 Hadis No:3387

miş olduğu hâlde, kendine engel olamadığı için aynı şeyi yapmıştır. Uyuşturucu veya alkolizm tuzağına düşen bir insanın hâlini düşünün. Kurtulmak için elinden geleni yapmakta; ama, gücü, kurtulmasına yetmemektedir. Eğer pişmanlık kuralını ısrarla sürdürürse, sorunundan eninde sonunda kurtulacaktır.

b) Eylemsel

Bir insanın pişmanlığını ilân etmesinin en açık yolu, hatasının tam aksini yapmasıdır. İnsanlara kötülüğü öğretmekten vazgeçen kişi, gerçekten pişmansa, bu defa iyiliği öğretmeye adanacaktır.

Pişmanlığı eyleme dönüştürmeyen, hızlı değişim üretemez.

Geçmişinizde vicdanınızı sızlatan hatalar varsa, ruhsal pişmanlıkla yetinmeyin. Eskiden bencilseniz, şimdi fedakar ve özverili olun. Eskiden acımasızsanız, şimdi her varlığa merhametle bakın. Eskiden aşağılıyorsanız, şimdi yüceltin.

Pişmanlığınızı eyleme dökemezseniz, kalıcı ve hızlı değişim üretemezsiniz. İslâm Peygamberi(asm) "Kötülüğün peşinden iyilik yap ki onu silsin[137]" derken bu süreci kast ediyordu.

Kötü bir söz söylemişseniz, hemen iyi bir söz söyleyin. Arkadaşınızı üzmüşseniz hemen gidip gönlünü alın. Bir emaneti kaybetmişseniz hemen gidip daha iyisini alın ve takdim edin. **Vicdanınızın itiraz ettiği davranışları azalttıkça, kalbinizin coşturulduğunu göreceksiniz.**

[137] Hz. Muhammed (asm), Tirmizi, Birr: 55; Darimi, Rikak: 47

4. Aktif Eylem Planı

Kendinize her gün zaman ayırarak, "İlahi İrade" açısından konumunuzu değerlendirmelisiniz. Aşağıdaki tabloyu kullanabilirsiniz:

İLAHİ İRADE AKTİF EYLEM PLANI		
Anlam Analizleri	Koruyucular	Kontrol edemeyeceğim zaaflarım var mı? Problemlerim beni hangi zaaflarımdan koruyor?
	Yükselticiler	Bu problem neyi daha iyi anlamama neden oluyor? Hangi yeteneklerimi geliştiriyor?
	Uyarıcılar	Gittikçe büyüyen bir sorunum var mı? Muhtemelen neden uyarılıyor olabilirim?
	Cezalar	Onarılmaz zarar veren bir olay yaşadım mı? Hangi muhtemel nedenleri olabilir?
Karşılıklılık	Kişisel İyilik	Hangi iyiliklerle geleceğimi zenginleştirebilirim? Bugün yapabileceğim iyilik nedir?
	Evrensel İyilik	Hangi iyiliğe evrensel anlam katabilirim? Şimdi ve bundan sonra yapabileceğim nedir?
Pişmanlık	Ruhsal	Geçmiş hatalarımdan içtenlikle pişmanlık duydum mu?
	Eylemsel	Hangi kötülüğüme karşı şimdi iyilik yapmam gerekiyor?

Özetle Ne Yapmalı?

1. Anlamları Analiz Edin

Sorunların ardındaki ruhsal anlamları keşfedebilmelisiniz. Bazı engeller sizi tehlikeli zaaflarınızdan korumak için gönderilmektedir. Zaaflarınızı yok etmediğiniz sürece o engelleri aşamayacaksınız. Bazı engellerse sizi yükseltmek için gönderildiler; onları fark ettiğinizde coşkuyla ve duraksamadan ilerlemelisiniz. Bazı engeller uyarıcıdırlar; onlardan ders almazsanız sizi durduruncaya kadar şiddetlenirler. Son olarak da cezalandırılabilirsiniz. Bu durumda hala yaşıyorsanız, yeniden başlamalısınız.

2. Karşılıklılık Kuralına Dikkat Edin

Evren sınırsız ilahi adalet üzerine kuruludur: İlahi adalet dünyevi karşılıklılık prensibiyle başlar ve ebedi hayata değin uzanır. Her iyiliğin ve her kötülüğün karşılığı eninde sonunda yaşanacaktır. İyiliklerinizi alabildiğince arttırın; hatalarınızı azaltmak için mücadele verin. İyiliklerinizi tüm varlıklara yönlendirerek onlara evrensel bir boyut kazandırın.

3. Pişmanlık Kuralını Uygulayın

Pişmanlık geçmişteki hataların temizlenmesi ve geçmişe olumlu enerji gönderilmesi için kullanabileceğimiz tek yoldur. Ruhsal pişmanlığı uygulayarak vicdanen geçmişinizi temizleyin. Ayrıca eylemsel pişmanlığa başvurarak, kötülüklerinizi iyiliklerle örtün.

Özetleyen Sözler

◆ Nesneler ezelî okyanustan vücuda akan, kalıpları, kıvrımları belirlenmiş birer nehir gibidir; akarlar ve öteki evrene dolarlar.

◆ Yapabildiklerimiz, yapmaya kalkıştığımızda, Yaratıcımızın yarattığıdır.

◆ Evrenin Sahibi'nin kanunlarında zerre kadar rasgelelik, hikmetsizlik veya gereksizlik yoktur.

◆ Doğa yasalarına uymak, Sınırsız İradeye dayanmaktır.

◆ İrade alanı en dar insan, en bilgisiz insandır.

◆ Ezelî Kudret, tüm geçmişleri geleceğinden ve gelecekleri geçmişinden bilen ilmiyle, hayatımıza iki yönden de müdahale eder.

◆ Meleklerin bildikleri, Yaratıcının onlara öğrettiğidir; yaptıkları, O'nun emrettiğidir.

◆ Evrenin Sahibi'nin kudretini, alnımızı okşayan rüzgar esintisinde, gözlerimizle saklambaç oynayan ışık serpintisinde bulabiliriz.

◆ Evren bir aynadır; ona bir yüzünden baktığınızda maddeleri, diğer yüzünden baktığınızda melekleri göreceksiniz.

◆ Geleceği değiştirmenin tek yolu, şu anı ve geçmişi değiştirmektir.

◆ Eseflendiğimiz kimi engeller bizi kuşatan koruyucu meleklerden ibarettir.

◆ Yaratıcı Kudret müddet verir; insanları eğitir ve sorumluluk yükler.

◆ Niyetinizi evrenselleştirerek, eylemlerinizin sonuçlarını evrenselleştirebilirsiniz.

◆ Vicdanınızın itiraz ettiği davranışları azalttıkça, kalbinizin coşturulduğunu göreceksiniz.

SONUÇ

Ruhsal Zekâ ile, müthiş bir bilgi alanına girdiğinizi fark ediyorsunuz. Sıra dışı olayların sırlarını keşfedici bir bakış açısı kazandınız.

Gördünüz ki, hayat basit nedenlerin birbirini sürüklediği sahipsiz bir akış değilmiş. Kaderin Sahibi emrettiğinde, doğa yasaları değişebiliyormuş. İçtenlikle dilerseniz, doğa yasaları emrinize girebilir; dualarınızla dağları yerlerinden oynatabilirsiniz.

İsterseniz, hayatınızı yeniden şekillendirebilirsiniz. Bugünden başlayarak geçmişinizi değiştirebilir ve böylece geleceğinizde değişim oluşturabilirsiniz.

Yalnızca görünür sebeplere saplananlar, ruhsal tedbirler almadıklarında, zorunlu geleceklerinden kurtulamıyorlar. İlahi uyarıları çözümleyemeyenler ilahi cezalarla yüzleşiyorlar.

Öğrendik ki, her sorun bir amaca hizmet ediyor. Eğer hastalığın gönderilme amacı, hastaya hayatın değerini öğretmekse, hasta hayatın değerini öğreninceye kadar hastalıkla boğuşmaya mahkûm ediliyor. Eğer ısrarlı başarısızlığımızın nedeni şükürsüzlüğümüz ise, şükrü öğreninceye kadar başarımız baltalanıyor. Hayatımız, göremediğimiz, tutamadığımız, ama aklımızla ve vicdanımızla kavrayabileceğimiz müdahalelerin etkisi altında geçiyor.

Yeryüzüne mükemmel bir hayat yaşamak için gönderildiniz; yaşamayı coşkuyla sevmek ve güzellikleri paylaşmak için geldiniz. Buraya, bunalmak, ezilmek, üzülmek için gelmediniz. Sonsuzluk yolcusu olan insan, ister bir yıl, isterse bin yıl sürsün, bir kaç solukta sonlanacak hayatında, misafir olduğunu idrak etmeli; sırtında sürükleyemeyeceği dünyayı, taşımaya çalışmamalıdır.

Biz sonsuzluk yolcularıyız. Cousteau gibi okyanusların derinlerine, Armstrong gibi Ay'a, Colomb gibi Amerika'ya yolculuk yapmıyoruz. Biz yıllardır yol alan uzay mekiği Voyager'i de geçeceğiz. Yakında Güneş sisteminin dışına, yıldızların ötesine göçeceğiz. **Evrene, ötesindeki ruhsal damından bakacağımız gün, kocaman dünyayı uzaklardaki bir ışıltı gibi izleyeceğiz.** Kimi insanlar, hayatın sersemliğinin saplantısında, sonsuzluğu hissedemeyecekler.

İnsan, yeryüzüne gönderilmiş en aziz uzaylıdır. İnsan Cennetten gelmiş; buradaki yaşantısı sonucunda Cennete dönecek veya Cehenneme düşecektir. İnsan dünyevi bir elbise giyiyor; ama onun aslı dünyalı değildir. Anne rahmine gönderildiğinde giydiği vücut elbisesini yakında çıkaracak, ruhsallığın sınırsızlığında bağımsız kalacak ve evrenin köşeleri arasında hayal hızında gezinecektir.

Uzaylı yaratıkların en özeli olan insan, aralarına kabul edildiği dünyalılara, Yaratıcının enginliğini gösterebilmeli; Yaratıcılarına bağlı hayvanlara ve bitkilere, isyankarlığın utancını yaşatmamalıdır. **İnsan, misafir edildiği dünyada, evrensel yolculuğunu yaratan Yaratıcı adına, unutulmaz izler ve sesler bırakabilmelidir.**

Başarı yolculuğu bitmez. En başarılı insan, gelişme yolunda sürekli ilerlemeyi başaran insandır. Başarının sabit bir standardı da yoktur. **Başarı, insanın bir önceki güne göre, kendini sürekli aşmasıdır.** Kendisini ara vermeden aşmaya devam eden insandan daha başarılısı yoktur.

Hayatı yönetirken, eski çalışmalarınızın yanı sıra, artık ruhunuzu ve ruhsal alanla ilgili bilgileri kullanacaksınız. Hayatı ne kadar içerisinden tutarsanız, o kadar güçlü tutacağınızı ve kolay sürükleyeceğinizi biliyorsunuz.

Artık bunalımlara son vereceğiz. İlerlerken önümüze çıkan dağlar bedenimizi durdurabilirler; ama, ruhumuzu durduramazlar. **Engellerin üzerine ruhumuzla yürümeyi başarırsak, içlerinden süzülüp geçebiliriz.**

Israra dayanın. Evren ısrarcıdır ve ısrarcı birisini yakaladığında hizmetine girecektir. Kanaate dayanın; evren hırslıları ezip parçalıyor; istikrarlı şekilde ilerlemenin yolu, istikrarlı ilerleyenlerle kuracağınız ruhsal dostluklardır. Israr, damlayı taştan güçlü yapmıştır.

Duygularınıza dayanın. Evren tam bir coşku okyanusudur; coşku biçimine girmiş ruhsal enerji kitlesi, çevrenizden akıp ruhunuzu saracaktır. Emin olun, inanın; iman sayesinde, ruhunuzdan uzanan güçlü bir elin yardımını kullanacaksınız. Gerekçelerinizi oluşturun; geleceğinizde olacakları, ne yaptığınız değil, niçin yaptığınız belirleyecek.

Çevrenizde esen ruhsal enerji akımlarını okuyun, yelkenlerinizi doğru rüzgârlara açın. İstediğiniz yönde yükseltildiğinizi göreceksiniz. Hayatı yöneten kanunları, İlahi iradeyi ve gerekçeleri tanıyın. Böylece evreni yöneten Yaratıcıyı tanıyacaksınız; kimse onu en iyi tanıyandan daha güçlü olamaz.

Bu kitapta size yedi temel güç alanı sunulmuştur. Bu güç alanları maddesel evrene değil, ruhsal evrene bakarlar. **Bir insanın maddi vücuduna göre, kalbi, aklı ve ruhu neyse; maddesel evrene göre, ruhsal evrenin konumu odur.**

Bu kitapta evreni yeterince tanımaya çalışmadık. Bu kitabı daha iyi anlamak için, kapsayıcı bir kader bilgisine, evrenin fizik dışı boyutlarını ve para-psikolojik özelliklerini kapsayan bilgilere de ihtiyacımız var. Dileriz gelecekte, evrenin kapsamlı bir haritasıyla, aslında nasıl bir süreç içerisinde yaratıldığımızı ve yaşadığımızı anlatan iki ayrı kitapla yeniden karşınıza çıkalım. Ruhsal Zeka, evrenin esrarlı boyutlarına ilerlememizi sağlayacak bir dizi eserin ilk adımlarından biridir. İnşallah diğer adımları da birlikte atacağız.

Bu kitabı gerçekten faydalı buldunuz mu? Burada tartışılan kavramların insanı nerelere taşıyabileceğinin farkında mısınız? O zaman, tespitlerinizi çevrenizdeki insanlarla paylaşın. **Başkalarına öğrettiğiniz kadar öğreneceksiniz.** İnsanlara anlatmaya fırsatınız yoksa okumalarını tavsiye edin.

Kaderin Sahibinin değişmeyen hükmü budur: Verirseniz alacaksınız. Size katlanarak geri dönecek olan, sadece yaptığınız iyiliklerdir. Başarılı olmak istiyor musunuz? Bu, Kaderin Sahibi tarafından sizin için yapılabilir; ama, bunun için insanları başarıya teşvik etmeniz gerekir. Sınırsız Kudretten başarıyı istiyor musunuz? Vermeyen almayı hak edemez; sevmeyen sevilmeye layık değildir. **Sevgiyi, "sevmeyi bilmeyene" vermek, bir cömertlik değildir; sevginin şerefine ihanettir.**

Bizi yükselttiğiniz kadar yükseltileceksiniz. İyiliklerinizin karşılığında teşekkürü bile ihmal edebiliriz; çünkü biz bazen nankör olabiliyoruz. Ama, kalbinizle konuşan, öylesine sevgili bir Yaratıcıdır ki, kendi eseri olan "sizi" o kadar önemsiyor ki, biz nankörlük etsek de, gerektiğinde araya girecek, bir avuç iyiliğinize karşılık iyilikten bir dağ verecektir.

İnsanlar çalışmalarını gizleyerek başarılı olacaklarını sanıyorlarsa yanılıyorlar. Bildiklerimi gizlediğim süre boyunca, karanlıklara boğulan bir mağara gibiydim. Ne zaman paylaşmaya ve yaymaya başlamışsam, Kaderin Sahibinin ilk önce benim hayatımı değiştirdiğini gördüm.

Siz, Sanatkarınızın "en güzel surette yarattığını" söylediği bir şahesersiniz. Peygamberler için açılan kapı, sizin için de açık tutuluyor. Ruhunuzun derinlerindeki hazine kapısından içeri girin ve perde ardındaki Sanatkarınızla buluşun. Bu buluşmanız bizleri ışığa boğacaktır. Çünkü Güneşle buluşan her ayna ışık saçar.

Kalbinizden huzur alabilmek için sabırsızlıkla bekleyenler biziz, çevrenizdeki insanlardır, ağaçlardır, taşlardır, kuşlardır. İnsan Güneş değildir; ama, Güneş gibi aydınlatabilecek enginlikte bir ayna olarak yaratılmıştır. **İnsan, görüşüne göre, bir kaç kemik ve bir kaç damla kandır; oysa o gerçekte, tüm galaksileri yöneten Yaratıcının huzuruna çıkıp, onunla sohbet edebilecek kadar engin yaratılmış olan candır.**

RUHSAL ZEKA'YI OKUYANLAR NE DEDİLER?

"Kitaplarınızın değeri zamanla doğru orantılı artıyor. Kitabınızın içeriğine baktığımda, 'ilk defalarla' karşılaştım." **Hayrullah Ayçiçek**

"Kitaplarınızın üzerinde manevi bir el dolaşıyor." **Hüseyin Polat**

"Kitabınız inanılmazdı. Yazdıklarınız insanı başarması için heveslendirip harekete geçiriyor." **Pınar Koç**

"Başarı yolcularının aklına, bir kıvılcımdan öte bir ateş, bir yangın bırakan eserinizden dolayı sizi kutlarım." **Ömer Somer**

"Eserlerinizi okuyan herkesin, kişisel gelişimi adına koşarcasına ilerlediğini gözlemliyoruz." **Murat Sümbüllü**

"Bu kitap ile hayata bakış açım değişti. Önemli kararlar aldım."
Çiğdem Ceylan

"İlginç; ama gerçek ... Kitabınızın her cümlesi benim o an içinde bulunduğum sorunu aydınlatan bir ışık oluyor." **Faruk idikut**

"Ruhsal Zeka isimli kitabınızı, kişisel gelişim alanının en farklı kitabı olarak değerlendiriyorum." **Hamit İpek**

"Kitabı okuduktan sonra, insanlar sesimin telefonlarda daha canlı çıktığını söylüyorlar. Bu kitap hiç bitmesin istedim." **Seçil Uysal**

"Bu kitaptan önce sayısız kitap okudum. Ama hiçbirinde bu kadar eğlenerek ve merak ederek okuduğumu hatırlamıyorum." **Hakan Pıçak**

"İsteklerimi gerçekleştirme konusunda kendimi hiç bu kadar arzulu hissetmemiştim." **Zeki Karataş**

"Hayata karamsar bakanlar... kendisi değişip başkalarını da değiştirmek isteyenler bu kitabı okusun." **İsmail Çetin**

"Okuduğum kişisel gelişim kitapları içerisinde beni bu denli coşkulu şekilde harekete geçiren tek kitap." **Şeyda Arslan**

DÜŞÜN VE BAŞAR

Muhammed Bozdağ

272 sayfa

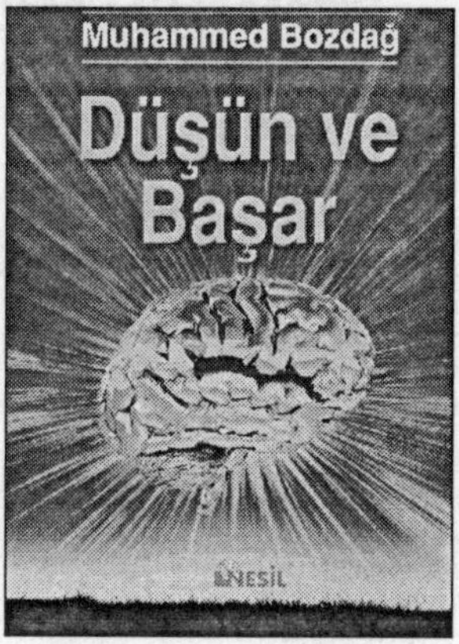

Kişisel dünyanızda büyük bir değişim yaşamak ve müthiş hedeflere uçmak istiyorsanız, doğru zamanda, doğru kitapla tanışıyorsunuz. Müthiş olmak, sonsuzluğa açılmak sizin de hakkınız. Bu kitapla birlikte, evrene açılan enginliğinizi keşfedeceksiniz.

Okuyucu Yorumlarından:

❑ Okuyucuya sadece düşünce değil, aynı zamanda ruh da katıyorsunuz. Kitabınızın diğer kişisel gelişim eserlerinden farklı olduğu aşikâr. **Harun Kutan**

❑ Mıknatıs gibi kendine çeken akıcı üslupla yazılmış bu kitaplara şimdiki ve gelecekteki başarılarımın anahtarı nazarıyla bakıyorum. **Serdar Muradov**

❑ İçimdeki gerçek ruhu uyandırdınız... Hayatımın bir nehirde çaresiz sürüklenişine dur dedirttiniz. **Murat Aydın**

❑ Kitap insanın içini kaynatıyor. Karar verdim, büyük bir senaryo yazacağım. Bu kitaptan aldığım ilhamla inşallah başaracağım. **Ceyhan Ortaç**

❑ Bu kitabı okuduktan sonra hayatımdaki değişiklikleri görebiliyorum. Kendime güvenim arttı, hayattan daha fazla zevk almaya başladım. **H. Ali Uğur**

❑ Benim gibi sabırsız bir insanın bile bir solukta okuyabileceği kadar akıcı, coşkulu bir dille yazılmıştı. Sonuna değin ara vermeden, sıkılmadan okuduğum tek kitaptı. **Sevgi Demirkol**

❑ Yıllarca problemlerle boğuştum. Tıpkı kitabınızda anlattığınız gibi. Onları yenebileceğim konusunda kimse beni böylesine ikna edememişti. Harekete geçtim, başardığım zaman size yeniden yazacağım. **Salih Dönmez**

NESİL
YAYINLARI

Tel: (0212) 551 32 25

İSTEMENİN ESRARI

Muhammed Bozdağ

256 sayfa

İstemenin Esrarı'nda, bileğinizin ve beyninizin gücünün sustuğu yerde, ruhunuzun neler yapabileceğini keşfedeceksiniz. İçten iste-yişlerinizin göklerde dolaşarak Yaratıcı İradenin takdirine nasıl ulaşa-cağını algılayacaksınız.

Ruhunuzdan çıkan anlamlar ruhsal canlılıklara veya kuşatıcı ruhsal enerjiye nasıl dönüştürülüyorlar? Doğa yasalarına meydan okuyan sırrı nasıl yakalarsınız? Hangi dua ve istekler reddediliyor? Hangileri kabul ediliyor ve neden?

Okuyucu Yorumlarından:

❑ Kitaplarınızın samimi ve hemen harekete geçirici üslubu tek kelimeyle muhteşem. Bu kitap ise benim için tam bir mucize. Defalarca okumak okumak okumak istiyorum. **İlhan Ataş**

❑ Müthiş tesbit cümleleriyle karşılaştım. Bazen kendim, bazen de zulmedenler adına dehşete kapıldım. Kitap kurdu değilim. Ama bu kitabın kurdu oldum. **Ayşegül Akakuş**

❑ Allah'a şükür hasta değilim; ama, kitabınızı okurken ne canımda can, ne el ve ayaklarımda derman kaldı. Yutkunmaktan, bademcik hastalarından beter oldum. **Filiz Karagülmez**

❑ Bu kitabı okuyunca ruhumda kıpırdanmalar oldu. Manevi dünyayla iletişim kurmayı öğrendim. Kalbim manevi bir havayla doldu taştı. **Mustafa Kılınç**

❑ Bu kadar güzel anlatım olur ve bir yazarın kitabı bu denli merakla takip edilir. **Merve Karakoç**

❑ Doğrusu, kitabı ilk aldığımda pişman olmuştum; ama okumaya ısrar edince, hocama çok haksızlık ettiğimi anladım. Kesinlikle harika bir kitap. **Merve Bayram**

NESİL
YAYINLARI

Tel: (0212) 551 32 25

ANKET FORMU

Aşağıdaki formu doldurarak, "**Muhammed Bozdağ, PK 892 Ulus/ANKARA**" adresine gönderebilirsiniz. E-posta adresiniz varsa, lütfen mutlaka belirtiniz. Önerilerinizden ders alacağız.

Adı Soyadı :...

Son Okuduğu Okul :...

Doğum Tarihi-Mesleği :...

E-posta ve Web Adresi :..

Mektup Adresi :..

....

1. "**Ruhsal Zeka**" kitabının anlatımını yorumlar mısınız?

❑ Sıkıcı ❑ Coşkulu ❑ Teşvik edici
❑ Akıcı ❑ Yorucu

2. Aşağıdaki konulardan ilgi duyduklarınızı işaretler misiniz?

❑ Güçlü Hafıza ❑ Keşfedici Zeka ❑ Kaderin Sırları
❑ Etkili Öğrenme ❑ Mutluluk Sanatı ❑ Ruhsal Evren
❑ Liderlik Sanatı ❑ Yazarlık Sanatı ❑ Kıyamet
❑ Etkili İletişim ❑ Aile İçi İletişim ❑ Ölüm ve Sonrası

3. Eğitici motivasyon kasetlerinin başarı yolculuğuna faydalı olacağını düşünüyor musunuz?

❑ Faydasız ❑ Fark Etmez ❑ Faydalı ❑ Çok Faydalı

4. Yazarın gelecek eserleri hakkında adresinize ücretsiz broşür gönderilmesine izin veriyor musunuz?

❑ Evet ❑ Hayır

5. Aşağıdaki bölümde, kitap hakkında değerlendirmelerinizi ve eleştirilerinizi bekliyoruz. Ayrıca önerilerinizi ve deneyimlerinizi de paylaşabilirsiniz:

....

....

....

....

....

....

....

....

....

....

....

....

....

....

6. Aktardıklarınızın, web sitemizde veya yeni kitaplarımızda "yayınlanmasına" izin veriyor musunuz?

❑ Evet ❑ Hayır ❑ Rumuzla Evet